मुन्नी मोबाइल

मुन्नी मोबाइल

प्रदीप सौरभ

वाणी प्रकाशन

वाणी प्रकाशन
4695, 21-ए, दरियागंज, नयी दिल्ली 110 002
शाखा
अशोक राजपथ, पटना 800 004
फ़ोन: +91 11 23273167 फ़ैक्स: +91 11 23275710
www.vaniprakashan.in
vaniprakashan@gmail.com
sales@vaniprakashan.in

MUNNI MOBILE
by Pradeep Saurabh

ISBN : 978-93-5000-055-7
Fiction/Political

संस्करण : 2009
आवृत्ति : 2016

मूल्य : ₹395

सिटी प्रेस, दिल्ली-110 095 में मुद्रित

वाणी प्रकाशन का लोगो मक़बूल फ़िदा हुसेन की कूची से

इस उपन्यास के
नायकों-खलनायकों को
मैं काल्पनिक कहने का साहस
नहीं जुटा पा रहा हूँ।

...क्षमा शर्मा, कीर्ति अवस्थी और मीना ठुकराल
न होतीं तो यह उपन्यास लिखा ही नहीं जाता!

बिन्दू यादव से मुन्नी वह कब बन गई, यह उसे भी याद नहीं। हाँ, मुन्नी से मुन्नी मोबाइल बनने की कहानी आनंद भारती को जरूर याद है। वह जिद्दिया जाती तो जिद्दिया जाती। अंग्रेजी उसे नहीं आती। पढ़ी-लिखी भी नहीं है। बैंक से लेकर हर जगह उसका अँगूठा चलता है। लोगों के साथ उठते-बैठते अंग्रेजी के कुछ चलताऊ शब्द सीख गई है। उनका धड़ल्ले से इस्तेमाल करती है। बात-बात पर कहती है कि टेंशन मत दो। एक प्रकार से यह उसका तकियाकलाम बन गया है। अपने अंग्रेजी ज्ञान पर वह इतराती भी खूब है। कहती है, 'अक्षर ज्ञान नहीं है तो क्या, किताब तो गिनना आता है।'

पढ़ी नहीं है लेकिन कढ़ी फुल-फुल है। दीवाली का त्योहार इस बार आया तो वह अड़ गई।

कहने लगी, 'इस बार दीवाली पर मुझे कोई ऐसा-वैसा गिफ्ट नहीं चाहिए। पिछली बार की तरह इस बार मिठाई, बर्तन और कपड़े आदि नहीं चलने वाले।' आनंद भारती उसकी बक-बक को ज्यादा महत्व नहीं देते थे। इसलिए इस बात को अनसुनी कर गए।

त्योहार के दिन करीब आ रहे थे। घर की सफाई का काम कुछ बढ़ गया था। यों आनंद भारती अपने घर को हमेशा काफी व्यवस्थित रखते थे। किसी सुघड़ गृहस्थिन की तरह उनका घर हमेशा साफ-सुथरा और चमकता-दमकता रहता। सोफा-सेट हो, टीवी या शीशे के फ्रेम वाली डायनिंग टेबिल, कहीं पर धूल का एक कण भी नहीं दिखाई देता था। हर मेहमान, उनकी इस व्यवस्थित गृहस्थी का कायल था। मुन्नी समझती थी कि आनंद भारती को बेकायदे का कुछ भी पसन्द नहीं है। इसलिए वह इन दिनों सफाई करने में कुछ ज्यादा मुस्तैद नजर आ रही थी।

घर को फाइनल टच देते हुए वह उस दिन अचानक उनके सामने आकर खड़ी हो गई, 'इस बार मुझे दीवाली गिफ्ट में कुछ स्पेशल चाहिए।'

आनंद भारती ने कोई जवाब नहीं दिया। चुपचाप अखबार पढ़ते रहे। वह सीधे उनके अखबार और आँख के बीच की दूरी को कम करते हुए बोली— 'मोबाइल चाहिए मुझे! मोबाइल!'

आनंद भारती उसकी इस अधिकारभरी आवाज पर हतप्रभ रह गए। उनके बहुत अपने भी बिना उनका मूड समझे कोई बात यों सधे शब्दों में नहीं कहते। फिर मुन्नी का ऐसा साहस उन्हें कुछ अजीब लगा। उन्होंने उसे झिड़कते हुए चुप हो जाने की सलाह दी।

वह चुप हो गई।

दो-तीन दिन बाद दीवाली आ गई तो आनंद भारती ने उसे मिठाई, कपड़े और रुपए देने की कोशिश की। मुन्नी ने नजरें तिरछी कर सारे सामान को एक नजर भर देखा और बिना उसे हाथ लगाए चुपचाप चली गई। पैर पटका तो वह समझ गए कि मुन्नी गुस्से में है। आनंद भारती भी ताव खा गए और यही सोचा कि इन लोगों की आदत ही ऐसी है। दो-तीन दिन बाद खुद ही सब सामान ले जाएगी। सामान वहीं रखा रहने दिया।

दो-तीन दिन ही नहीं, पूरा महीना गुजर गया। मुन्नी आती, अपना काम करती और चली जाती। उसका चुप्पी भरा प्रतिरोध आनंद भारती समझ रहे थे। पर वह चार-पाँच हजार रुपए खर्च करने के मूड में नहीं थे।

दिन बीत रहे थे और मुन्नी का मौन आनंद भारती को परेशान कर रहा था। वह जब तक घर में रहती थी, उसकी बक-बक से घर गुलजार रहता था। अकेले रहने वाले शख्स के लिए किसी का होना कितना सुखद अहसास देता है, इस बात को आनंद भारती अब समझ रहे थे।

आनंद भारती के लिए यह चुप्पी किसी बहुत बड़ी जंग का ऐलान बनती जा रही थी। उन्हें यह चुप्पी ऐसी हिंसक लग रही थी, जैसे किसी ने उनके ऊपर जानलेवा हमला कर दिया हो। मोबाइल न देने की उनकी जिद ने उन्हें दोबारा इस पर विचार करने का मौका दिया और मोबाइल आ गया।

सुबह का वक्त था। झाड़ू पोंछा लेकर वह सफाई कर रही थी। आनंद भारती ने उसे बुलाया। उसने उपेक्षाभरी नजरें भी उनकी ओर नहीं उठाईं। उन्होंने दोबारा आवाज लगाई, पर मुन्नी ने तवज्जो नहीं दी। आनंद भारती के लिए अब असह्य होने लगा था। आखिर में उन्होंने हड़का कर बुलाया। यह अंतिम अल्टीमेटम था। उनकी आँखों में गुस्सा तैर गया था।

मुन्नी की समझदारी गजब की थी। वह भाव को समझती थी। उसका ज्ञान

लोक का था। वह समझ गई कि आज अगर नहीं बोली तो मामला बिगड़ जायेगा। फिर भी वह नहीं बोली। बस तुनकते हुए सामने आ कर खड़ी हो गई। आनंद भारती ने उसकी ओर गहराई से देखा। थोड़ा वक्त लगाया कि मुन्नी कुछ पूछे, पर मुन्नी की जुबान टस से मस नहीं हुई तो आनंद भारती ने मोबाइल उसके सामने कर दिया। उसके चेहरे पर एक खास तरह की मुस्कान चमक उठी।

बोली, 'नोकिया का है न!'

वह अन्दर ही अन्दर खुशी से बल्लियों उछल गई थी। उसके सामने उसका सपना था। दुनिया को मुट्ठी में करने की चाह थी। उसने मोबाइल ले कर माथे से लगाते हुए कृतज्ञता व्यक्त की। मुन्नी इतनी जल्दी में थी कि कैसे 'सिम' मोबाइल में डाला जाये। बिहार में अपने रिश्तेदारों को अपना नम्बर दे कर वह बता सके कि उसके पास अजीबोगरीब खिलौना आ गया है। आनंद भारती उसके चेहरे पर उपजी मुस्कान देख कर सन्तुष्ट हुए। एक बार फिर आनंद भारती के घर में चिड़ियां चहकने लगीं।

शाम को आनंद भारती की मुन्नी से मुलाकात नहीं होती। अगली सुबह मोबाइल में घंटियों बज रही थीं।

'साहब, आप भी अपना नम्बर सेव कर दीजिए।' मुन्नी ने आवाज में मिठास भर चहकते हुए कहा।

'इसमें तो अंग्रजी में नम्बर सेव हो सकता है।' उनका सीधा सा जवाब था।

'तो क्या! मैं नम्बर को चीन्ह लूँगी। देखो, गिनती नहीं आती है, फिर भी मैं चीन्ह कर आपको फोन कर लेती हूँ। क्या बनेगा, क्या नहीं बनेगा! मैं रोज पूछती हूँ न आपसे!'

आनंद भारती ने उसके मोबाइल में अपना फोन नम्बर सेव कर दिया। इसके बाद वह लोगों को मिस काल देने लगी। मिस काल का खेल समझने में उसे देर नहीं लगी। उसके मिस काल का मतलब होता था कि उसे फोन किया जाये। मुन्नी की इस चतुराई को देख आनंद भारती हैरान थे।

मुन्नी को मोबाइल तो आनंद भारती ने दे दिया था लेकिन अपने को ठगा नहीं, हारा हुआ मान रहे थे। वह यह सोच रहे थे कि वह हार मानने वाले व्यक्ति तो हैं नहीं, फिर मुन्नी के मौन प्रतिरोध के आगे कैसे झुक गये! कई दिनों तक वह इसका विवेचन करते रहे। अन्ततः उन्होंने पाया कि यही उसकी ताकत है, जो उसे जुझारू बनाती है।

मोबाइल आया और गया। बात खत्म हो गई।

लेकिन मुन्नी मोबाइल नाम कैसे पड़ा, यह कथा अभी बाकी है।

एक दिन वह खाना खिला रही थी कि अचानक उसके मोबाइल की घंटी बजी। वह तवे पर रोटी छोड़कर बतियाने लगी। रोटी को जलना ही था और रोटी जल भी गई। आनंद भारती को गुस्सा आ गया। उन्होंने चीखते हुए आवाज लगाई 'ए मुन्नी मोबाइल।'

शायद उसी दिन उसके नाम की नींव पड़ गई थी। लेकिन यह नाम प्रचलन में नहीं आया था।

साहिबाबाद दिल्ली की सीमा से जुड़ा एक गाँव है। गाँव नेशनल हाइवे पर है। सड़क के दूसरी ओर बड़े अपार्टमेन्ट्स हैं। गाँव के साथ इंडस्ट्रियल एरिया है। फैक्ट्रियों में काम करने वाले मजदूर साहिबाबाद गाँव में सस्ते मकानों में रहते हैं। गाँव में जाटों का वर्चस्व है। गूर्जर भी हैं। लेकिन गाँव में बिहारियों ने सामाजिक समीकरण गड़बड़ा दिये हैं। जमीन के छोटे-छोटे टुकड़े खरीद कर उसमें उन्होंने अपना आशियाना बना लिया है। संख्या बल के हिसाब से जाटों से बिहारियों की संख्या ज्यादा हो गई है। पंचायत पर जाटों का कब्जा है।

प्रतीक चौधरी उर्फ टीटी पंचायत के मुखिया हैं। टीटी ने रेलवे में कभी काम नहीं किया। उसके दादा टीटियों की लखदक ड्रेस से काफी प्रभावित थे। वह प्रतीक को टीटी बनाना चाहते थे। वह तो हुआ नहीं। टीटी ने अपराध जगत में अपना नाम कमा लिया। टीटी अपने बाप का हत्यारा है। उसने अपने बाप को अपनी बहन के साथ छेड़खानी करते देखा था। बस इसी बात पर उसने अपने बाप की हत्या कर दी थी। टीटी के चाचा हेमराज भी अपने माँ-बाप की हत्या कर चुके हैं। गाँव की जमीन गाजियाबाद विकास प्राधिकरण द्वारा एक्वायर होने के बाद मिले मुआवजे को न देने पर उसके चाचा ने दरांती से अपने माँ-बाप की हत्या कर दी थी। टीटी के पंचायत का मुखिया बनने में भी उसकी अपराधी छवि ही काम आई। असल में टीटी से लेकर वीरेन्द्र, बबली, जितेन्द्र, सुनील कसाना तक साहिबाबाद के सभी रंगदार सुरेन्द्र बिहारी पहलवान के चेले हैं। आसपास के गाँवों-झण्डापुर, कड़कड़ी, प्रहलाद गढ़ी, कनावनी, भकनपुर के रंगदार भी उसी के अखाड़े से निकले हैं। पहलवान बिहार से हर तरह के देशी कट्टे मंगा कर सप्लाई करता है। अंग्रेजी सामान का भी माँग पर वह इंतजाम कर देता है। कीमत उसकी मुँह माँगी होती है।

पहलवान का अखाड़ा दिल्ली-हाबड़ा रेलवे लाइन के साथ है। रेलवे की बेशकीमती जमीन पर पहलवान का कब्जा है। बड़े-बड़े बिल्डरों की नजर इस

जमीन पर है। लेकिन पहलवान से पंगा लेने के लिए कोई तैयार नहीं है। उत्तर प्रदेश के एक मन्त्री सोमपाल त्यागी के बेटे सिरीश की नजर इस जमीन पर है। टीटी और इलाके के दूसरे रंगदारों से मिलकर सिरीश पहलवान को उसकी जमीन से खदेड़ देता है। मन्त्री का बेटा है, इसलिए पुलिस भी जमीन खाली कराने में सिरीश की खुल कर मदद करती है। चेलों की बेवफाई से पहलवान काफी दुखी है। उम्र होने के चलते उसका भौकाल भी कम हो गया है। अब जमीन पर सिरीश प्लाट काट कर धड़ाधड़ बेच रहा है। और यह सब उत्तर प्रदेश की मुख्यमन्त्री बहन मायावती सरकार की नाक के नीचे हो रहा है। बहनजी कहती थकती नहीं हैं कि उन्होंने उत्तर प्रदेश में हर तरह के माफियाओं को उनकी औकात जता दी है। उनके मंत्रिमण्डल में बैठे लोगों के बारे में उनकी क्या राय है, यह तो वही जानती होंगी।

साहिबाबाद गाँव के युवाओं में अपराध ने पेशे का रूप ले रखा है। टीटी सबके प्रेरणास्रोत हैं। गूर्जर टीटी को नहीं पसन्द करते। इसीलिए अहम की लड़ाई में गाँव में लाठी-गोली चलती रहती है। पुलिस का भी गाँव में आना-जाना खूब है। जाट दारू पीकर बिहारियों पर गाहे-बगाहे अपनी मर्दानगी दिखाते रहते हैं। दिल्ली की नाक के नीचे बसे इस गाँव में गाँव जैसा कुछ भी नहीं रह गया है। झगड़े के लिए यहाँ कोई खास वजह की जरूरत नहीं होती। कौवा कान ले गया। कान को देखे बिना ही जंग छिड़ सकती है।

मुन्नी का गाँव भी साहिबाबाद है। बिहार के बक्सर से जब वह साहिबाबाद गाँव में आई थी तो शुरुआत में वह झुग्गी-झोंपड़ी में रही। वह जब यहाँ आई थी तो उसकी गोद में एक बेटी थी। उसकी उम्र उस वक्त सतरह साल की होगी। पति को शराब बनाने वाली फैक्ट्री मोहन मेकिन में अपने पिता मुखा सिंह यादव की जगह एक छोटी सी नौकरी मिल गई थी। धीरे धीरे उसने यहाँ जमीन खरीद कर पक्का मकान बना लिया। मुन्नी के पति नंदलाल को हिन्दी अच्छी तरह से नहीं आती। पूरा भोजपुरिया मानुष है। बक्सर में होने वाले मेलों में रंडी का नाच देखने जाना नहीं भूलता है। खुद भी बिहार का लौंडा डांस करने में माहिर है। होली-दीवाली के मौके पर दारू पीकर बिहारियों को इकट्ठा कर रात भर डांस करता है। दारू तीज त्योहार में ही पीता है। वैसे शरीफ है। कम बोलता है। लड़ाई-झगड़ा उसकी प्रकृति में नहीं है। झगड़े-लड़ाई के मौके पर मुन्नी ही मोर्चा सँभालती है। झुग्गी छोड़ने के वक्त जब मुन्नी गाँव के एक मकान में किराये पर आई तो उसके मालिक हीर सिंह गुर्जर से उसकी ठीक-ठाक थी, लेकिन जब उसने हीर सिंह के सामने वाली जमीन में अपना मकान बना

लिया तो हीर सिंह को यह बात हजम नहीं हुई।

उसने अंदर-अंदर मुन्नी से खुन्नस पाल ली। गाहे-बगाहे वह छोटी-छोटी बात को लेकर मुन्नी से लड़ने लगा। एक दिन मुन्नी की बेटी को हीर सिंह ने रात में पीट दिया। मुन्नी तिलमिला गई। दुर्गा और काली की शक्ति लिये उसने आव देखा न ताव, भिड़ गई हीर सिंह से। लट्ठ लेकर दौड़ा लिया हीर सिंह को। दौड़ती हुई नाके तक गई। पुलिस कंट्रोल रूम की जिप्सी नाके पर ही खड़ी होती है। पुलिस को देखते ही हीर सिंह घबरा गया। मुन्नी का हौसला बढ़ा। हौसला क्यों न बढ़ता! वह पत्रकारों के घरों में काम जो करती थी। पत्रकारों के पुलिस सम्बन्धों को वह जानती थी। कई बड़े पुलिस अफसरों को उसने आनंद भारती के घर पर हाथ जोड़े देखा था। उसे पता था कि पुलिस उसका कुछ नहीं बिगाड़ पायेगी। मामला अगर गड़बड़ायेगा तो साहब हैं ही।

पुलिस इंस्पेक्टर ने हीर सिंह को घर में घुस कर पकड़ लिया। साथ में मोहल्ले वालों के सामने ही दो-चार कंटाप भी रसीद कर दिये। मुन्नी उत्साहित हो गई। हीर सिंह के सामने आकर उसने बोला, 'मेरा नाम मुन्नी मोबाइल है। इस बात को कभी न भूलना।'

बस, उसके बाद मुन्नी साहिबाबाद में मुन्नी मोबाइल के नाम से जानी जाने लगी।

इस घटना के बाद उसका हौसला बढ़ चुका था। वह गलत बात के लिए किसी के आगे नहीं झुकती थी। भिड़ जाती। सच के लिए उसे भिड़ना आ गया था। इस घटना की गूँज गाँव के मुखिया टीटी तक भी पहुँची। टीटी को बताया गया कि वह पत्रकारों के घर में काम करती है, इसलिए डरती नहीं है। भिड़ जाती है। टीटी की पंचायत लगी और हीर सिंह और मुन्नी के झगड़े की सुनवाई हुई। मुन्नी को यहाँ भी जीत मिली। टीटी ने फैसले में एकतरफा निर्णय लिया। मुन्नी के पत्रकारों से सम्बन्ध और जाट-गुर्जर के अन्तर्विरोध उसके पक्ष में टीटी को फैसला देने में मजबूर कर गये।

झगड़े के दौरान मुन्नी का रौद्र रूप देख गाँव के लोग हतप्रभ थे। बीस सालों में उसकी पहचान घरों में काम करने वाली एक साधारण महिला की थी। बक्सर से आने के बाद उसने पाँच बच्चों को इसी गाँव में जन्म दिया। लेकिन जूं तक नहीं रेंगी। झुग्गी से मकान का सफर भी यहीं तय किया। छः बच्चों की फौज लेकर वह शान्ति से रही। हीर सिंह ने उसके सब्र का बाँध तोड़ा। अब उसकी पहचान के किस्से भी अलग-अलग हैं। मतदाता पहचान पत्र बनवाने वह मतदान कार्यालय गई, तो बाबू ने कहा कि आपको पहचान पत्र की क्या जरूरत है। आपको तो सब

जानते हैं। मुन्नी मोबाइल ने अपनी हाजिर जवाबी का परिचय देते हुए तत्काल कहा, 'जानते तो सब हैं। लेकिन सरकार नहीं जानती है।'

एक और दिलचस्प किस्सा है। मुन्नी मोबाइल कांवड़ लेकर हरिद्वार गई थी। लौट कर आई तो देखा कि उसके घर के सामने पड़ोस में रहने वाले चौधरी वीरेन्द्र सिंह ने पत्थर बिछाकर उसका रास्ता रोक दिया है। मुन्नी ने चौधरी को बुलाया। पत्थर हटाने के लिए गुहार की। चौधरी तो चौधरी था। उसने अनसुनी कर दी।

बोला, 'पत्थर नहीं हटाऊँगा तो क्या करेगी?'

मुन्नी ने कहा, 'पैर हटाकर देखो तो! अभी पत्थर उखाड़ कर फेंक दूंगी।'

यह सब सुनकर एक दूसरे पड़ोसी चौधरी लाखन सिंह बोले—'चौधरी, ये शेरनी है। इसके मुँह मत लगो।'

मुन्नी मोबाइल के खाते में ऐसे न जाने कितने किस्से हैं। मुन्नी मोबाइल का ज्ञान नॉलेज में तब्दील होने में कई साल लगे। कहने को तो वह साहिबाबाद गाँव में रहती है, लेकिन बिहार के रिश्तेदारों को यही पता है कि वह देश की राजधानी दिल्ली में रहती है। मुन्नी तो मुन्नी, नेशनल कैपिटल रीजन–गुड़गाँव, फरीदाबाद, गाजियाबाद और नोएडा में रहने वाले अपने को दिल्ली का ही मानते हैं। वे अपनी पहचान न तो उत्तर प्रदेश से जोड़ना चाहते हैं और न ही हरियाणा से। असल में वे यहाँ मजबूरी में रहते हैं। रहना तो वे दिल्ली में ही चाहते थे, लेकिन महंगी दिल्ली में मकान खरीदने का सपना उनका पूरा नहीं हुआ। अब आने वाले समय में इस रीजन में भी मिडिल क्लास के लिए मकान खरीदना मुश्किल होगा। वैसे भी दिल्ली अब आदमियों का श्लाटर हाउस हो गया है। हर आदमी यहाँ कट रहा है। कसाईबाड़े में मुर्गे की कीमत से भी सस्ती आदमी की कीमत है यहाँ। बांग्लादेशी घुसपैठियों ने तो इण्डियन आदमी की कीमत और घटा दी है। इस देश के नेता वोट बैंक की राजनीति के चलते बांग्लादेशियों को अपने सीने से लगा लेने के लिए देश का संविधान तक बदलने में नहीं हिचकिचाएंगे।

मुन्नी मोबाइल साहिबाबाद में जब अपनी छोटी बच्ची के साथ आई थी तो उसकी उम्र सोलह साल की रही होगी। बक्सर और यहाँ के माहौल में काफी अन्तर था। झुग्गी थी यहाँ। इसके बाद सौ रुपये का कमरा हुआ। कमरे में बिजली नहीं थी। फिर डेढ़ सौ रुपये का कमरा लिया, जिसमें बिजली दमकने लगी। मुन्नी को नहीं पता था कि वह दिल्ली की नाक के नीचे बसे हुए गाँव में रहती है। उसका जीवन कमरे में कैद था।

हर साल वह एक बच्चा बना लेती। उसके सभी छः बच्चों में एक साल का

अन्तर है। बच्चों को पालना और पति के लिए खाना बनाना ही उसकी जिन्दगी थी। क्रोशिया चलाना और स्वेटर बनाना उसे आता था। इसी काम ने उसके घर से बाहर निकलने की खिड़की खोली। पड़ोस में रहने वाली गांधी जी की कर्मस्थली चंपारण की रहने वाली मीरा देवी ने उसे स्वेटर बुनने का काम दिलाया। पहली बार जब उसने स्वेटर बुनकर पचास रुपये कमाये तो उसने सपनों की झड़ी लगा दी। उसे लगा अब टीवी से लेकर फ्रिज तक सब उसके घर आ जायेगा। बाहरी दुनिया के साथ उसका यह मेल मिलाप उसे खूब भाया। बच्चों के पालने के बीच वह और ज्यादा समय तलाशने लगी। पचास रुपये से उसकी कमाई पाँच सौ तक पहुँच गई।

इस बीच वह बीमार पड़ी तो उसकी मुलाकात गाँव की ही एक झोलाछाप डाक्टरनी शशि खोखरा से हुई। डाक्टरनी टीटी के चाचा हेमराज के घर रहती थी। वहीं दो बेड डाल गंवई नर्सिंग होम चलाती थी। डाक्टरनी मीरा देवी की जानने वाली थी। मीरा, डाक्टरनी और मुन्नी मोबाइल के बीच रिश्तों का पुल बन गई। धीरे धीरे तीनों आपस में मिलने-जुलने लगीं।

खाली समय में मुन्नी डाक्टरनी के घर आने-जाने लगी। कभी-कभी डॉक्टरनी मुन्नी को मॉल घुमाने और फिल्म दिखाने भी ले जाती। डाक्टरनी बाजार में मुन्नी को दूध की बोतल भी पिलाती। छोटी-मोटी चीज भी खरीद कर देती। इस आने-जाने के बीच डाक्टरनी मुन्नी को नर्सिंग का काम भी सिखाने लगी। उसने मुन्नी को इंजेक्शन लगाना भी सिखा दिया। असल में डाक्टरनी अवैध गर्भपात कराती थी। दिल्ली तक से मनचले युवा जोड़े बच्चे गिरवाने आते थे। वह मोटी रकम लेती थी। गर्भपात में वह मुन्नी से सहयोग लेने लगी। धीरे-धीरे मुन्नी नर्स बन गई। जच्चा-बच्चा करने के लिए उसे रात-विरात लोग ले जाने लगे। पाँच सौ रुपये उसकी रात की फीस थी। डाक्टरनी के नर्सिंग होम में रात के रुकने और मरीज की तिमारदारी करने के उसे सौ रुपये मिलने लगे। डाक्टरनी के यहाँ मरीज लाने पर भी उसे कमीशन मिलना था।

शशि खोखरा काफी खेली-खाई औरत थी। मुन्नी की अचानक तरक्की से वह अन्दर ही अन्दर उससे जलने लगी। डाक्टरनी घाट-घाट का पानी पी चुकी थी। साहिबाबाद गाँव आने से पहले वह दिल्ली के लक्ष्मी नगर में अपने पति रामेश्वर ठाकुर के साथ रहती थी। ठाकुर छोटा-मोटा व्यापारी था। खानदानी पैसा था उसके पास। डाक्टरनी से शादी होने से पहले वह एक और शादी कर चुका था। पत्नी कमलनी उससे लड़ कर घर छोड़ कर जा चुकी थी। तलाक नहीं हुआ था। लम्बे समय अकेले रहते उसकी जिन्दगी नीरस हो गई थी। इस बीच डाक्टरनी उसकी

जिन्दगी में आई। उसने डाक्टरनी से शादी कर ली। शादी की खबर लगते ही कमलनी ने रामेश्वर के घर में पंचायत के साथ धावा बोल दिया। जबर्दस्त घमासान हुआ। कमलनी की नजर रामेश्वर की संपत्ति पर थी।

झगड़े-टंटे के बाद पंचायत ने फैसला दिया कि दोनों औरतें रामेश्वर के साथ रहेंगी। दोनों औरते साथ रहने लगीं। घर में बर्तन होंगे तो बजेंगे ही। सो, दोनों औरतों में कोई न कोई बात को लेकर लड़ाई-झगड़ा होता रहता। रामेश्वर औरतों की लड़ाई से दुखी रहने लगा। उसने अपने दोस्त वीरेन्द्र खोखरा से घर के हालात बयां किये। वीरेन्द्र रामेश्वर के परम मित्रों में से एक था। वीरेन्द्र का घर में खूब आना-जाना था। औरतों की लड़ाई दिन-प्रतिदिन इतनी बढ़ गई कि रामेश्वर का मानसिक सन्तुलन गड़बड़ाने लगा। रामेश्वर के दो-तीन साल इसी स्थिति में गुजर गये। उसने दोनों औरतों से एक-एक बच्चा भी पैदा कर दिया। उसने सोचा था कि बच्चे पैदा होने के बाद दोनों औरतें उनके लालन-पालन में लग जायेंगी। लड़ाई-झगड़ा थम जायेगा। लेकिन ऐसा हुआ नहीं।

बर्तन खटकते रहे। एक दिन रामेश्वर बहुत बेचैन था। उसे शान्ति का कोई रास्ता सूझ नहीं रहा था। उसने मरने का फैसला कर लिया। रात को जब घर के सब सो रहे थे, तो रामेश्वर ने फाँसी लगा ली। रामेश्वर को तो मुक्ति मिल गई, पर घर का कोहराम कम नहीं हुआ। कमलनी ने एक दिन पुलिस को बुला कर डाक्टरनी को जेल भिजवा दिया। उसने डाक्टरनी पर आरोप लगाया कि वह उसके बच्चे को मारना चाहती है। पुलिस ने माल खाया था, तो उसने डाक्टरनी को हत्या के प्रयास का मामला दर्ज कर जेल भेज दिया। डाक्टरनी चारों तरफ से घिर गई थी।

इस बीच रामेश्वर के दोस्त वीरेन्द्र खोखरा ने डाक्टरनी से नजदीकी बनाने के लिए उसे जमानत पर छुड़वा दिया। रिहा होने के बाद डाक्टरनी वीरेन्द्र खोखरा के धीरे-धीरे नजदीक आने लगी। कमलनी भी चाहती थी कि डाक्टरनी वीरेन्द्र खोखरा के साथ फंस जाए। हुआ भी यही। बहुत कम समय में डाक्टरनी और वीरेन्द्र खोखरा अपनी रातें रंगीन करने लगे। यह सिलसिला भी काफी लम्बा चला। डाक्टरनी का जादू वीरेन्द्र खोखरा पर पूरी तरह से चल रहा था। डाक्टरनी ने धीरे-धीरे वीरेन्द्र खोखरा से मिलना कम कर दिया। इस बेरुखी को वीरेन्द्र समझ नहीं पाया। उसने पता लगाने की कोशिश की। इस पर डाक्टरनी ने उससे साफ-साफ कह दिया कि अब वह ऐसे नहीं मिलेगी। उसे उससे शादी करनी पड़ेगी। वीरेन्द्र खोखरा डाक्टरनी से प्यार करने लग गया था। वह भी अकेला था। कश्मीर में आतंकियों के भय से वह दिल्ली आया और फिर यहीं बस गया था। कश्मीर घाटी

में उसके पास अच्छी-खासी प्रापर्टी है, लेकिन कश्मीरी पंडित अपने को घाटी में सुरक्षित नहीं महसूस करते हैं।

डाक्टरनी का प्रस्ताव वीरेन्द्र खोखरा के सामने था। उसने सोचा कि आखिर कब तक वह अकेले रहेगा। इसी बात को सोच कर उसने डाक्टरनी से शादी का फैसला कर लिया। दोनों की शादी हो गई। वीरेन्द्र खोखरा उसको लेकर साहिबाबाद गाँव में रहने आ गया।

शशि खोखरा महत्वाकांक्षी थी। वह वीरेन्द्र खोखरा से रात-दिन पैसों की माँग करती। सरकारी नौकरी में होने के कारण वीरेन्द्र खोखरा की इनकम फिक्स थी। वह अपना अलग नर्सिंग होम बनाना चाहती थी। कहा सुनी के बीच जिन्दगी चल रही थी दोनों की। दो बेटियां भी उसके घर पैदा हो गईं।

डाक्टरनी चटकीली तो थी। फड़क कर रहती थी। लिपिस्टक पाउडर पोत कर सोलह साल की दिखने की कोशिश करती थी। उसकी अदाओं ने टीटी के चाचा हेमराज को आकर्षित किया। हेमराज ने डाक्टरनी पर चारा फेंकना शुरू किया। लम्बी मशक्कत के बाद डाक्टरनी ने चारा खा लिया। वीरेन्द्र खोखरा के न रहने पर हेमराज डाक्टरनी के साथ हमबिस्तर होने लगा। ऐसी बातें तो छिपती नहीं। वीरेन्द्र खोखरा को भी हेमराज और डाक्टरनी के रिश्तों के बारे में पता चला। उसने हेमराज का घर छोड़ने का फैसला कर लिया। गाँव में ही उसने अपने प्रोविडेन्ट फंड से पैसा निकाल कर जमीन ली और उस पर मकान बना दिया।

इसी में नर्सिंग होम भी चलने लगा। गाँव में नर्सिंग होम और डाक्टर न होने के चलते उसकी दुकान चल गई। मुन्नी मोबाइल इसी नर्सिंग होम में बतौर नर्स काम करने लगी। हजार रुपये उसकी पगार तय हो गई। अवैध गर्भपात के लिए नर्सिंग होम की दूर-दूर ख्याति फैल गई। आमतौर पर गर्भपात कराने के लिए सोलह से बीस साल की लड़कियां नर्सिंग होम में आतीं। डाक्टरनी और मुन्नी गर्भपात के दौरान लड़कियों को अपमानित करतीं। दर्द होने पर डाक्टरनी कहती, 'मजा लेते वक्त नहीं समझ आता था कि बच्चा गिराने में दर्द होगा। अब दर्द को सहो।'

मुन्नी को भी डाक्टरनी की बातें सुनकर मजा आता। मौका मिलने पर वह भी लड़कियों से इस तरह की बात करने में नहीं चूकती। पूछती—'कहाँ मिलती थी। कैसे मजा लिया।' और भी बहुत-बहुत बातें कर वह गर्भपात कराने वाली लड़की को चिढ़ाती।

डाक्टरनी और मुन्नी की अच्छी छनने लगी थी। वह भी केस लाने लगी। मोटा कमीशन बनाने लगी। इस बीच गाँव के बाहर क्वालीफाइड गायनो डॉ.

आराधना ने बड़ा नर्सिंग होम खोला। कमीशन पर मरीज लाने वाले सभी लोगों से डॉ. आराधना ने सम्पर्क किया। मुन्नी भी उसके सम्पर्क में आई। डाक्टरनी से ज्यादा कमीशन का लालच उसने दिया। ऑफर का असर मुन्नी पर हुआ। अब वह चोरी छिपे डॉ. आराधना के नर्सिंग होम में केस देने लगी। इस बात को डाक्टरनी के साथ उसके रिश्ते पर असर डालना ही था। दोनों के रिश्ते दरकने लगे। डाक्टरनी के पेट पर लात जो उसने मारी थी।

डाक्टरनी की बेटियां भी बड़ी हो गईं थीं। बड़ी बेटी एयरहोस्टेस का कोर्स कर रही थी। उसके ब्वाय फ्रेंड्स की लम्बी कतार थी। दूसरी कंप्यूटर कोर्स कर रही थी। बड़ी बेटी का एक पैसे वाले लड़के से टांका अच्छा भिड़ा था। लड़के की औकात को जानने के बाद उसने अपनी बेटी की कमान ढीली छोड़ दी। दोनों खुलेआम मिलने जुलने लगे। उनके बीच नादानी की एक बार शुरुआत हुई तो वह चलती रही। नर्सिंग होम का बेड गाहे-बगाहे उनका बेडरूम बनने लगा। डाक्टरनी के सिर पासा उलटा पड़ गया। बेटी गर्भवती हो गई। उसने लड़के से शादी की बात की। लड़का तो मौजमस्ती करने वाला था। शादी के लिए गंभीर नहीं था। डाक्टरनी ने लड़के पर दबाव भी बनाया, पर अमीर बाप के बेटे के आगे दबाव काम नहीं आया। अन्ततः लोकलाज से बचने के लिए उसने अपने नर्सिंग होम में ही उसका गर्भपात कराया। मुन्नी उसकी साक्षी।

डॉ. आराधना के मुन्नी से बढ़ रहे रिश्तों के चलते दोनों में खटपट बढ़ने लगी। एक दिन डाक्टरनी की छोटी बेटी मुन्नी के घर में जा कर हंगामा कर आई। मुन्नी घर पर नहीं थी। हंगामे का कारण था कि छोटी बेटी की जींस खो गई थी। उसको शक था कि मुन्नी की बेटी नंदिनी जींस चुरा ले गई है। घर लौटने पर जब यह बात मुन्नी को उसकी बेटी ने बतायी तो वह गुस्से से आग-बबूला हो गई। सच यह था कि डाक्टरनी ने जींस पुरानी होने पर मुन्नी को दे दी थी। राशन पानी लेकर मुन्नी डाक्टरनी के घर चढ़ गई। झगड़ा हुआ। डाक्टरनी ने अपने घर में रहने वाले पैथोलाजिस्ट मुन्ना को मुन्नी को पकड़ कर पीटने को कहा। मुन्नी ने मुन्ना को हड़का लिया। मुन्नी गुस्से में थी। उसने डाक्टरनी की पोल खोलनी शुरू कर दी। बेटी के गर्भपात से लेकर टीटी के चाचा से रिश्तों तक की सब बानगी एक-एक कर उसने मोहल्लेवालों के सामने खोल दी। काफी देर गाली-गलौच के बाद झगड़ा खत्म हो गया।

मुन्नी का डाक्टरनी के यहाँ यही आखिरी दिन साबित हुआ। दोनों के रास्ते अलग हो गये।

डाक्टरनी का नर्सिंग होम छोड़ने के बाद मुन्नी की आमदनी भी कम हो गई। छः बच्चों को पालना मुश्किल हो रहा था। बच्चे स्कूल भी जाने लगे थे। पति नंदलाल की कमाई सीमित थी। एक दिन हीर सिंह के मकान में रहने वाले हॉकर अशोक ने मुन्नी से कहा, 'भाभी, एक घर का काम करना है। करोगी!'

मुन्नी को काम नहीं समझ आया। थोड़े दिन बाद अशोक ने फिर प्रस्ताव को दोहराया। मुन्नी ने पूछा, 'किसके घर पर काम करना है?'

अशोक ने जवाब दिया, 'गाँव के बाहर पत्रकारपुरम सोसायटी में एक साहब हैं। मियां बीवी दोनों काम करते हैं। उन्हीं के घर का काम है।'

मुन्नी ने हामी भर दी।

शाम को पति नंदलाल के घर आने पर उसने सलाह की। वह तैयार हो गया। दोनों अशोक को लेकर पत्रकारपुरम सोसायटी पहुँचे। काम जिसके घर करना था, वह बिहार की राजधानी पटना के रहने वाले थे। बिहार कनेक्शन परवान चढ़ा। भोजपुरी में दोनों के बीच रसीली बातें हुईं। पाँच सौ रुपये में मामला तय हो गया। मुन्नी गाँव से अब नियमित रूप से दोनों वक्त बाहर निकलने लगी। उसकी गाँव की दुनिया की खिड़की और बड़ी होने लगी।

पत्रकारपुरम नई सोसायटी थी। पूरी तरह बसाहट नहीं हुई थी। इसीलिए काम करने वाली नौकरानियों की यहाँ शार्टेज थी। मुन्नी को दो-चार घर में और काम मिल गया। इस तरह डाक्टरनी के नर्सिंग होम से होने वाली कमाई की भरपाई शुरू हो गई।

हर जगह उसे नये-नये अनुभव होने लगे। नये घरों में उसकी भोजपुरी भाषा की दीवार टूट गई। उसके नये घर मराठी, बंगाली और मारवाड़ी थे। महाराष्ट्र, बंगाल और राजस्थान की मिट्टी और वहाँ की सांस्कृतिक पहचान से रूबरू होने की उसकी शुरुआत हुई। देश की गोबर पट्टी से उसका परिचय हो रहा था। वह रोमाँचित हो रही थी। खाली वक्त में इन घरों में टीवी दर्शन उसके अनुभव को बढ़ाने में मददगार साबित हुआ। सास, बहू और घर-घर की कहानी जैसे सीरियल कारपोरेट परिवारों में वर्चस्व के लिए मचे घमासान से उसका परिचय करा रहे थे। उसके बिहारी गंवई मूल्य धूल धूसरित हो रहे थे। एक औरत के कई मर्दों के साथ रिश्ते उसे अचंभित करते थे। धन धान्य से भरे पूरे परिवार में पैसों के लिए होने वाले घमासान उसकी समझ से परे थे।

मुन्नी मोबाइल से आनंद भारती की मुलाकात गाजियाबाद के पत्रकारपुरम में बने अपने फ्लैट के कारण हुई थी। मुन्नी से मुलाकात के पूर्व उनकी पोस्टिंग अहमदाबाद में थी, जहाँ 'जागरण उजाला' अखबार के ब्यूरो-प्रमुख थे वह। अखबार से जुड़े होने के कारण यों तो आनंद भारती के लिए हर शहर का अनुभव अनोखा था। हर उस शहर में जहाँ वह रहे, अपनी छाप छोड़कर आए और सरकते वक्त की कुछ मिट्टी अपने हृदय के सांचे में समेटते रहे। कुछ इस तरह कि यदि लेखा-जोखा करें तो अनुभव ज्यादा और उम्र कम पड़ जाए।

पर अहमदाबाद का उनका अनुभव सबसे अलग-थलग था। वहाँ की यादों से आनंद भारती अब भी सिहर उठते हैं। 'गोधरा काण्ड' उनकी आँखों से गुजरा था। उनकी कलम ने उस सचाई को बेखौफ अपनी रिपोर्टिंग का हिस्सा बनाया था। अखबार की लोकप्रियता भी बढ़ी थी पर स्वयं आनंद भारती के लिए उन दिनों की यादें मीठी कम और तीखी ज्यादा रही हैं। वह कभी उन्हें याद नहीं करना चाहते, पर, वे यादें ऐसी हैं कि रील की तरह उनके साथ चलती रहती हैं। बात उस साल की है जब गोधरा में साबरमती एक्सप्रेस के एस-6 कोच में बलवाइयों द्वारा आग लगाने के बाद गुजरात सुलग रहा था। साबरमती एक्सप्रेस में हिन्दू कारसेवक थे। ये कारसेवक अयोध्या में कारसेवा कर अहमदाबाद लौट रहे थे। गोधरा रेलवे स्टेशन पर कारसेवकों की लड़ाई हुई। इसके बाद गाड़ी आगे बढ़ी ही थी कि सिंगल फालिया पर गाड़ी रोक ली गई। बलवाइयों ने एस-6 कोच में आग लगा दी। आग लगने के और भी कारण बताये जा रहे हैं। जस्टिस बनर्जी से लेकर जस्टिस नानावटी तक कारणों की तह में गये और बिना गये अपने-अपने फैसले दे चुके हैं। सेक्यूलरिस्ट कहते हैं कि कारसेवकों ने खुद आग लगा ली। हिन्दू ब्रिगेड कहती है कि मुसलमानों ने आग लगाई।

सिंगल फालिया मुस्लिम बहुल इलाका है। इस आग के बाद गोधरा स्टेशन देश के नक्शे में प्रमुख तौर पर उभर आया। इस अग्निकाण्ड से पहले गोधरा में ऐसा कुछ नहीं था कि उसे देश के लोग जानें। इसी गोधरा ने देश की राजनीति में तीव्र ध्रुवीकरण किया। वैसे ध्रुवीकरण की नींव तो 6 दिसम्बर 1992 को ही पड़ गई थी। उस दिन बाबरी मस्जिद को भगवा ब्रिगेड ने ध्वस्त कर दिया था। हिन्दू राजनीति करने वाली भारतीय जनता पार्टी के मुखिया लालकृष्ण आडवाणी से लेकर भगवा सेना की तेज तर्रार साध्वी उमा भारती, सभी इस कथित राष्ट्रीय कलंक को ध्वस्त करने में शामिल थे।

अयोध्या में सिर्फ एक ही नारा था—बाबरी मस्जिद को एक धक्का और दो।

हिन्दू बवालियों का मानना था कि बाबरी मस्जिद जिस प्लाट में थी उसी में उनके भगवान श्रीराम का जन्म हुआ था। हिन्दू इस जमीन पर रामलला का भव्य मन्दिर बनवाना चाहते हैं। उनकी आस्था का सवाल था। ऐसी आस्था जो तर्कों से परे थी। उसके लिए जरूरी था कि बाबरी का ध्वंस किया जाये। पुलिस की सुरक्षा और संरक्षण में बाबरी का ध्वंस हुआ।

बाबरी ध्वंस की भूमिका तो पहले ही बन चुकी थी। लालकृष्ण आडवाणी दो साल पहले सोमनाथ से अयोध्या तक रामजन्म भूमि पर मन्दिर निर्माण के लिए 'संकल्प रथयात्रा' निकाल चुके थे। फिजा में रामजन्म भूमि का मुद्दा तैरने लगा था। मन्दिर निर्माण के पक्ष में चारों तरफ नारे गूँज रहे थे—'बच्चा-बच्चा राम का, जन्मभूमि के काम का', 'सौगंध राम की खाते हैं, मन्दिर वहीं बनायेंगे', 'एक धक्का और दो, बाबरी को तोड़ दो', 'बाँध लंगोटा, थाम के सोटा, चलो अयोध्या।'

सोमनाथ से रथयात्रा जैसे-जैसे आगे बढ़ रही थी, हाशिये पर पड़ी भारतीय जनता पार्टी के प्रति हिन्दुओं का समर्थन बढ़ता जा रहा था। कहने वालों ने इस यात्रा को आडवाणी की दंगा-यात्रा तक कह डाला। रथयात्रा के रथी आडवाणी का करिश्मा चल निकला था। बाद में रथयात्रा की परिणति बाबरी ध्वंस के साथ हुई। बाबरी तो ध्वंस हो चुकी थी। अब हिन्दू ब्रिगेड के आगे सवाल था कि वहाँ राम लला का मन्दिर कैसे बनाया जाये। केन्द्र सरकार ने विवादित ढांचे पर यथास्थिति बनाये रखने के लिए आदेश दे दिये थे। असल में बाबरी तो एक बहाना था, भारतीय जनता पार्टी राम के कंधों पर चढ़कर देश की सत्ता पर काबिज होना चाहती थी। इसीलिए वह और उसके सहयोगी संगठन मन्दिर निर्माण के लिए तरह-तरह के आन्दोलनों में जुट गये। कभी शिला पूजन, तो कभी मन्दिर का शिलान्यास, तो कभी साधू सन्तों के सम्मेलन आदि-आदि।

चार साल से अधिक समय तक भारतीय जनता पार्टी के इंजीनियर राम नाम की माला जपते रहे। पार्टी का पितृ संगठन राष्ट्रीय स्वयंसेवक संघ पार्टी के हर कदम पर नजर रखे हुए था। आजादी के बाद देश में इमरजेन्सी को जन्म देने वाले जेपी आन्दोलन से भी बड़ा रामजन्म भूमि का आन्दोलन बन गया था। लाखों लोगों ने भगवान राम के नाम पर आन्दोलन में भागीदारी की। बाबरी ध्वंस के बाद भारतीय जनता पार्टी और उसके लगुआ-भगुवा संगठन राम के नाम पर आजादी के बाद देश को पहली बार सांप्रदायिक धरातल पर बाँटने में कामयाब हो गये। 1996 में भारतीय जनता पार्टी केन्द्र में तेरह दिन की सरकार बनाने में कामयाब हुई। बहुमत न होने के चलते पार्टी के प्रधानमन्त्री अटल बिहारी वाजपेयी को अपने नाम के आगे भूतपूर्व

लगाना पड़ा। इसके बाद आई देवगौड़ा की सरकार भी कुछ ही महीने चल सकी।

दो साल बाद देश में 1998 में चुनाव हुए। एक बार फिर भारतीय जनता पार्टी ने जोड़-तोड़ कर सरकार बनाई। दक्षिण की नेत्री जयललिता के गुस्से का शिकार हो कर भारतीय जनता पार्टी की सरकार को फिर जाना पड़ा। 1999 में हुए चुनाव में हिन्दू ब्रिगेड पार्टी के प्रधानमन्त्री अटल बिहारी वाजपेयी और पार्टी के लौह पुरुष रामरथी लालकृष्ण आडवाणी ने राम के नाम पर फिर वोट माँगे। जनता झांसे में आ गई। ठीकठाक सांसदों के साथ हिन्दू बिग्रेड पार्टी संसद में पहुँची। बहुमत फिर भी नहीं मिला। नतीजतन सत्ता से कांग्रेस और वामपंथियों को दूर रखने के नाम पर बीस-बाइस छोटे मोटे दलों की खिचड़ी पका कर अटल बिहारी वाजपेयी तीसरी बार प्रधानमन्त्री बन गये। इसी के साथ राम कहीं खो गये। अब भी खोये हुए हैं। उन्हें अभी तक भव्य मन्दिर का इंतजार है।

रामलला के कंधे भारतीय जनता पार्टी को सत्ता तक पहुँचाने में इतने थक गये कि वे अब भी थकान से उबरे नहीं हैं। मन्दिर निर्माण पार्टी के एजेंडे से बाहर हो गया। राम इतने बेगाने हो गये कि पार्टी उनका नाम भी लेने से डरने लगी। वाजपेयी की सरकार राम को हाशिये पर धर कर चलने लगी। वाजपेयी अपने को हिन्दू प्रधानमन्त्री के तौर पर इतिहास में दर्ज नहीं कराना चाहते थे। वे एक स्टेटसमैन बनना चाहते थे। देश के ऐसे नेता, जो हिन्दू से लेकर मुसलमान तक, सबमें लोकप्रिय हो। वैसे भी लम्बे राजनीतिक अनुभव के कारण वे संघ परिवार और पार्टी से ऊपर उठ चुके थे।

सरकार के एक-दो साल बीत जाने के बाद राम मन्दिर एजेंडे पर कुछ नहीं हुआ तो संघ परिवार के संगठन वाजपेयी सरकार से नाराज होने लगे। मन्दिर निर्माण के लिए इन संगठनों की फर्जी धमकियों का दौर शुरू हुआ। सरकार पर दबाव बनाने के लिए शिलान्यास से लेकर शिला-पूजन तक। ऐसे ही एक कार्यक्रम में भाग लेकर अयोध्या से लौटते हुए गुजरात के कारसेवकों की ट्रेन को 27 फरवरी 2002 में मवालियों ने जला दिया। मरने वालों की संख्या 58 थी। गुजरात में भारतीय जनता पार्टी की सरकार थी और केन्द्र में भी। विधानसभा चुनाव सिर पर थे। पार्टी का सूबे में स्वास्थ्य अच्छा नहीं था। पार्टी ने दो-तीन अंदरूनी सर्वे कराये थे। उनमें वह डबल डिजिट में भी सीट हासिल करती नहीं दिख रही थी। मुख्यमन्त्री केशुभाई पटेल के परफॉरमेन्स को लेकर सवाल उठ रहे थे। कच्छ और भुज में आये भयानक भूकंप से हुई तबाही के बाद वह पुनर्वास कार्यक्रम में पिछड़ रहे थे। तिस पर उपचुनावों में पार्टी हार रही थी। कुल मिलाकर पार्टी आलाकमान के सामने केशुभाई पटेल का रिपोर्ट कार्ड गड़बड़ा गया था। पार्टी को लगा कि मुख्यमन्त्री

बदलने में ही उसकी भलाई है।

नये मुख्यमन्त्री की खोज हुई तो संघ परिवार के स्टार प्रचारक नरेन्द्र मोदी का नाम उभरा। मोदी गुजरात के थे। प्रचारकी भी वहाँ कर चुके थे। महत्वाकांक्षी भी थे। मुख्यमन्त्री बनने से पहले वे दिल्ली में कार्यरत थे। पार्टी के राष्ट्रीय महासचिव थे। संघ परिवार और पार्टी के बीच सेतु का काम करते थे। गोधरा काण्ड के वक्त मुख्यमन्त्री बने मोदी को छः मांह ही हुए थे। इससे पूर्व उन्हें किसी भी प्रकार का प्रशासनिक अनुभव नहीं था।

मोदी से आनंद भारती की पहली मुलाकात शिमला में हुई थी। सरकारी गेस्ट हाउस पीटर ऑफ के कमरा नम्बर 51 में। पार्टी महासचिव होने के नाते वह हिमाचल प्रदेश के प्रभारी थे। शिमला में भारतीय जनता पार्टी के मुख्यमन्त्री प्रेम कुमार धूमल की ताजपोशी होने वाली थी। पार्टी के पास बहुमत नहीं था। उसने घोटालों में घिरे पूर्व केन्द्रीय संचार मन्त्री सुखराम की पार्टी हिमाचल विकास पार्टी के पाँच विधायकों और अपनी पार्टी के बागी विधायक रमेश धवाला के साथ मिलकर सरकार बनाई थी। सुखराम के घोटाले के खुलासे के वक्त संसद में भारतीय जनता पार्टी ने खूब हो-हल्ला मचाया था। कई दिन संसद को ठप्प कर दिया था। लेकिन हिमाचल प्रदेश में सरकार बनाने के लिए उनका समर्थन लेने में उसे शर्म नहीं आई। पार्टी की चाल, चरित्र और चेहरा ही सत्ताखोर है तो उसे शर्म कैसे आती ?

मोदी के कमरे में जब आनंद भारती घुसे तो वह काले रंग का बंद गले का सूट पहने थे। अखबार उनके हाथ में था। चाय की चुस्कियों के बीच वह अखबार पढ़ रहे थे। मोदी से आनंद भारती की मुलाकात के सूत्रधार पार्टी के विधानसभा में विपक्ष के नेता जगत प्रकाश नड्डा थे। वे आनंद भारती को पटा कर मोदी के पास ले गये थे। असल में मोदी चाहते थे कि राज्य में बनने वाली धूमल सरकार के असली इंजीनियर के तौर पर दिल्ली के अखबार में उन्हें पेश किया जाये। उनका महिमामण्डन किया जाये। बताया जाये कि यदि मोदी न होते तो हिमाचल प्रदेश में धूमल सरकार न बनती। आनंद भारती उनकी इस सोच पर मन ही मन व्यंग्य से मुस्करा उठे। वह सोचने लगे कि अगर यह बात सच होती तो सभी अखबार इसका खुलासा करते। फिर किसी पत्रकार को पटाने की जरूरत ही न पड़ती। उनका अखबार दिल्ली के बड़े अखबारों में था। मोदी की इस छोटी महत्वाकांक्षा ने आनंद भारती को मन ही मन हँसाया। वह उन्हें बौने लगे।

एक प्रचारक की इस इच्छा को जानकर उन्हें लगा कि वे संघ परिवार की

निष्ठाओं से बंधे नहीं हैं। भविष्य में राजनीति ही उनका रास्ता है। यह बात दीगर है कि संघ परिवार के पूर्व सरसंघ चालक उर्फ गुरुजी राजनीति को पाखाने से ज्यादा महत्व नहीं देते थे। वे कहते थे कि राजनीति समाज का एक महत्वपूर्ण अंग है किन्तु वह अंतिम सत्य नहीं है। राजनीति की भूमिका वैसी है जैसे किसी मनुष्य के लिए शौच जाना, जिसे टाला नहीं जा सकता। किन्तु वहाँ बहुत देर तक बैठा नहीं जा सकता। मुलाकात के बाद आनंद भारती को लग गया था कि मोदी अपने आगामी जीवन में राजनीति के पाखाने में बैठने वाले हैं। पचास मिनट मोदी सरकार की इंजीनियरिंग को समझाते रहे। बात आई-गई और खत्म हो गई। मोदी का पटाक्षेप हो गया।

केशुभाई को हटवाकर मोदी स्वयं मुख्यमन्त्री बनने की इच्छा रखते थे। उन्होंने पूरा जोड़-तोड़ किया। वह पार्टी की नेचुरल च्वायस के तौर पर नहीं उभरे थे। फिर भी पार्टी को लगा कि मोदी होने वाले चुनाव में कुछ करिश्मा कर दिखाएँगे। करिश्मा करने के लिए गोधरा की आग मोदी के लिए संजीवनी साबित हुई। मुख्यमन्त्री बनने के बाद विधायक बनने के लिए दो दिन पहले ही मोदी राजकोट विधानसभा सीट से चुनाव जीते थे। तब तक उनमें करिश्मा नहीं था। साधारण से मुख्यमन्त्री भर थे वह। इसीलिए साबरमती एक्सप्रेस अग्निकाण्ड के बाद वह जब गोधरा स्टेशन मौका-ए-वारदात पर पहुँचे, तो गुस्साई भीड़ उन पर चढ़ बैठी। उनके साथ गये उनके मन्त्री अशोक भट्ट ने स्थिति को सँभाला। गुस्साई भीड़ से पहला एनकाउन्टर था वह मोदी के लिए। मोदी गमगीन मुद्रा में थे। उन्होने गोधरा में मृतकों का पोस्टमार्टम कराने के बजाय लाशों को अहमदाबाद ले जाने का फैसला किया। यदि मोदी यह फैसला नहीं करते तो सैकड़ों लोगों की जान बचाई जा सकती थी। असल में वह लाशों पर राजनीति की रणनीति बना रहे थे। पूरा खाका उनके दिमाग में खिंच चुका था।

लाशें अहमदाबाद लाईं गईं। सरखेज-गांधीनगर हाइवे स्थित सोला अस्पताल में लाशों के पहुँचने पर विश्व हिन्दू परिषद और बजरंग दल के कार्यकर्ता वहाँ इकट्ठा हो गये। पोस्टमार्टम के बाद लाशों को उनके परिवारों को सौपने का सिलसिला शुरू हुआ। अहमदाबाद के बाहरी इलाके रामोल के जनता नगर के लगभग एक दर्जन कारसेवक वहाँ थे। सभी गरीब परिवार से थे। बताते हैं कि मरने वाले घूमने फिरने की गरज से अयोध्या गये थे। 'विश्व हिन्दू परिषद' वाले उन्हें मुफ्त यात्रा के नाम पर पटा कर ले गये थे। अन्य मरने वाले भी निम्न मध्यवर्ग के ही थे। उनमें राम मन्दिर बनाने का जज्बा विश्व हिन्दू परिषद के प्रशिक्षित कार्यकर्ताओं जैसा नहीं था। अयोध्या गये लोगों में अहमदाबाद के संभ्रान्त इलाकों नवरंगपुरा

और सेटेलाइट आदि से कोई नहीं था।

मौज-मस्ती के नाम पर मौत मिलेगी, यह मरने वालों के परिजनों को नहीं पता था। इसीलिए जब जनता नगर में एक दर्जन लाशों को लेकर हिन्दू ब्रिगेड के कार्यकर्ता पहुँचे तो मरने वालों के घर वाले उन पर चढ़ गये। बजरंग दल के प्रदेश अध्यक्ष हरेश भट्ट के साथ गुस्साई भीड़ हाथापाई पर उतर आई। स्थिति खराब होते देख भट्ट ने पैंतरा बदला। भावनात्मक रूप से भीड़ को समझाने की वे कोशिश करने लगे : 'सौगंध खाते हैं कि जिन्होंने हमारे लोगों को इस बेरहमी से मारा है, हम उनसे बदला ले कर रहेंगे।' उनके इस वाक्य में भावों का ज्वार था।

भट्ट के ओजस्वी भाषण का असर हुआ और वहीं गुजरात के जलने की पहली चिंगारी चमक उठी। पहले से तैयार हिन्दू ब्रिगेड के कार्यकर्ता आग से खेलने लगे। हाथों में तलवार और चाकू उग आये। हिन्दू ब्रिगेड ने गोधरा काण्ड के विरोध में 28 फरवरी को गुजरात बंद का आह्वान किया था। छुट्टी होने के चलते तमाशबीन और हुड़दंगी भी बड़ी तादाद में सड़कों पर उतर आये। इस तरह मोदी की लाशों की राजनीति का पहला अध्याय सफल रहा।

उसके बाद बची हुई लाशों को भी उनके शहरों में भेजा गया। शहीद की तरह जुलूस निकाले गये। धमाल हुआ। आग लगी। सौराष्ट्र को छोड़कर पूरा गुजरात जलने लगा। और यह सब कुछ राम के नाम पर हुआ। हमला जयश्रीराम के उदघोष के साथ होता। मुसलमान निशाने पर होते।

अहमदाबाद में मुसलमानों की बसाहट साबरमती नदी के दूसरे हिस्से में है। साबरमती नदी शहर के बीचों बीच बहती है। नदी के दो किनारों की अलग-अलग दास्तां है। नदी के दोनों किनारे एक शहर में होने के बावजूद दो मुकम्मल शहर थे। एक किनारे पर शोक में डूबी बस्तियां थीं, तो दूसरे किनारे पर लाशों की दुर्गंध के बीच दीवाली मनाते लोगों के घर। एक तरफ अंधेरा, दूसरी तरफ उजाला। सिर्फ उजाला। सभी कुछ भयमुक्त। साबरमती नदी ने शहर को कृष्ण और शुक्ल पक्ष में बदल दिया था। पुलिस बल के संघीकरण के चलते दंगाइयों की सुरक्षा में वे तैनात हो गये थे। मुसलमानों को उनके घरों में कैद कर दिया गया था। खिड़की से सिर निकालते ही सेल दाग दिये जाते। दूध-पानी और राशन जैसी सुविधाओं से वे महरूम हो गये थे।

हिन्दू इलाकों में कर्फ्यू के बाद भी जनजीवन सामान्य था। मैकडॉनाल्ड्स, डॉमिनो, यूएस पिज्जास और मल्टीप्लेक्सों में देर रात तक लोग मौजमस्ती में जुटे थे। दंगाई छापामार शैली में हमला बोल रहे थे। अकेले चलना मौत को बुलावा

देना था। कई जगहों में ऐसे ही अकेले लोगों को दंगाइयों ने जिन्दा जला दिया। जलाने में क्रूरता की हद पार कर दी गई। बापू नगर के पास आटो में जा रहे एक मुस्लिम बुजुर्ग को उतार कर उसे पुराने कपड़ों से पहले लपेटा गया। फिर एक मोटरसाइकिल वाले को रोक कर उससे पेट्रोल लेकर उस पर छिड़क दिया गया। थोड़ी देर में आसमान में धुआं ही धुआं था। इसी तरह कई लोगों को पकड़ कर जलाया गया था।

स्वास्थ्य सेवाएँ भी सांप्रदायिक आधार पर बंट गईं थीं। वीएस अस्पताल में मुसलमान घायलों को रखा गया था, तो सिविल अस्पताल में हिन्दू घायलों को। घायलों के साथ आने वालों को भी नहीं बख्शा जा रहा था। एक घायल के साथ वीएस अस्पताल पहुँचे उसके भाई को दंगाइयों ने एम्बुलेन्स से उतार कर पीटा। उसके पेट पर दर्जनों चाकू के घाव कर दिये गये। दंगाई चीख रहे थे—इनको इलाज का कोई हक नहीं है। इन्होंने हमारे लोगों को मारा है।

आनंद भारती दंगों की सही रिपोर्टिंग के लिए काफी सक्रिय थे। उन्होंने मुस्लिम बहुल इलाके शाहआलम, मिर्जापुर, बहरामपुर, जुहापुरा, सरखेज, शाहपुर, खानपुर, दरियापुर, कालूपुर, जमालपुर और गोमतीपुर का सघन दौरा किया। उन्होंने देखा कि ये इलाके अघोषित जेल बन चुके हैं। न कोई अन्दर जा सकता है और न ही कोई बाहर आ सकता है। खाकी में हिन्दू ब्रिगेड की भूमिका निभा रही पुलिस ने इन इलाकों को घेर रखा था।

मिर्जापुर निवासी नईम ने आनंद भारती को बताया कि वह ऑटोरिक्शा चलाता है। दो माह से वे काम पर नहीं गये हैं। खाने के लाले पड़ गये हैं। गोमतीपुर की फातिमा बीबी अपने बच्चे के लिए दूध न मिलने का रोना उनसे रोती हैं। उसका पति दिहाड़ी मजदूर है। काम न मिलने के चलते घर में कनस्तर बज रहे थे। सरकारी मदद इन इलाकों में नहीं पहुँच रही थी। मदद न दे कर मोदी सरकार उन्हें सबक सिखा रही थी।

उजली बस्ती वाले किनारे में महात्मा गांधी के नाम का आश्रम भी है। अहिंसा के पुजारी का आश्रम। बापू वहाँ लम्बे समय तक अपने अहिंसा धर्म का पालन करते हुए रहे। आश्रम में अब भी उनका प्रिय भजन गूँजता है—'रघुपति राघव राजा राम, सबको सन्मति दे भगवान।' दुनिया को तो हिंसा के मसले पर बापू की सद्‌बुद्धि मिल गई, लेकिन उनकी जन्मस्थली और कर्मस्थली गुजरात उनसे सबक लेने के लिए तैयार नहीं। वैसे भी हिन्दू ब्रिगेड बापू के विचारों को कहाँ मानने वाली थी! ब्रिगेड के नाथूराम गोडसे बापू की हत्या कर चुके थे। हत्या करके

बापू के विचारों को मारने की कोशिश की गई थी। बापू का पार्थिव शरीर जरूर नहीं था, लेकिन उनके विचार अब भी जीवित हैं। बापू की धरती पर धमाल। यह बात सबको चौंकाती थी।

मुस्लिम इलाकों को एक के बाद एक निशाना बनाया जाने लगा। दंगाई पूरा मेकअप करके आये थे। उनके माथे पर भगवा पट्टी बंधी थी। उस पर जयश्रीराम लिखा था। हाथों में नंगी तलवारें और चमकते त्रिशूल थे। विश्व हिन्दू परिषद् ने अपने त्रिशूल दीक्षा कार्यक्रमों के जरिये पूरे गुजरात में ये त्रिशूल इस वक्त के लिए बाँटे थे। विश्व हिन्दू परिषद के अन्तरराष्ट्रीय महासचिव प्रवीण तोगड़िया गुजरात में मोदी से बड़े नेता थे। मोदी और तोगड़िया की अच्छी बनती थी। प्रदेश में लम्बे समय तक कांग्रेस पार्टी का शासन होने के चलते 1969 से लेकर 1992 के बीच हुए हिन्दू-मुस्लिम दंगों में हमेशा मुसलमानों का अपर हैंड रहा था। वोट बैंक की राजनीति कांग्रेस को मुसलमानों पर सख्त कार्रवाई की इजाजत नहीं देती थी। मोदी-तोगड़िया की जोड़ी इस बार मुसलमानों को ठीक से सबक सिखाना चाहती थी। शासन भी हिन्दू ब्रिगेड के हाथ में था और दंगाई तो अपने थे ही।

पुराने दौर में हुए दंगों में शराब माफिया लतीफ का आतंक चलता था। हथियार से लेकर पैसे और दंगाई सभी उसके रिजर्व स्टॉक में रहते थे। लतीफ मुसलमानों के बीच रॉबिनहुड की इमेज रखता था। उसकी लोकप्रियता ऐसी थी कि उसके जेल में बंद होने के बावजूद वह अहमदाबाद म्युनिसिपल कॉरपोरेशन के पाँच वार्डों से चुनाव जीत गया था। वह दो हजार करोड़ रुपये के अवैध शराब के धंधे का बेताज बादशाह था।

गांधी की धरती होने के कारण गुजरात में शराबबंदी थी। लतीफ के धंधे को कांग्रेस सरकार का संरक्षण प्राप्त था। इस धंधे पर हिन्दू व्यापारियों की नजर थी। लतीफ का आतंक इतना बढ़ गया था कि अब वह किसी को सेटता नहीं था। नेता-वेता सबको अपने पैरों तले रखने लगा था। उसकी न मानने का मतलब था—मौत। ऐसी ही जिद उसकी अपनी मौत का कारण बनी।

अहमदाबाद में पाकिस्तान के नाम से पहचाना जाने वाला जुहापुरा इलाका था। उस इलाके में रहने वाले बिल्डर और पोलिटीशियन सगीर अहमद से लतीफ ने प्रोटेक्शन-मनी की माँग की। भाजपा से विद्रोह कर जोड़तोड़ द्वारा राज्य के मुख्यमन्त्री बने शंकर सिंह वाघेला से सगीर के अच्छे रिश्ते थे। सगीर ने लतीफ की अनुसनी कर दी। लतीफ ने जेल के अन्दर रहते अपने गुर्गों से सगीर की हत्या करवा दी। वाघेला इस बात से बहुत आहत हुए। इसी के बाद लतीफ के एनकाउन्टर की तैयारियां शुरू

हो गईं। सगीर की हत्या के एक सप्ताह के अन्दर लतीफ की मौत का इंतजाम कर दिया गया। अन्तत: लतीफ मारा गया और उसके आतंक का खात्मा हो गया।

1997 में उसकी मौत के बाद शराब के धंधे में एक प्रकार का वैक्यूम आ गया। हालांकि लतीफ के छुटभैयों ने उसे सँभालने की कोशिश की, लेकिन वह नहीं संभला। बाद में लतीफ के धंधे को हिन्दू व्यापारियों ने सँभाल लिया। हिन्दू ब्रिगेड का इन व्यापारियों को समर्थन मिलने लगा। दंगों में लतीफ की जो भूमिका होती थी, उसकी भरपाई करने वाला मुसलमानों के बीच अब कोई नहीं था।

मोदी सरकार ने दंगों की स्क्रिप्ट लिख ली थी। पुलिस द्वारा दंगाइयों को खुली छूट देना तय हो चुका था। खून का बदला खून। दंगाई मुस्लिम बस्तियों में पुलिस के नेतृत्व में पहुँचने लगे। हमले पर हमले। लाशें जमीन पर बिछने लगीं। गुजरात की फिजा में लाशों की दुर्गंध तैरने लगी। अहमदाबाद में ऊँची दीवारों से घिरी गुलबर्ग सोसायटी आग के हवाले कर दी गई। दंगाइयों ने लोगों को तलवारों से काटा। पैंतालिस लोग मारे गये। नरोडा-पाटिया में दंगाइयों ने बस्ती को दोनों ओर से घेर कर आग लगा दी। आग में झुलसते लोगों को भागने भी नहीं दिया गया। करीब सौ लोगों का वहीं कब्रिस्तान बन गया।

आग फैलती गई। बड़ोदरा में बेस्ट बेकरी की भट्टी में बेकरी के मालिक के पूरे परिवार को झोंक दिया गया। लूनावाड़ा में दंगाइयों से जान बचाकर भाग रहे ट्रक में सवार 67 लोगों को जिन्दा जला दिया। सांबरकांठा के विसनगरम में दर्जनों को मौत के घाट सुलाया गया। पंचमहल जिले में पाण्डरवाडा में बिलकीस बानो के साथ सामूहिक बलात्कार किया गया। सरदारपुरा की कहानी में भी तीस लोग जिन्दा दफन कर दिये गये। चुन-चुन कर लोगों को मारा।

दंगाइयों की रणनीति से लग रहा था कि गोधरा अग्निकाण्ड न भी होता, तो भी गुजरात में दंगों की भूमिका तैयार थी। दंगाई वोटरलिस्ट लेकर मुसलमानों के घरों पर हमला कर रहे थे। दिल्ली दरवाजा के बाहर बनी दुकानों का वाक्या है। दंगाइयों ने दुकानों में आग लगा दी। इस बीच पता चला कि इन दुकानों में एक हिन्दू की दुकान है, तो वे उसे बुझाने में जुट गये। दुकान में लगे फोन से दुकानदार को आग लगने की सूचना भी दी। बताया कि आकर आग बुझा लो। मुसलमानों की आर्थिक तरक्की भी दंगाइयों की आँख में खटक रही थी। चेलिया समुदाय के लोगों के होटलों को खोज-खोज कर आग के हवाले कर दिया। ये चेलिया वे लोग हैं, जिन्होंने गुजरात में पंजाबी और उत्तर भारतीय भोजन को सस्ते में परोसकर अपनी एक अलग पहचान बनाई है।

गुजरात में मुसलमान होना गाली बन गया था। मुसलमान पाकिस्तानी हो गये थे और हिन्दू राजा हिन्दुस्तानी। एक देश में दो देश। खास तरह की दाढ़ी और टोपी किसी की भी मौत का सबब बन सकती थी। आनंद भारती भी दाढ़ी रखते थे। उसके शुभचिन्तक उसे फोन कर दाढ़ी कटाने की सलाह दे रहे थे। दाढ़ी कटवाना विकल्प नहीं था। गुजराती अखबारों को छोड़ कर राष्ट्रीय अखबार मोदी के कारनामों का खुलासा कर रहे थे। इसीलिए वे हिन्दू ब्रिगेड के निशाने पर थे। उन्हें धमकी भरी गुमनाम चिट्ठियां भेजी जा रही थीं। गुजरात से भागने की सलाह दी जा रही थी। पत्रकारों पर हमले किये जा रहे थे। टीवी पत्रकारों की ओबी वैन्स को भी कई बार निशाना बनाया गया। आनंद भारती की कार पर भी हमला हुआ। एक बार उन्हें दंगाइयों ने पकड़कर कहा, 'बोलो, भारत माता की जय। वंदेमातरम।'

गुजरात का मीडिया दो भागों में बंट गया था। एक दंगों के गुनहगारों की पहचान कर रहा था, तो दूसरा दंगाइयों की हौसलाअफजाई करने में मशगूल था। मीडिया का यह हिस्सा आग में घी डालने का काम पूरी शिद्दत से कर रहा था। अफवाहें फैलाने में दंगाइयों से बड़ी भूमिका स्थानीय मीडिया की थी। गुजराती 'लोक समाचार' और 'जनसंदेश' में प्रतिस्पर्धा थी। यदि गुजराती 'लोक समाचार' एक दिन यह छापता कि मुसलमानों ने छः हिन्दू लड़कियों के वक्ष काट लिए, तो 'जन संदेश' एक दर्जन हिन्दू लड़कियों के साथ बलात्कार की खबर छाप देता था। हिन्दू ब्रिगेड के मुखपत्र बन गये थे ये अखबार। दंगा उनके व्यावसायिक हितों को बखूबी पूरा कर रहा था। इनकी प्रसार संख्या भी बढ़ रही थी। सरकार का भी इन्हें समर्थन प्राप्त था। उनकी खबरों की सत्यता पर सवालिया निशान लगाते हुए इन अखबारों के खिलाफ दन्तविहीन संस्था प्रेस काउन्सिल में भी शिकायतें की गईं। लेकिन कुछ नहीं हुआ।

इन अखबारों के पत्रकारों का हिन्दू ब्रिगेड के मंचों पर अभिनन्दन किया जाने लगा। वहीं दंगाइयों की खबर ले रहे मीडिया पर हमले तेज होने लगे। दंगा विरोधी मीडिया ने गुजरात के बाहर दंगों के सच को बखूबी रखा। देश में गुजरात सरकार और मोदी के खिलाफ माहौल बनने लगा। केन्द्र की वाजपेयी सरकार पर भी हमले तेज होने लगे। मोदी को हटाने की माँग होने लगी।

गुजरात दंगों के खिलाफ अभियान चला रहा मीडिया भी इंसानियत की सेवा नहीं कर रहा था। वह भी अपने व्यावसायिक हितों को साध रहा था। उसके पाठक वैसा ही पढ़ना चाहते थे। दंगों का विरोध करने वाले अखबार भी मूल्यों के प्रति निष्ठावान हों, ऐसा नहीं था। औरत की नंगी तस्वीरें पेश करना उनकी प्राथमिकताओं

में था। बाजार की शक्तियों के आगे वह भी नतमस्तक था। उसके अपने संस्थानों में पत्रकारों और गैर पत्रकारों की स्थिति अच्छी नहीं थी। बड़ी संख्या में कर्मचारियों को रातोंरात निकाल देना उनके शगल में शामिल है।

असल में आजादी के बाद विकसित हुआ देश का मीडिया बाजार की रखैल बन गया। उसके पास न तो कोई सपना है और न ही समाज के प्रति कोई प्रतिबद्धता। वह एक उद्योग में तब्दील हो चुका है। लाभ कमाना और सत्ता के गलियारों में दबाव बनाना उसका एकमात्र उद्देश्य है।

टीवी चैनलों में तो और दुर्गति है। नासमझ टाइप के लोग जमा हो गये हैं। दूसरों का स्टिंग आपरेशन करने वाले चैनलों का अगर स्टिंग कर दिया जाये तो जलजला आ जाये। एंकर बनने के लिए लड़कियों को क्या-क्या नहीं करना पड़ता है। इसके लिए बॉस के साथ शराब पीने से लेकर बिस्तर गर्म करने तक कोई भी कीमत चुकानी पड़ती है। बॉस का अगर किसी पर दिल आ गया है तो उसे आत्मसमर्पण करना ही होगा। वरना कई-कई महीनों नाइट ड्यूटी करनी पड़ेगी। रातोंरात यहाँ दस-दस हजार के इनक्रीमेन्ट हो जाते हैं। कल की आई लड़की आपकी बॉस बन सकती है। बॉस जो चाहे वह सब सच। चैनलों की चमक के चक्कर में तो कई लड़कियां पहले से ही सोचकर आती हैं कि उन्हें अपनी खुबसूरती को अपनी तरक्की के लिए इस्तेमाल करना है। इसमें उन्हें नैतिकता और अनैतिकता कुछ नहीं दिखती है। कुछ जो सोच कर नहीं आती हैं, उन्हें तरक्की का यह शॉर्टकट जल्दी समझ आ जाता है। लेकिन कुछ समझौता नहीं करती हैं। नतीजतन वे ज्यादा दिन चैनल में नहीं रहती हैं या फिर उन्हें नेपथ्य में ऐसा काम मिलता है जो उनकी योग्यता से बहुत कम होता है।

चैनलों में इतनी व्यस्तता है कि सुबह-दोपहर का फर्क ही नहीं रह जाता है। कितने तो अपने घरों में सिर्फ सोने के लिए आते हैं। इसलिए एक नई प्रथा चल पड़ी है यहाँ। अधिकांश न्यूजमैन और अन्य टेकनिकल स्टॉफ आपस में ही शादी कर लेते हैं और चैनल को ही अपना घर मान लेते हैं। लेकिन ऐसी शादियों की सफलता का ग्राफ काफी नीचा है। यही सब वजह है कि अब न्यूज चैनलों में खबरों के अलावा सब कुछ मिल जाता है। नाग-नागिन के प्यार से लेकर भुतही हवेली के जिन्न का सच आदि-आदि। बावजूद इस सड़ांध के, गुजरात दंगों के दौरान राष्ट्रीय अखबारों की कारगर भूमिका को नकारा नहीं जा सकता है।

दंगे गुजरात की किस्मत बन गये थे। जगह-जगह राहत शिविरों की फसल उग आई थी। राहत शिविरों में भी लोग महफूज नहीं थे। दंगाई राहत शिविरों को

भी निशाना बना रहे थे। जूहापुरा और गुप्ता नगर कालोनी के बीच बार्डर जैसा माहौल था। जूहापुरा अहमदाबाद के बड़े मुस्लिम बहुल इलाकों में था। जूहापुरा पाकिस्तान बन गया था और उसके सामने की गुप्ता कालोनी हिन्दुस्तान। गुप्ता कालोनी में लोगों ने घरों में बड़ी संख्या में पत्थर जमा कर लिए थे। लोग पाषाण युग की तरफ लौटते दिख रहे थे। रात को एक साथ घरों में बर्तन बजने लगते थे। बर्तन का बजना संकेत होता था कि पत्थरबाजी शुरू करो। हमलावर आ गये हैं। बर्तन बजा-बजा कर गुप्ता कालोनी के लोगों ने बर्तनों की शक्ल बदल दी थी।

आनंद के घर काम करने वाली कमला बेन भी गुप्ता कालोनी में रहती थी। एक दिन न आने पर आनंद ने कमला बेन से पूछा, 'कल क्यों नहीं आई ?'

'बॉर्डर पर हमारी बारी थी ड्यूटी की।' कमला बेन ने जवाब दिया।

'मतलब ?', आनंद भारती ने हैरान होते हुए पूछा।

'जूहापुरा बॉर्डर है। मुसलमान हमारे ऊपर हमला न कर दें, इसलिए सबकी बारी-बारी से रात को ड्यूटी लगती है।' कमला ने इस अन्दाज से जवाब दिया, जैसे सचमुच देश की सीमा-सुरक्षा की ड्यूटी पर तैनात हो।

'कभी हमला किया क्या ?', आनंद भारती की जिज्ञासा बढ़ गई थी।

'अभी तक तो नहीं किया। धमाल चल रहा है। पता नहीं कब हमला बोल दें।' कह कर कमला बेन काम में जुट गई।

कमला बेन की बात सुनने के बाद अचानक आनंद भारती को दिल्ली के अपने मित्र के. के. कोहली का विभाजन के समय का वह किस्सा याद आ गया...देश विभाजन के पहले कोहली का परिवार रावलपिंडी के गोलड़ा शरीफ गांव में रहता था। विभाजन की मांग को लेकर दंगे-फसाद शुरू हो चुके थे। कोहली के घर के सामने वाली दीवार पर लिखा था—हाथ में बीड़ी, मुंह में पान, नहीं बनेगा पाकिस्तान। उस वक्त उनकी उम्र सात साल की रही होगी। हॉफ पैंट पहनते थे। घर वाले दंगाइयों के डर से उनकी जेब में कुछ पैसे और ड्राई फ्रूट भर देते थे, ताकि हमले के बाद परिवार बिखरे तो भूख मिटाई जा सके और पैसे से मदद हासिल की जाए। उस दौर में भी हिन्दू पत्थर नहीं रखते थे। लेकिन गुजरात के बॉर्डर में पत्थरों के पहाड़ खड़े कर दिए गए।

दंगों में मरने वालों का आंकड़ा धीरे धीरे बढ़ रहा था।

साबरमती नदी के उजास हिस्से के मोटरा में सन्त आसाराम बापू का भी आश्रम है। वे वाणी के जादूगर सन्त हैं। लाखों की संख्या में उनके अनुयायी अहमदाबाद से लेकर देश के कोने-कोने में हैं। दंगों को देख कर आसाराम बापू का

दिल दहला। उन्होंने शान्ति मार्च निकालने का आह्वान किया। गुरु पूर्णिमा के दिन देश के हर हिस्से से अहमदाबाद का रुख करने वाली ट्रेनों में आसाराम बापू के भक्त ही होते हैं। अहमदाबाद की सड़कें भर जाती हैं। हर भक्त गुरु से आशीर्वाद लेना चाहता है। लेकिन शान्ति मार्च के मौके पर पाँच सौ लोगों को इकट्ठा करना भी आसाराम बापू के लिए मुश्किल हो गया। आश्रम के लोगों को लेकर शान्तिमार्च की रस्म अदायगी की गई। दंगों की आंच में भक्तों ने भी गुरु से किनारा कर लिया।

दंगों के दौरान ही आनंद भारती का शिमला के बाद दूसरी बार नरेन्द्र मोदी से आमना-सामना अहमदाबाद के सर्किट हाउस में हुआ। मौका था प्रेस कान्फ्रेंस का। मोदी ने हाल में घुसने के बाद जब पत्रकारों पर नजर दौड़ाई तो उनकी आंखें आनंद भारती पर टिक गईं।

बोले, 'आप यहाँ कैसे? शिमला छोड़ आये क्या?'

'आपके कर्म मुझे यहाँ ले आये।' आनंद भारती बोले। वे बोलना तो यह चाहते थे कि आपके कुकर्म मुझे गुजरात ले आये। अनौपचारिक बात होती तो शायद आनंद भारती यह कह भी देते।

आनंद भारती के इस जवाब के बाद माहौल संजीदा हो गया। नरेन्द्र मोदी अपनी रौ में बोले और अपनी बात रख कर चलते बने। उन्होंने दंगों के बाबत कोई भी सीधा जवाब नहीं दिया। अप्रत्यक्ष रूप से वे दंगाइयों के पक्ष में ही दिखे। उन्होंने यह तक कह दिया कि क्रिया की प्रतिक्रिया तो होती है। एक बार तो ऐसा लगा कि उनके अन्दर महान वैज्ञानिक न्यूटन की आत्मा प्रवेश कर गई हो। दंगों को उन्होंने विज्ञान की भाषा में बताया।

दंगों से बेघर हुए लोगों का राहत शिविरों में आना जारी था। अकेले अहमदाबाद के शिविर में साठ हजार से अधिक दंगा पीड़ित रह रहे थे। शाहआलम की मजार परिसर में गुजरात का सबसे बड़ा राहत शिविर बनाया गया था। इस शिविर में तेरह हजार से भी ज्यादा पीड़ित रह रहे थे। शाहआलम शिविर नेताओं के आने-जाने का तीर्थस्थल बना हुआ था। यह शिविर घनी मुस्लिम आबादी में था।

आनंद भारती जब पहली बार इस शिविर में पहुँचे तो चीख-चिल्लाहट ने उनके कान के पर्दे फाड़ दिये। शाहआलम के दृश्य कड़वी सच्चाई थे। वे किसी हॉरर फिल्म के दृश्य नहीं थे। ये सब धर्म के नाम पर गांधी की जन्मस्थली गुजरात में सताये गये लोग थे। मारा तो मारा। काटा तो काटा। जलाया तो तड़पने न दिया।

गुजरात के दंगों पर बनने वाली डॉक्यूमेंट्री की स्क्रिप्ट इस शिविर में कहीं से भी शुरू की जा सकती थी।

दास्तान सबकी एक जैसी है।

कायराना और क्रूरतम।

अमानवीय और शर्मनाक।

खालिद नूर मोहम्मद। निवासी नरोडा पाटिया, अहमदाबाद। परिवार में ग्यारह सदस्य। उस सुबह खालिद अपना रोज का काम शुरू करने वाले थे। अचानक रामनाम का जाप करती उग्र भीड़ ने उन पर हमला बोल दिया। जान बचाने को सब भागे-दौड़े। दंगाइयों ने एक-एक को पकड़ कर जलाना शुरू कर दिया। दंगाइयों के हाथ में पेट्रोल-डीजल और मशाल सब कुछ था। यह बताते हुए सत्तर वर्षीय खालिद की आँखें भर आती हैं। वे बताते हैं कि उन्होंने अपनी आँखों से सबको जलते देखा। उनकी बेटी कौसर को पहला बच्चा पैदा होने वाला था। दंगाइयों ने उसके पेट से बच्चा निकालकर आग में फेंक दिया। बाद में उसे भी जिन्दा जला दिया। उनकी बीवी, जवान बेटा, बहू सब जला दिये गये। अब वे अपने जीने पर शर्मिन्दा हैं।

कहते हैं, 'अब मैं जीऊं तो किसके लिए जीऊँ! मेरे लिए जीना-मरना सब एक समान है।'

अपने अकेले जिन्दा बचे बारह वर्षीय बेटे इस्माइल की ओर इशारा करते हुए कहते हैं, 'वह माँ को लाने की जिद करता है। मैं उसे माँ को कहाँ से लाकर दूं।' बूढ़े की बेबसी आनंद भारती को झिंझोड़ देती है।

शाहआलम राहत शिविर में यह कथा सिर्फ खालिद की ही नहीं है। यहाँ रहने वाले हर आदमी की कहानी कुछ ऐसी है कि जानने वाले लोगों की नींद उड़ जाये। शिविर में कोई भी मर्द-औरत साबुत नहीं है। किसी की टांग कटी है। किसी को गोली लगी है। कोई आधा जला है तो कोई पूरा। हर शख्स के चेहरे पर दहशत छाई है। हलकी सी आहट भी उन्हें चौंका देती है। बचने के बाद कई रातों से उन्हें नींद नहीं आ रही है।

शिविर के एक कोने में निढाल पड़ी महबूब बीबी की आंखें पथरा गई हैं। आठ लोगों के परिवार में बस आठ साल की बेटी बची है। पूछने पर कुछ नहीं बोलती। शिविर में कारसेवा कर रहे राजा भाई कहानी सुनाते हैं और बीबी सिर हिलाती जाती है : 'माँ का सिर फोड़ दिया। बहन के साथ बलात्कार किया। आठ साल की भांजी और सात साल के दो भतीजों को बाँधकर आग में फेंक दिया। धू-

धू कर बीबी की आँखों के आगे जल गये।'

पास में खड़ी बीबी जरीना अपना कटा हुआ हाथ दिखाते हुए बिलख पड़ती है, 'दंगाइयों में हमारे इलाके का विधायक भी था। पुलिस से भी हमें कोई मदद नहीं मिली। मिलती भी कैसे? पुलिस तो उनके साथ थी।' आधे से ज्यादा जली अफसाना अपना इलाज करा अभी-अभी शिविर में आई है। वह सुधबुध खो चुकी है। वापस घर जाने के सवाल पर न की मुद्रा में सिर हिलाती है। शिविर में घर वापसी के सवाल पर सभी एकमत हैं। सब यही कहते हैं कि उनका सब बर्बाद हो गया है।

ऐसी ही दिल दहला देने वाली कहानियां आयशा, रहमान भाई, नूरजहाँ, अब्दुल्ला, जुलेखा बानो, कबीर अली, हनीफ बीबी, शबाना आदि आदि की हैं। शिविर में हर शख्स का अफसाना एक-सा है। यही नहीं, भेदभाव की इंतहा तो यह है कि इन राहतशिविरों में सरकारी मदद भी सांप्रदायिक आधार पर हो रही है। गोली लगने और पत्थर की चोट खाने वालों, दोनों को दो हजार मुआवजा। शिविर में हजारों लोग ऐसे हैं जिन्हें यह मदद भी नहीं मिली है। बिना मुआवजा दिये अधिकारियों ने पीड़ितों से रेडकार्ड भरवाये और उन्हें घर जाने के लिए मजबूर किया। अव्यवस्था का आलम यह है कि शौच के लिए पर्याप्त शौचालय नहीं हैं। तमाम बदइंतजामी के बाद सच यह है कि यहाँ से कोई अपने घर वापस नहीं जाना चाहता। वे अपने को अपने आशियाने से ज्यादा यहाँ महफूज महसूस कर रहे हैं।

देश में जब गुजरात दंगों में मोदी की भूमिका को लेकर हो-हल्ला मचा तो इसी शिविर में प्रधानमन्त्री अटल बिहारी वाजपेयी पीड़ितों का हाल जानने पहुंचे। उन्होंने भावुक तकरीर दी। सुनने वालों को लगा कि अब मोदी सरकार चेतेगी। वाजपेयी ने कहा, 'अब से कुछ देर बाद मैं विदेश यात्रा के लिए रवाना होने वाला हूँ। मुझे समझ नहीं आ रहा कि मैं क्या मुँह लेकर वहाँ जाऊँ। अपने ही घर में लोग शरणार्थी हो गये हैं।' वाजपेयी ने मोदी को राज धर्म पालन करने की सलाह भी दी। वाजपेयी की तकरीर खत्म हो चुकी थी। मोदी अपना सा मुँह लिए उनके बगल में छिपे खड़े थे। तभी भीड़ में से एक महिला गुस्से में मोदी की ओर इशारा करते हुई बोली, 'मोदी हत्यारा है।' वह वाजपेयी को सत्य बताना चाह रही थी। राजनीति के आगे सब सच बेकार होते हैं। वाजपेयी के विचारों के बाद सबको यह लगा कि मोदी को जाना ही पड़ेगा। मोदी के इस्तीफे का दबाव बनने लगा।

थोड़े दिन बाद गोवा में भारतीय जनता पार्टी की राष्ट्रीय कार्यकारिणी होनी थी। इस्तीफे के लिए मोदी को मना लिया गया था। लेकिन वाजपेयी वहाँ पहुँचते ही पलट गये। बोले, 'गोधरा में आग किसने लगाई ? इस सवाल का जवाब तो चाहिए।' कार्यकारिणी के बाद मोदी और मजबूत होकर गुजरात लौटे। उन्हें वाजपेयी का भी आशीर्वाद मिल चुका था।

गुजरात में दंगे जारी थे। नये-नये इलाके दंगों की आग में शामिल होते जा रहे थे। जंगलों में रहने वाले आदिवासियों को भी इसकी आग ने नहीं बख्शा। अंबाजी से लेकर बलसाड तक की आदिवासी पट्टी भी झुलस गई। इस पट्टी में संघ परिवार का संगठन 'वनवासी कल्याण आश्रम' आदिवासियों को हिन्दू बनाने के लिए लम्बे समय से सक्रिय था। विश्व हिन्दू परिषद के त्रिशूल दीक्षा कार्यक्रमों ने भी उनके अन्दर हिंसा की आग भरी थी। इतिहास में पहली बार इन दंगों में आदिवासियों ने बढ़-चढ़ कर हिस्सा लिया। दाहोद, उदयपुर और पंचमहल जिले उनकी लपेट में आ गये।

गुजरात दंगों के दौरान कहीं भी इंसानियत के पक्ष में पहल नहीं हुई, ऐसा भी नहीं था। हिन्दू ब्रिगेड के आतंक के बावजूद भय से बहुत सारे हिन्दुओं ने राहत में जुटी संस्थाओं और लोगों की मदद की। सघन बस्तियों में साथ-साथ रहने वाले लोगों ने मुसलमानों पर हमला करने आये लोगों का खदेड़ा भी। तलवारों के आगे अपने सीने भिड़ा दिये। कई हिन्दुओं ने अपने घरों में मुसलमान साथियों को पनाह दे कर उनकी जिन्दगी बचाई। जवान मुस्लिम लड़कियों के अनाथ होने पर बहुत सारे हिन्दू मुस्लिम जवान सामने आये। उन्होंने उनके साथ शादी की पेशकश ही नहीं की, बल्कि निकाह भी रचाया। राहत शिविरों में ऐसी लड़कियों से निकाह करने वाले युवकों की तसल्ली कर शिविर के आयोजक शिविर में उनका निकाह करा देते। झुग्गी में दशकों से साथ रहे रमेश शर्मा अपने मुस्लिम पड़ोसी के शिविर में बस जाने का गम नहीं बर्दाश्त कर पाये, तो वे मुसलमान बन कर शिविर में उसके साथ रहे।

औरतों ने भी हिन्दू ब्रिगेड की दहशतगर्दी के खिलाफ मोर्चा खोला। असंगठित क्षेत्र की महिलाओं ने साथ रहो, साथ काम करो और साथ पढ़ो के नारे के बीच से यह रास्ता निकाला। एक लाख दिहाड़ीदार महिलाओं ने आतंक के साये में रहकर एक साथ रहने की मिसाल कायम की। इन महिलाओं में लिफाफा बनाने वाली, बीड़ी बनाने वाली, बोझ ढोने वाली और घरों में काम करने वाली महिलाएँ शामिल हैं। अहमदाबाद की आर्थिक गतिविधियों में इनका बड़ा हिस्सा है। सेवा संस्था से

जुड़ी इन महिलाओं में एक तिहाई मुस्लिम महिलाएँ हैं। दहशत में एक बार इनका विश्वास डिगा, लेकिन सामूहिकता ने उनमें नई रोशनी पैदा की। ऐसी चालीस हजार महिलाएँ शिविरों में थीं।

संस्था की मुखिया गांधीवादी इला रमेश भट्ट ने बताया कि सेवा से जुड़ी सारी महिलाएँ दिहाड़ीदार हैं। कर्फ्यू के चलते इनकी आमदनी के रास्ते बंद हो गये थे। हमने शिविरों में जा कर पहल की। हमने पाँच शिविरों में जा कर बीड़ी बनाने वाली, लिफाफा बनाने वाली और कपड़े सिलने वाली महिलाओं को कच्चा माल उपलब्ध कराया। शुरुआत में हमने उनके माल को स्वयं खरीदा। बाद में ठेकेदारों को खोज कर सम्पर्क बनाया गया। शिविरों में एक दिन में एक लाख बीड़ी का उत्पादन होने लगा था। बारहवीं की परिक्षाएँ होने वाली थीं। हमने छात्राओं की पहचान की। उनको ट्यूशन दिलाया। अध्यापक भी हमें शिविरों में मिले। लोगों में विश्वास बढ़ा। हिन्दू महिलाएँ भी सेवा कार्य के लिए शिविरों में जाने लगीं।

दंगों के दौरान मानवता का अगर नाइंसाफी चेहरा दिखा तो कुछ ऐसे नायक भी सामने उभर कर आये जिनको इतिहास में जगह न मिले, लेकिन इन लोगों ने ऐसे वक्त में किसी भी महानायक से बड़ा काम किया। जिन्दगी को अगर बर्बाद करने वाले हैं तो अपना सब कुछ दांव पर लगा कर उसे बचाने और संवारने वाले भी हैं। ऐसे लोगों को सलाम किया जा सकता है।

लेकिन जलाने, मारने और आदमी को काट देने का सिलसिला थमा नहीं था। इन सबके बीच भी जिन्दगी ने किलकारी भरी। इस सबको शिविरों में अंजाम दिया सायरा आपा और उनकी दो बहनों ने। शिविर में इस त्रिमूर्ति ने चालीस बच्चों को जन्म दिलाया। करीब सौ गर्भवती महिलाएँ उसके बाद भी बच्चे को जनने का इंतजार कर रही थीं। सायरा आपा तैयार थीं। बच्चे अव्यवस्था के बीच जन्म ले रहे थे, लेकिन अपना घर-बार छोड़ शिविर दर शिविर भटक रहीं सायरा आपा एक-एक बच्चे के स्वास्थ्य पर नजर रखे हुए थीं।

शिविरों में नवजात बच्चों की माँ से मिलने आनंद भारती निकलते हैं तो उनकी भी आंखें नम हो जाती हैं। नूरजहाँ बेगम से जब वह मुखातिब होते हैं तो उसके चेहरे पर बच्ची जनने की मुस्कान अनुपस्थित है। बावजूद इसके उसने अपनी बेटी का नाम मुस्कान रखा है। कहती है कि अंधेरा हमेशा नहीं रहता है। अफसाना बानू का आशियाना उजड़ चुका है। आशियाने की उसके अन्दर ललक है। उसने भी शायद इसीलिए अपनी नवजात बेटी का नाम आशियाना रखा है। अफसाना के लिए आशियाना बेशक उसके लिए अफसाना ही साबित हो, लेकिन जीवन की चाहत का ही नतीजा है

कि उसने अपनी बेटी का नाम आशियाना रखा। जिन्दगी है कि मरती नहीं है, चाहे कितने उसे मिटाने वाले आ जायें। कविताएँ समय के साथ जीती मरती हों लेकिन आदमी की कविता कभी नहीं मरती है। आदमी--जो था, जो है और जो रहेगा।

संघ परिवार ने गुजरात को हिन्दुत्व की प्रयोगशाला बनाया था। हिन्दुस्तान को हिन्दू राष्ट्र कैसे बनाया जाये, वह इसका प्रयोग गुजरात में कर रहा था। इस प्रयोगशाला के प्रमुख वैज्ञानिकों में मुख्यमन्त्री नरेन्द्र मोदी और विश्व हिन्दू परिषद के अन्तरराष्ट्रीय महासचिव प्रवीण तोगड़िया थे। तात्कालिक रणनीति के तहत गोधरा से गांधी नगर पहुँचने की पुख्ता योजना बनाई जा रही थी। दिल्ली फिलहाल दूर थी।

गुजरात में संघ परिवार लम्बे समय से अपने गणित को लेकर जूझ रहा था। 1980 में हुए आरक्षण विरोधी आन्दोलन में भाजपा भी कूदी थी। दलितों पर अत्याचार हुआ। हिन्दुओं ने हिन्दुओं को मारा। दलित बस्तियों में एक साथ रहने वाले हिन्दू-मुस्लिमों ने नारा दिया—'दलित मुसलमान भाई-भाई।' इस नारे का असर यह हुआ कि जब सवर्ण हिन्दू दलित हिन्दुओं पर हमला बोलते तो मुसलमान उनकी रक्षा में उतरते। वहीं दूसरी ओर कांग्रेस के माधव सोलंकी क्षत्रिय, हरिजन, आदिवासी और मुसलमानों का गठजोड़ बना कर सत्ता में पहुँच चुके थे। संघ परिवार को लगा कि गुजरात में सवर्ण हिन्दू के बल पर वह कभी सत्ता तक नहीं पहुँच पाएँगे। 1985 के आसपास संघ परिवार ने हिन्दुत्व की छतरी खोली। कहा कि दलित-हरिजन सब हिन्दू हैं। संघ परिवार दलित-हिन्दुओं के बीच काम करने लगा। इसीलिए इस दौरान दोबारा शुरू हुआ आरक्षण विरोधी आन्दोलन दलित विरोधी होने के बजाय हिन्दू-मुस्लिम हो गया। जिन दलितों पर संघ परिवार हमला कर रहा था, वे अब उसके सिपाही हो गये थे। इस आन्दोलन में काफी जानें गईं। राजीव गांधी ने माधव सोलंकी की सरकार को बर्खास्त कर आदिवासी नेता अमर सिंह चौधरी को मुख्यमन्त्री बना दिया। दलित पूरी तरह से संघ परिवार से जुड़ गये थे। विश्व हिन्दू परिषद के असली त्रिशूलधारी दलित बन चुके थे। इसी दलित सेना ने 1992 और 2002 में अपना जौहर दिखाया। दंगे के लिए पाचं सौ रुपये और एक बोतल देसी शराब इनके लिए काफी थी। गोधरा अग्निकाण्ड ने हिन्दू ब्रिगेड का दोबारा गुजरात की राजधानी गांधीनगर पहुँचने का रास्ता साफ कर ही दिया था।

पूरा गुजरात दो हिस्सों में बंट चुका था। कुछ माह पहले तक भारतीय जनता पार्टी के लिए बंजर रहा गुजरात, चुनाव की हरी फसल काटने के लिए अब पूरी

तरह तैयार था। मोदी इस बंटवारे का राजनीतिक लाभ हर हाल में उठाना चाहते थे। वह समय से पहले विधानसभा भंग कर चुनाव कराना चाहते थे लेकिन राष्ट्रीय मानव अधिकार आयोग और विपक्षी दलों के दबाव में वह ऐसा नहीं कर पा रहे थे। प्रतिकूल परिस्थितियों के बावजूद मोदी ने अन्ततः 2002 के जुलाई माह में विधानसभा भंग कर दी। वैसे विधानसभा का छः माह का कार्यकाल अभी बाकी था। चुनाव में हिन्दू विमुख न हो जायें, इसके लिए विश्व हिन्दू परिषद ने राज्य में हिन्दू जागरण का ऐलान कर दिया। परिषद ने चुनाव को धर्मयुद्ध की तरह लिया। परिषद ने रणनीति बनाई कि चुनावों में एक भी मुस्लिम को विधानसभा की चौखट तक न पहुँचने दिया जाये।

विधानसभा भंग होने के बावजूद यह तय नहीं हो पा रहा था कि प्रदेश में चुनाव कब होंगे। निर्वाचन आयोग को राज्य में चुनाव करवाने के लिए स्थिति अनुकूल नहीं लग रही थी। अगस्त माह में केन्द्रीय चुनाव आयोग ने गुजरात के दंगा प्रभावित इलाकों का दौरा किया। दौरे के दौरान राज्य सरकार ने उन्हें सहयोग नहीं दिया। इस पर वे बिफरे भी। बडोदरा के जिलाधीश को उन्होंने डांटा-फटकारा भी। राहत शिविरों में भी उन्हें चुनाव के खिलाफ माहौल दिखा। दंगे भी नहीं थमे थे। गाहे-बगाहे हिंसा की खबरें अखबारों में अपनी जगह बना ही लेती थीं। आयोग को लगा कि तत्काल चुनाव नहीं कराये जा सकते।

चुनाव जल्द न होते देख मोदी ने भी पैंतरा बदला। बार-बार स्थगित हो रही गुजरात गौरव-यात्रा को उन्होंने निकालने का फैसला किया। मोदी इस यात्रा के माध्यम से सीधे जनता से मुखातिब होने वाले थे। अभी तक आपरेशन दंगा वह पर्दे के पीछे से चला रहे थे। जनता के बीच जाने के बहुत जोखिम थे। लेकिन फायदे भी कम नहीं थे। पूरा प्रदेश सांप्रदायिक आधार पर बंटा हुआ था। उसे जुबान देनी थी। मोदी अभी तक हीरो नहीं बने थे। हिन्दू हृदय सम्राट की पदवी तो प्रवीण तोगड़िया के पास ही थी।

यात्रा का पहला चरण 8 सितम्बर से फागवेल से शुरू होना था। वैसे तो पहले यह यात्रा 3 सितम्बर को निकलनी थी। लेकिन शंकर सिह वाघेला के कारण मोदी को पीछे हटना पड़ा। मोदी यात्रा में विघ्न नहीं चाहते थे। न ही टकराव लेना चाहते थे। इसीलिए अपने स्वभाव के विपरीत आत्मरक्षात्मक रवैया अपनाते हुए मोदी ने यात्रा की तिथि आगे बढ़ा दी। यात्रा को पहले चरण में सर्वाधिक दंगा प्रभावित इलाकों से गुजरना था। बमुश्किल थमी दंगों की आग के फिर से धधकने की आशंका थी। मोदी पूरी तरह से उग्र तेवर में निकले थे।

यात्रा शुरू हुई। आनंद भारती भी बोरिया-बिस्तर के साथ गौरव-यात्रा की रिपोर्टिंग के लिए मोदी के काफिले में शामिल हो गये। खेड़ा जिले के फागवेल के भाती जी मन्दिर में मोदी ने विशाल सभा की। गोधरा की आग को उन्होंने एक बार फिर जोर से धधका दिया। अपने मंसूबे साफ कर दिये। बोले कि गोधरा के अपराधियों को सम्मानित किया जा रहा है। हम इसे बर्दाश्त नहीं करेंगे। मोदी का बड़बोलापन यहीं से शुरू हुआ। उन्होंने इस सवाल का भी जवाब दिया कि वह यात्रा क्यों निकाल रहे हैं। कहा—नरसी मेहता, महात्मा गांधी और सरदार बल्लभ भाई पटेल के गौरव को दुनिया के सामने रखने के लिए वह यात्रा निकाल रहे हैं। लेकिन कांग्रेस को यह नहीं दिखता। दिखे भी तो क्यों? उसने इटालियन चश्मा जो पहन रखा है। यह उनका कांग्रेस अध्यक्ष सोनिया गांधी पर सीधा हमला था। उन्होंने अपने मंसूबे साफ करते हुए कहा कि यह यात्रा गुजरात को बदनाम करने वाले लोगों के दाग धोने वाली साबित होगी। मतपेटियाँ जब खुलेंगी तो गुजरात से कांग्रेस का सफाया हो जायेगा।

गांधी-पटेल की आड़ लेकर शुरू हुई वह यात्रा भाजपा की चुनावी यात्रा थी। उसे गुजरात के गौरव से कोई लेना देना नहीं था। यात्रा ने मोदी के कद को बढ़ा दिया। जनाधार के बिना राजनीति करने वाले मोदी को जनाधार इसी यात्रा ने दिया। इसी यात्रा से एक डरपोक आदमी शेर बन गया। गुजरात के लोगों ने इसी यात्रा के दौरान नारा दिया—'देखो-देखो कौन आया, गुजरात का शेर आया।' यात्रा के दौरान गुजरात के सांप्रदायिक धुवीकरण का नजारा राड़बों पर सैलाब बन कर उतर आया। मोदी हिन्दुओं के रक्षक के तौर पर उभर रहे थे। आदमी-औरत और बच्चे उन्हें छूना चाहते थे। वे भी रथ से निकल कर छाती चौड़ी कर उनसे मिलते। यात्रा के दौरान उन्होंने सांप्रदायिक ध्रुवीकरण तीव्र करने का कोई भी मौका अपने हाथ से नहीं जाने दिया। यात्रा का जोश जब ठंडा होने लगा तो मोदी ने मियाँ मुशर्रफ का बाण अपने तरकश से निकाला। यह बाण चल गया। पाँच करोड़ गुजरातियों के लिए अपनी जान देने का ऐलान कर लोगों की तालियाँ बटोरते। वे अपने रथ से हाईड्रोलिक लिफ्ट के जरिये लोगों के बीच अवतरित होते। हिन्दुत्व का नया अवतार वह यात्रा गढ़ रही थी। उनके खड़े होने का स्टाइल कृष्ण कन्हैया की तरह होता।

वह बोलते, 'गुजरात अब माखनचोर कृष्ण नहीं रहा है। वह अब जवान हो गया है। उसके हाथ में सुदर्शन चक्र है।'

इस तरह वह मुसलमानों को अप्रत्यक्ष रूप से धमकाते। रामजन्म भूमि आन्दोलन के बाद गुजरात में राम की जगह कृष्ण ने ले ली थी। गुजरात में राम से ज्यादा कृष्ण की

चलती है। कृष्ण भक्तों की धरती गुजरात में मोदी के सुदर्शनधारी कृष्ण चल गये थे। रौद्र रूप वाले कृष्ण। वैसे भी हिन्दू ब्रिगेड का लीलाधारी मुस्कान बिखेरने वाले राम और कृष्ण दोनों से छत्तीस का आंकड़ा दिखता है। रामजन्म भूमि आन्दोलन के समय भी राम को धनुष बाण लिए हिन्दू बिग्रेड ने अपनी प्रचार सामग्री में उतारा था। मर्यादा पुरषोत्तम वाले राम की विनयभरी मुस्कान वाली मूर्ति को उसने खंडित कर दिया था। राम गुस्से में थे। अब मोदी सुदर्शन चक्रधारी कृष्ण को गुजरात का ब्राण्ड एम्बेसडर बनाने पर उतारू थे। यदि हिन्दू ब्रिगेड की ही मानें, तो हिन्दू धर्म अहिंसा में विश्वास रखने वाला धर्म है। हिंसा प्रतिहिंसा में उसका विश्वास नहीं है। फिर भी हिन्दू आस्था के प्रतीकों को हिंसक रूप में पेश किया गया।

यात्रा चलने लगी। उसे समर्थन मिलने लगा। मोदी उत्साहित थे। देश का पूरा मीडिया यात्रा को कवर कर रहा था। एक दिन मोदी ने आनंद भारती को अपने रथ में बुलाया। बोले, 'देखो हमारा पाँच करोड़ गुजरातियों का नारा चल गया। कांग्रेस भी अब इसका प्रयोग कर रही है।' वह बोलते कम, सुनते ज्यादा। यात्रा के हर चरण में आनंद भारती से मोदी की रथ में मुलाकात होने लगी।

आनंद भारती ने एक बार पूछा—'आप मिथकीय चरित्रों के माध्यम से क्यों बात कर रहे हैं?'

मोदी ने जवाब दिया, 'जनता इसी भाषा को समझती है। इनके प्रयोग से बात सीधे लोगों के दिल तक उतर जाती है।'

'सुदर्शन चक्रधारी गुजरात आप जब बोलते हैं तो इसके पीछे आप मुसलमानों को धमकी देते हुए दिखते हैं।' आनंद भारती ने दूसरा सवाल उठाया।

'नहीं, हम गुजरात के जवान होने की बात बताते हैं। वैसे आप जो समझना चाहे समझें।' मोदी ने जवाब दिया।

मोदी का जादू चल गया था। इस बीच मोदी ने मुसलमानों को सीधा धमकाया। बोले—'राहत शिविर बच्चे पैदा करने की जगह बन गये हैं। ये सब नहीं चलने दिया जायेगा। इस देश में एक आदमी दर्जनों बच्चे पैदा करता है। एक का दो। दो का चार। चार का आठ। आठ का सोलह। सोलह का बत्तीस। बत्तीस का चौसठ। चौसठ का एक सौ अट्ठाइस। एक सौ अट्ठाइस का दो सौ छप्पन। दो सौ छप्पन का पाँच सौ बारह।'

इस पर खूब बवेला मचा। राष्ट्रीय अल्पसंख्यक आयोग ने इस पर हस्तक्षेप किया। विश्व हिन्दू परिषद ने कहा कि मोदी ने सही कहा और वह पूरे गुजरात में उनके इस भाषण के पच्चीस हजार ऑडियो टेप बाँटेगी। मोदी भी नहीं डरे। यात्रा के अगले

चरण में नौसारी जिले के उनाई में मीडिया को फिर ललकारा। कहा—'अपने कैमरे वैमरे ठीक कर लो। डायरी-कलम दुरुस्त कर लो। नहीं तो कहोगे कि मौका हाथ से निकल गया।' मोदी ने आठ का सोलह वाला भाषण फिर दोहरा दिया।

मोदी पूरे गुजरात को चुनाव से पहले हर हाल में सांप्रदायिक आधार पर बाँट देना चाहते थे। रथयात्रा जैसे-जैसे परवान चढ़ रही थी मोदी संघ परिवार के हिन्दुत्व एजेन्डे को पूरी वफादारी से रख रहे थे। दंगे शान्त होने लगे थे। यह इसलिए भी जरूरी था कि सांप्रदायिक बंटवारे की तपिश कम न हो। शुरुआत में मोदी की रथयात्रा से खुलेतौर पर दूर रहने वाले संघ परिवार के संगठन विश्व हिन्दू परिषद, बजरंग दल, दुर्गावाहिनी आदि भी रथयात्रा में खुल कर शिरकत कर रहे थे।

गुजरात पटरी पर आ रहा था। जिन्दगी ढर्रे पर वापस जाने के लिए बेचैन थी। यात्रा का तीसरा चरण पूरा हो चुका था। आनंद भारती को सूरत से अहमदाबाद लौटना था। इस बीच उन्हें पता लगा कि गोधरा में प्रदेश कांग्रेस अध्यक्ष शंकर सिंह वाघेला जनसभा करने वाले हैं। गोधरा अग्निकाण्ड के बाद वहाँ होने वाला वह पहला राजनीतिक कार्यक्रम था। आनंद भारती उसमें शामिल होने की गरज से रात को बड़ोदरा के होटल में रुक गये। सुबह उठ कर वह गोधरा पहुँच गये। सभा में अच्छी भीड़ थी। वाघेला ने मोदी के हर सवाल का जवाब दिया। मोदी की गौरव-यात्रा को भी निशाने पर लिया। वाघेला मोदी के गुरु रह चुके हैं। संघ परिवार और भाजपा से जुड़े रहे वाघेला मोदी के हर पैंतरे से वाकिफ थे। कभी दोनों अहमदाबाद में मोटरसाइकिल पर घूमते थे। अब गुरु-चेला आमने-सामने थे।

वाघेला बोले, 'मोदी साबरमती एक्सप्रेस के जले एस-6 कोच को छापकर पूरी दुनिया में गुजरात को बदनाम कर रहे हैं।' उन्होंने विश्व हिन्दू परिषद और बजरंग दल को अग्निकाण्ड के लिए जिम्मेदार ठहराते हुए कहा, 'इन संगठनों का धर्म से कोई लेना-देना नहीं है। चुनाव में ही इनको धर्म की बात याद आती है। इन्होंने आज तक हिन्दू हित का एक भी काम नहीं किया। अभी तक न तो राम मन्दिर बना और न ही उसका शिलान्यास हुआ।'

वाघेला ने मोदी की शैली में मोदी को जवाब दिया। मोदी भी भाषणों में लोगों से सवाल का जवाब माँगते हैं और वाघेला भी। दोनों ही लोगों की भावनाओं को उत्तेजित करते हैं। उन्होंने मोदी को घेरते हुए कहा, 'यदि मोदी नहीं चाहते तो गोधरा में अग्निकाण्ड नहीं होता। इस बाबत आईबी की रिपोर्ट थी। लेकिन उसने कोई कार्रवाई नहीं की। नतीजतन गोधरा काण्ड हुआ। अब तो एफएसएल की रिपोर्ट भी आ गई है। उसमें कहा गया है कि डिब्बे में आग अन्दर से लगी।'

मोदी जिस नंगई से पेश आते हैं, उतनी ही नंगई के साथ वाघेला भी लोगों के बीच थे। उन्होंने मोदी की गौरव यात्रा को भी घेरे में लिया, 'जिस दिन गोधरा काण्ड हुआ। उस दिन मोदी ने विश्व हिन्दू परिषद और बजरंग दल के नेताओं से कहा कि जितने कारसेवक मरे हैं, उससे दस गुना लाशें चाहिए।'

इसके बाद वे सवाल उठाते हैं—क्या यह गौरव की बात है ? क्या मोदी इसी गौरव का गुणगान करने के लिए गौरव-यात्रा निकाल रहे हैं ?

सभा खत्म हो चुकी थी। आनंद भारती दिल्ली रिपोर्ट भेजने के बाद अहमदाबाद लौट रहे थे। रास्ते में ही उनके मोबाइल की घंटी बजी। सिगनल पूरा नहीं था। उधर से उनके एक पत्रकार मित्र की आवाज आई—'अक्षरधाम पर हमला हो गया है।' फोन कट गया।

सिगनल न होने के चलते फोन कट गया था। आनंद भारती ने थोड़ी दूर पर एसटीडी की एक दुकान से अपने मित्र को फोन किया। उन्होंने अक्षरधाम हमले के बारे में विस्तार से बताया—मन्दिर में आतंकी घुस गये हैं। गोलियाँ चल रही हैं। आतंकियों ने लोगों को बंधक बना रखा है। वगैरह-वगैरह।

आनंद भारती ने अपनी गाड़ी गांधीनगर घुमवा दी। रात आठ बजे के बाद वह मौके पर थे। हमले में 31 लोग मारे जा चुके थे। अगले दिन विश्व हिन्दू परिषद ने हमले के विरोध में देशव्यापी बंद का ऐलान कर दिया। घटना की जानकारी लेकर उन्होंने रिपोर्ट भेजी और रात को तीम बजे घर पहुँचे।

रात को उन्हें बुरे सपने सताने लगे। उन्हें डर सता रहा था कि इस हमले के जवाब में कहीं फिर गुजरात में दंगा न फैल जाये। लेकिन इस घटना ने लोगों को तोड़ने के बजाय जोड़ने का काम किया। मुसलमानों ने घटना की जमकर निंदा की। कारगिल हमले के समय जिस तरह देश के लोग एक हो गये थे, उसी तरह अक्षरधाम हमले के बाद लोग एक थे। गोधरा काण्ड के बाद विश्व हिन्दू परिषद के अगले दिन बंद के आह्वान पर जिस तरह की हिंसा हुई थी, वैसी हिंसा अक्षरधाम हमले के बाद नहीं दिखी। इसी वक्त यह भी सवाल हवा में तैरने लगा कि गोधरा काण्ड के बाद यदि मोदी सरकार ने उस समय अक्षरधाम हमले के बाद की तरह इंतजाम किये होते तो सैकड़ों लोगों को मरने से बचाया जा सकता था। सवाल यह भी उठा कि अक्षरधाम मन्दिर में हमला करने वाले आतंकी थे, तो गोधरा काण्ड के बाद गुजरात में वली दक्कनी की मजार सहित तोड़ी गई सैकड़ों मस्जिदें और मजारों को तोड़ने वालों को मोदी सरकार आतंकी क्यों नहीं कह रही है ? उन्हें हिन्दुत्व के रक्षक के रूप में महिमामंडित क्यों किया जा रहा है।

मोदी को अक्षरधाम के रूप में एक और मुद्दा मिल गया था। मोदी आग उगलते घूम रहे थे। उनकी आग को अक्षरधाम पर आतंकी हमले ने और धधका दिया। हमले के बाद मोदी ने गुजरात की अस्मिता के सवाल को और जोर से उठाया। पाकिस्तान को धमकी दी। मियाँ मुशर्रफ को ललकारा। इस तरह उन्होंने धर्म के साथ देश भक्ति का मसाला भी अपने भाषणों में भर दिया। इस मशक्कत ने आत्मविश्वास खो चुके भारतीय जनता पार्टी के कार्यकर्त्ताओं में उत्साह भर दिया।

मोदी के रंगबिरंगे आधी बांह के कुर्ते भी अब तक लोगों में लोकप्रिय हो चुके थे। डिजाइनरों ने उसे मोदी कट का नाम दिया था। उनकी हर अदा पर लोग दीवाने हो गये थे। मोदी को देखने, छूने और सुनने वाले लोगों की तादाद बढ़ रही थी। अपने को विशेष लुक में पेश करने के शौकीन मोदी कभी कार्टियर का चश्मा पहन कर पेश होते, कभी पगड़ी। तलवार दिखाते वक्त तो उनके अन्दर शिवाजी प्रवेश कर जाते। वैसे भी मोदी शौकीन मिजाज आदमी हमेशा से रहे हैं। गाँव में और जब वह स्टेट ट्रांसपोर्ट की कैन्टीन में काम करते थे, तो भी अपने पहनावे का विशेष ध्यान रखते थे। गाँव में अपने कपड़ों को प्रेस करने के लिए वे लोटे में कोयला डाल कर प्रेस किया करते थे। जूते–चप्पल भी उनके पास सैकड़ों हैं। संघ परिवार के प्रचारक वाले उनमें कोई गुण नहीं हैं।

मोदी की नौटंकी जारी थी। मोदी को मुख्यमन्त्री बने एक साल पूरा हो चुका था। मोदी के पास उपलब्धि के नाम पर गोधरा काण्ड और अक्षरधाम मन्दिर पर आतंकी हमला ही था। इस दौरान सैकड़ों लोगों को जिन्दा जलाने का कीर्तिमान भी गुजरात में पहली बार स्थापित हुआ है। मोदी राज में विचार और बहस की जगह त्रिशूल और तलवारों ने ले ली। हिन्दू ब्रिगेड से असहमति राज्य में एक अपराध है। मीडिया को भी उनकी भाषा बोलने के लिए बाध्य किया जाता रहा। नहीं तो भुगतने के लिए तैयार रहने की धमकियाँ खुलेआम दी जा रही थीं। इन्हीं उपलब्धियों के साथ मोदी गांधीनगर दोबारा पहुँचना चाहते थे।

देरी थी तो चुनाव के ऐलान की। आखिर वह दिन भी आ गया। 12 दिसम्बर को मतदान की घोषणा निर्वाचन आयोग ने कर दी। हिन्दू ब्रिगेड जोर–शोर से चुनाव प्रचार में जुट गई। कांग्रेस ने भी नरम हिन्दू कार्ड खेला। मोदी के प्रचार में नाटकीयता बढ़ गई थी। उनकी प्रस्तुति हिटलर, बाला साहेब ठाकरे और अमिताभ बच्चन की कॉकटेल थी। हिटलर की तरह वह बहुसंख्यक समुदाय को डराते, बाला साहेब ठाकरे की तरह फतवे जारी करते और अमिताभ बच्चन की तरह भावुक अभिनय करते।

चुनाव प्रक्रिया के दौरान मोदी की पार्टी में अपने विरोधियों से भी खूब ठनी। पार्टी के बड़े नेताओं केशुभाई से लेकर हरेन पण्डया और कांशीराम राणा तक वह सबसे भिड़े। सबको उन्होंने उनकी औकात दिखाई। टिकट बंटवारे में उन्होंने अपनी चलाई। केशुभाई पटेल के मंत्रिमण्डल में गृहमन्त्री रहे हरेन पण्डया का टिकट उन्होंने काट दिया। प्रधानमन्त्री अटल बिहारी वाजपेयी की पण्डया को टिकट देने की अपील को भी उन्होंने दरकिनार कर दिया। मोदी पार्टी से ऊपर उठ चुके थे। उनमें गुरुर कूट-कूट कर भर चुका था।

अन्ततः 12 दिसम्बर को मतदान हो गया। 15 दिसम्बर 2002 को मतपेटियाँ जब खुलने लगीं तो भारतीय जनता पार्टी की आंधी उससे बाहर आई। गुजरात में कमल खिल चुका था। जीत पार्टी की नहीं, मोदी की हुई थी। लेकिन एक बार मोदी ने फिर पैंतरा बदला। जीत के बाद जब वह कार्यकर्ताओं को संबोधित करने के लिए प्रकट हुए तो भावुक होकर बोले, 'पार्टी माँ की तरह होती है। उससे ऊपर कोई नहीं होता।'

चुनाव परिणामों से सब स्तब्ध थे। बुद्धिजीवी और धर्मनिरपेक्ष ताकतें सकते में थीं। वे मतदाताओं का मूड भांप नहीं पाये। सांप्रदायिक ताकतों को हराने की उनकी सारी अवधारणाएँ हवाई साबित हुईं। उनकी मान्यता थी कि गांधी का गुजरात धर्म के आधार पर नहीं बंटेगा, पर ऐसा हुआ। मोदी ने अपने चुनावी एजेन्डे में साफ कहा था कि यह चुनाव छद्म और ढोंगी धर्मनिरपेक्षतावादियों के खिलाफ है। जनता ने उस पर मोहर लगाई। जीत तो जीत होती है। लेकिन उस जीत में दो हजार बेगुनाहों की लाशें दफन हैं।

मोदी को जीत का नशा था। हिन्दू ब्रिगेड भी नशे में चूर थी। चुन-चुन कर विरोधियों को निशाना बनाया जा रहा था। मीडिया पहले निशाने पर था। आनंद भारती पर भी हमला हुआ। उन्हें कार से उतारकर पानी से नहलाया गया। पानी के प्लास्टिक पाउचों से मारा गया। फिर छोड़ दिया गया। एक बार फिर इस हमले में उन्हें 'भारत माता की जय' बोलने के लिए मजबूर किया गया।

आनंद भारती सदमे में थे। उनमें असुरक्षा घर कर गई थी। वह रात-रात भर सोते नहीं थे। अकेले रहने पर वह दहशत से घिरे रहते। उनके दफ्तर का माहौल भी मोदी समर्थकों से भरा था। कोई भी आकर उनको चिढ़ा जाता—'आपने मोदी को हराने के लिए टनों कागज खराब कर दिया। लेकिन मोदी का आप कुछ बिगाड़ नहीं पाये।'

चपरासी भी आनंद भारती की अनदेखी करने लगा। चाय-पानी भी लगभग

उसने उनकी बंद कर दी थी। पूरे दफ्तर ने षडयन्त्र कर उनकी शिकायत भी दिल्ली मुख्यालय में कर दी। आरोप था कि वह कुर्सी पर पैर रख कर बैठते हैं। गाली-गलौज करते हैं। उनके रहने से दफ्तर का माहौल खराब हो रहा है। इस पूरे षड्यन्त्र में मैनेजर भी शामिल था।

आनंद भारती इतने मायूस हो गये थे कि उन्हें फोन की घंटी भी दहला देती थी। सड़क पर चलने से भी वह डरने लगे थे। एक शून्य में चले गये थे वह। उनके मित्र दो साल अहमदाबाद में रहने के बाद भी ज्यादा नहीं थे। दो-चार अखबारी मित्र थे। उनमें से ही एक पत्रकार मित्र की पत्नी ने उनको ढाढस बंधाया। उन्हें लेकर वह साइकेटिक के यहाँ गई। साइकेटिक को उन्होंने बताया, 'डाक्टर साहब आनंद जी काल्पनिक भय से परेशान हैं। हर चीज उन्हें डरा रही है।'

साइकेटिक ने आनंद से भी बात की। सुझाव दिया, 'आप लोगों से मिलें-जुलें। कोई नहीं बोलता है तो भी पहल कर उसे स्माइल दें। बात की शुरुआत करें। अपने में बंद न रहें।' तरह-तरह के नुस्खे उन्होंने बताए।

उन्हें अन्दर-अन्दर लग रहा था कि हिन्दू ब्रिगेड उन पर फिर हमला करेगी। अब तक अपने साथ हुए सारे हमलों और परेशानी की जानकारी वह अपने संपादक को दे चुके थे। संपादक ने अन्ततः उन्हें दिल्ली वापस बुलाने का फरमान दे दिया। वैसे भी गुजरात अब समाचारों की दुनिया से बाहर होने वाला था।

ट्रांस्फर की खबर सुनते ही भयग्रस्त और लम्बी थकान महसूस कर रहे आनंद भारती की सारी बीमारी काफूर हो गई। उनमें ऐसी चमक दिखी कि मानो उनके साथ कुछ हुआ ही न हो। आनन-फानन में उन्होंने पैकर और मूवर को बुक किया और सामान लदवाकर ट्रक अहमदाबाद से रवाना करवा दिया। खुद अपनी गाड़ी लेकर दिल्ली की ओर चल पड़े। अहमदाबाद जैसे-जैसे छूट रहा था उन्हें एक खास तरह की खुशी मिल रही थी। दंगों में मारे गये लोगों और राहत शिविरों में रह रहे लोग उनकी स्मृतियों के बीच से गुजर रहे थे। शिविरों में आते-जाते कई पीड़ितों से उनके सम्बन्ध हो गये थे। शिविर चलाने वाले भी उनके दोस्त बन चुके थे। सबसे विदा लेकर वह वहाँ से चले थे। खुशी के बावजूद इन सबको छोड़कर जाने का दुख भी उन्हें अन्दर-अन्दर सता रहा था।

गाड़ी आगे बढ़ रही थी। महेसाणा गुजर चुका था। महेसाणा भी दंगों की चपेट में रहा था। कई बार वे यहाँ आ चुके थे। सब कुछ अपना-अपना और जाना-पहचाना सा लग रहा था। गुजरात सीमा से बाहर निकलने की जल्दी थी। कार के एक्सीलेटर पर वे दबाव बनाये हुए थे।

कार फर्राटा मार कर दौड़ रही थी। आनंद भारती के साथ शाहआलम राहत शिविर चलाने वाले शरीफ पठान ने अपना ड्राइवर भी भेजा था। नाम था उसका मियाँ मिर्ची। बुजुर्ग थे। दंगों के दौरान एम्बुलेन्स चलाते थे। बुरे मंजरों के पहले गवाह रहे थे वे। शहर छोड़ने से पहले शरीफ पठान ने आनंद भारती की विदाई के मौके पर एक फेयरवेल भी रखी थी। काफी लोग आये थे। माहौल भावुक हो उठा था। उनके कई पत्रकार मित्र भी थे उसमें, जिन्होंने हिन्दू ब्रिगेड की घिनौनी हरकतों के खिलाफ मोर्चा लिया था। उनके हमले भी सहे थे। पहली बार उस पार्टी मे उन्हें लगा कि इस शहर में उनके चाहने वाले भी हैं। असल में वह अकेले नहीं हैं। अकेलापन उन्होंने ओढ़ रखा है।

मियाँ मिर्ची बार-बार गाड़ी चलाने की जिद कर रहे थे। इसके पीछे उनका भाव था कि आनंद भारती को कोई तकलीफ न हो। वे उनसे काफी प्रभावित थे। उन्होंने दंगों के दौरान उन्हें ऐसे मौकों पर देखा था, जहाँ किसी हिन्दू पत्रकार के जाने का साहस न हो। धुर मुस्लिम इलाकों में।

उदयपुर आ चुका था। आनंद भारती ने गाड़ी का स्टेरिंग छोड़ने का फैसला किया। मियाँ मिर्ची गाड़ी के रथी बन चुके थे। वह गजब की गाड़ी चलाते हैं। हर मौके पर उन्होंने छोटी-बड़ी गाड़ी चलाई है। कहते हैं, 'खुदा की रहमत इतनी रही है कि आज तक मेरी गाड़ी का एक्सीडेन्ट नहीं हुआ।' दंगों में उन्होंने एम्बुलेन्स चलाई थी। दर्जनों घायलों को अस्पताल पहुँचाया था।

वे दंगों की कुछ घटनाओं का जिक्र करना चाहते हैं। लेकिन आनंद भारती उन यादों को फिलहाल फिर से सुन कर दिल्ली वापसी की अपनी खुशी पर ग्रहण नहीं लगाना चाहते हैं। इसीलिए वह मियाँ मिर्ची को टाल देते हैं।

आनंद भारती दिल्ली के सपनों में डूब जाते हैं। दिल्ली के साथ आनंद भारती की बेहद खट्टी-मीठी यादें जुड़ी हैं। इसी शहर ने उन्हें कर्मक्षेत्र में प्रतिष्ठित किया। यह वह शहर है, जहाँ इलाहाबाद से रूठ कर आनंद जब-जब आए...खुद की कलम को ईंधन बनाकर काम की भट्ठी में जो कुछ झोंका, वह तप कर, निखर कर निकला। उनकी पहचान को विस्तार मिला और तेवर को सन्तुष्टि।

वह याद कर रहे थे कि अपनी पत्नी शिवानी के साथ दिल्ली में जब वह आए तो इस शहर में परिवार के प्रति दायित्व की अनुभूति उन्हें पहली बार हुई। इससे पहले विवाह पूर्व भी वह घर से लड़कर दिल्ली आए थे और कुछ महीनों

तक फ्रीलांसिंग करते रहे थे, पर तब उनके अक्खड़-फक्कड़ स्वभाव के लिए ज्यादा टीम-टाम की जरूरत नहीं थी। 'जहाँ चार यार मिल जाएँ, वहीं रात दें गुजार' की तर्ज पर आनंद भारती बेफिक्र से रहते थे। पर पत्नी शिवानी के साथ घर बसाने की कल्पना ने उन्हें जिम्मेदारियों का अहसास दिलाया था। 1986 के आसपास वह इलाहाबाद से दिल्ली आये थे। उन्हें यहाँ 'उजाला जागरण समूह' की एक प्रतिष्ठित साप्ताहिक पत्रिका में नौकरी मिली थी। बाद में वह पत्रिका बंद हो गई तो वे उसी समूह के दैनिक में काम करने लगे थे। इसी दौरान मकान मालिकों से आजिज आकर उन्होंने अपना मकान बनाने की ठान ली थी। इधर-उधर से उधार लेकर उन्होंने दिल्ली के जमुना पार की जनता कालोनी में एक कमरे का मकान ले लिया था। उन्होंने उसे तोड़कर एक अच्छा लुक दे दिया था। उन दिनों जमुना पार इलाके को दिल्ली वाले अच्छी नजर से नहीं देखते थे। कहते—'नानक सुखिया सब संसार, सारे दुखिया जमुना पार।'

अब यह बात दीगर है कि जमुना पार के दिल्ली में रहने वाले लोग यहाँ आशियाना बना चुके हैं। फ्लैटों की कीमत करोड़ों में है यहाँ। आज यह सबसे तेजी से विकसित होता इलाका है दिल्ली का। दिल्ली की मुख्यमन्त्री शीला दीक्षित के बेटे जमुना पार के सांसद हैं, इसलिए विकास की रफ्तार काफी है।

आनंद जनता कालोनी में खुश थे। मकान मालिकों के गोरखधंधे से आजाद। घर की सुखद यादों में आनंद भारती खो गए थे। 'घर' शब्द आनंद भारती के लिए हमेशा बहुत महत्व रखता रहा है। उनके रचनाकर्म में भी और उनके निजी जीवन में भी। पता नहीं, इस शब्द से इतना जुड़ाव और प्रेम रखने के बावजूद आनंद भारती 'घर' की बुनियादी संरचना से कभी जुड़ नहीं पाए। हाँ, इसकी शुरुआत उन्होंने बहुत यत्न से की थी। उनके सामने शिवानी का मोहक चेहरा तैर गया। बड़ी-बड़ी, गहरी आंखें और अल्हड़-चंचल, सांवली-सलोनी शिवानी आनंद भारती को पहली नजर में ही किसी जादुई अहसास-सा मोहाविष्ट कर गई थी। वह विवाह के लिए गहराई से कोई निर्णय ले पाते कि नियति अपना निर्णय ले चुकी थी। इस विषय पर वह ज्यादा सोच-विचार नहीं कर पाए और विवाह के बंधन में बंध गए। भाग्य का चक्र कई बार मनुष्य को तात्कालिक निर्णय के भंवर में डाल देता है, आज आनंद भारती कुछ ऐसा ही सोचते हैं।

शिवानी के साथ उनका जीवन सामान्य था। शुरू-शुरू में आनंद भारती को कुछ बेचैनी रही पर बहुत जल्दी वह इस व्यवस्था में सुचारु रूप से बंध गए। दिल्ली में पत्रिका का काम, फिर घर और शिवानी का साथ। उन्हें लगने लगा था

कि जीवन में अब स्थायित्व आ गया है।

आनंद भारती जनता कॉलोनी में अपनी पत्नी के साथ खुश थे। उस मकान से उनकी सुखद और दु:खद अनेक यादें हैं। इसी मकान में उनकी बेटी का जन्म हुआ था। बड़े प्यार से उसका नाम सूफी रखा था। सूफी के जन्म ने आनंद भारती को सचमुच पारिवारिक बना दिया था। शिवानी का स्नेह, बेटी की मोहक मुस्कान और आनंद भारती की नौकरी—सब कुछ एक समीकरण में बंध गए थे। शिवानी भी दिल्ली आकर खुश थी। यहाँ उसका अपना स्वतन्त्र माहौल था। मासूम सी दिखने वाली शिवानी ने गृहस्थी के साथ-साथ बाहर की दुनिया में भी अपना परिचय खूब बना लिया था। सब कुछ ठीक-ठाक था।

पर बेचैन तबीयत वाले आनंद भारती के लिए 'रूटीन' शब्द बहुत जल्दी 'आउटडेटेड' होने लगता है। यहाँ भी वही होने लगा था। दिन-भर काम, फिर शाम को मित्रों का जमावड़ा और इधर-उधर की मस्ती। धीरे-धीरे वह पत्रकारों की ट्रेड यूनियन में सक्रिय हो गए थे। अपनी बात कहने और करने का हौसला उनमें भरपूर रहा हमेशा से। संघर्ष से वह कभी घबराते नहीं थे, बल्कि उसमें तपकर वह हमेशा कुछ और निखर उठते थे। इसी खूबी के कारण वह जल्द ही दिल्ली पत्रकार संघ के महामन्त्री बन चुके थे।

पत्रकारों की ट्रेड यूनियन में उनका विरोधी खेमा उनका दुश्मन बन चुका था। उनके साथ के लोग भी उनकी तरक्की से जल रहे थे। तमाम व्यस्तताओं के चलते घर पर वह कम समय देने लगे।

आनंद भारती की इस बेचैन तबीयत के साथ शिवानी जुड़ नहीं पा रही थी। उसे आनंद भारती का यह अन्दाज पसन्द नहीं था। सो, घर में खटपट शुरू हो गई थी। छोटी से छोटी चीजों में भी व्यवस्था देखने वाले आनंद भारती घर को व्यवस्थित रखने में असमर्थ हो रहे थे। गृह-कलह में शिवानी आम पत्नी की तरह तू-तड़ाक करे, ऐसा तो आनंद भारती बर्दाश्त ही नहीं कर सकते थे। अपनी पत्नी को प्यार करने का जज्बा उनमें भरपूर था, पर इसके लिए वह उनके निजी जीवन में दखलअन्दाजी करे, यह बात उन्हें कतई गवारा नहीं थी। इस बीच हिरनी-सी आँखों वाली शिवानी का दायरा भी काफी बढ़ चला था। वह भी अपने अधिकारों का बेजा इस्तेमाल करने में कुशल हो गई थी।

नन्हीं सूफी रोज-रोज की तकरार को अपनी आँख से गुजरते देखती। आनंद का तेज गुस्सा देख वह सहमी सी रहती। एक बार कुछ ऐसी खास घटना हो गई जिससे दरार और बढ़ गई और शिवानी ने अपना सामान बाँध मायके जाने का

निश्चय कर लिया। आनंद भारती ने कभी किसी को 'मनाना' सीखा ही नहीं था। ऐसी परिस्थिति में वह कभी पहल नहीं करते, भले ही उनका दिल चाहता हो कि यह पल थम जाए। आनंद शायद उस दिन शिवानी को रोक लेते तो 'घर' के सपने कभी नहीं बिखरते, पर न उन्होंने रोका, न वह रुकी।

एक बार मायके जाने के बाद शिवानी दोबारा नहीं आई। जाने से पूर्व भी उसने काफी बखेड़ा खड़ा किया। आनंद भारती के ट्रेड यूनियन के विरोधियों को उसने अपना हथियार बना लिया था। उन लोगों तथा अपने घर वालों के साथ मिलकर उसने आनंद भारती पर प्रताड़ना और दहेज का मुकदमा दर्ज करा दिया। उन्हें उनके विरोधियों ने जेल में बंद कराने की योजना बना डाली। आनंद भारती पीड़ा और दुख से भर उठे थे। अपने सुंदर से घर-परिवार के इस तरह तहस-नहस होने की उन्होंने कल्पना भी नहीं की थी।

आनंद भारती बाहर से जितने भी गुस्सैल रहें, पर अपनों के प्रति स्नेह का झरना उनमें सदैव रहता है। शिवानी को भी वह भीतर से बेहद प्रेम करते थे...लम्बे समय तक यह प्रेम उनके भीतर रहा...सूखा तो शायद कभी नहीं...बस...सूना-सा कोने में निष्क्रिय रह गया।

यादें एक बार फिर आनंद को टीस से भर देती हैं। आनंद सोचने लगते हैं कि उन दिनों वह भीतर से कितने परेशान हो उठे थे, पर जीवन में हर लड़ाई का खुलकर सामना करने वाले आनंद ने हर रणनीति का तोड़ निकाला।

रोज-रोज की खटपट के चलते उन्होंने दिल्ली छोड़ने का मन बना लिया। इसी बीच वह जिस साप्ताहिक पत्रिका में काम करते थे, वह बंद हो गई। उनके सामने दो प्रस्ताव थे। एक दिल्ली में रहना है तो दैनिक अखबार के डेस्क पर काम करना होगा। दूसरा-रिपोर्टिंग करनी है तो दिल्ली छोड़नी पड़ेगी। रिपोर्टिंग वाले प्रस्ताव में आर्थिक लाभ भी था। रिपोर्टर को कनवेन्स के नाम पर ठीकठाक पैसे मिलते थे, जबकि डेस्क पर काम करने वाले को यह लाभ नहीं मिलता। वैसे भी आनंद भारती घरेलू कलह के चलते दिल्ली छोड़ना चाहते थे, तिस पर आर्थिक लाभ। उन्होंने मैनेजमेन्ट के प्रस्ताव को स्वीकार कर लिया और दिल्ली सीमा से जुड़े हरियाणा के सोनीपत जिले में पोस्टिंग ले ली। मैनेजमेन्ट परेशान था कि आनंद भारती ने इतनी आसानी से कैसे प्रस्ताव स्वीकार कर लिया। वास्तव में मैनेजमेन्ट की उन्हें बाहर भेजने की यह सोची-समझी चाल थी। वह उनकी ट्रेड यूनियन गतिविधियों से परेशान थी।

सोनीपत में आनंद भारती रहने लगे। दिल्ली के मकान में ताला लग गया।

इस बीच उन्होंने तलाक की अर्जी भी कोर्ट में लगा दी। वह मकान बेचने की कोशिशों में जुट गये। रोज-रोज पत्नी के हमलों से भी वह निजात पा गये। कानपुर से हमेशा आकर उन्हें परेशान करना उनकी पत्नी को भी भारी पड़ने लगा। जो ट्रेड यूनियन के विरोधी उनका जुलूस निकलवाने पर तुले थे, उनके सोनीपत चले जाने के बाद ढीले पड़ गये। धीरे-धीरे उनका सहयोग भी उनकी पत्नी को कम हो गया। लड़ते-लड़ते दोनों थक चुके थे। साथ-साथ रहने की सभी संभावनाओं पर विराम लग चुका था। इस बीच एक प्रस्ताव आया। प्रस्ताव लाने वाले रेडियो में काम करने वाले उनके मित्र थे। बोले, 'तुम्हारी पत्नी तलाक चाहती है।'

'तो इसमें समस्या क्या है?', आनंद भारती बोले, 'तलाक का मुकदमा तो कोर्ट में पेंडिंग है।'

'वह शादी में किये गये खर्चे की माँग कर रही है।'

'कितना माँग रही है?'

'बैठ कर बात कर लो और मामले को खत्म करो।' मित्र का जवाब था।

'तुम ही तय कर बता दो।' आनंद भारती इस पचड़े में अपनी तरफ से कोई पहल नहीं करना चाहते थे।

बात आई-गई और खत्म हो गई। कुछ दिन बाद आनंद भारती के दोस्त का फोन आया, 'एक लाख की माँग आई है।'

'कोई बात नहीं। दे दूंगा।'

लेकिन उन्होंने शर्त रख दी, 'तलाक होने के बाद पैसे दूंगा। उससे पहले एक लाख का बैंक ड्राफट बना कर तुम्हारे पास जमा रहेगा। तलाक मिलने के बाद तुम बैंक ड्राफ्ट उसको दे देना।' आनंद भारती इस पर कुछ जोड़-तोड़ नहीं करना चाहते थे। एक रिश्ता जो प्रेम और विश्वास की बुनियाद से शुरू हुआ था, वह उसकी नीलामी नहीं करना चाहते थे।

बात तय हो गई। कोर्ट में म्यूचुअल तलाक की अर्जी लगा दी गई। कुछ सप्ताह बाद कोर्ट में तारीख पड़ी। मजिस्ट्रेट ने दोनों से पूछा, 'आप लोग अलग रहने को तैयार हैं। कोई संभावना साथ रहने की नहीं है क्या?' इस पर दोनों ने 'न' की मुद्रा में सिर हिला दिया। मजिस्ट्रेट ने साइन कर दिया। दोनों आजाद हो गये।

कैसी विडंबना थी और कोर्ट का कैसा रिवाज था कि कोर्ट के कर्मचारी दोनों को बधाई दे रहे थे। वे मिठाई के लिए पैसे माँग रहे थे। ढिठाई और बेहयाई का इससे बड़ा सबूत क्या हो सकता है कि इन क्लर्कों के लिए हर काम घूस और रिश्वत से इस कदर जुड़ा है कि सम्बन्ध बने या टूटे, उन्हें सिर्फ अपने रुपयों से

मतलब होता है। यहाँ एक घर टूट गया है और उनके लिए यह टूटन भी 'बधाई' का हिस्सा थी।

कोर्ट के बाहर आनंद भारती जब शिवानी से मिले तो दोनों की नजरें एक पल के लिए ठहर गईं। आनंद भावुक हो गए थे और शिवानी की आँखों का सूनापन भी आनंद ने देख लिया था। आनन्द, शिवानी से कुछ कहना चाहते थे, पर यों ही खड़े रह गए थे। शिवानी को रेडियो के उनके दोस्त से एक लाख का वह ड्राफ्ट लेकर कानपुर के लिए निकलना था। आनंद ने पुराने खूबसूरत पलों की यादों से गीले हुए अपने मन को समझाते हुए शिवानी से कहा, 'तुम कहो तो मैं तुम्हें रेडियो तक छोड़ सकता हूँ। इतना वक्त साथ गुजारा है, कुछ पल साथ चलोगी तो...।' शिवानी चुपचाप आकर आनंद की कार में बैठ गई। वह कार जिसमें कभी उन दोनों का बराबर का अधिकार था और जिसमें वह कई बार इकट्ठे घूमा करते थे।

दोनों कार में बैठकर रेडियो की ओर रवाना हुए तो इण्डिया गेट के पास पहुँचकर आनंद भारती ने अपनी कार किनारे खड़ी कर दी और शिवानी से कुछ पल यहाँ बैठने का आग्रह किया। आनंद भारती जब इण्डिया गेट के लॉन पर शिवानी के साथ बैठे तो उनकी भावुकता, आँखों की नमी में तब्दील हो गई थी। दोनों के बीच खामोशी पसरी हुई थी। आनंद उसकी आँखों में झांकते हुए एकबारगी कह गए, 'शिवानी, हम कागज पर किए हस्ताक्षर के तहत भले ही अलग हो गए हैं पर मैं आज भी तुम्हारे साथ रहना चाहता हूँ। सूफी का भविष्य बहुत कीमती है। कम से कम उसकी खातिर ही सही, तुम मेरे साथ अब भी चल सकती हो। सब कुछ फिर से ठीक हो जाएगा...।'

पर शिवानी के दिल में कुछ और था, जिस कारण उसने इस बात को पूरी तरह नकार दिया था। शायद वह कुछ और निर्णय ले चुकी थी या अपनी जिद के आगे उसने समझौता स्वीकारना जरूरी नहीं समझा था।

संवादहीनता के कुछ पल और गुजरे और फिर दोनों उठे और चल पड़े। रेडियो में शिवानी को छोड़कर आनंद भारती भारी मन के साथ सोनीपत के लिए रवाना हो गए।

अपने बिखरे घर की यादें आनंद भारती को पूरे रास्ते झिंझोड़ती रहीं। आंसुओं का सैलाब उमड़ पड़ा था और आनंद भारती उसमें पूरी तरह भीग गए थे। जीवन का एक खण्ड आनंद भारती ने अभी पूरी तरह समझा भी नहीं था कि वह उनके हाथ से निकल गया। आनंद भारती के जीवन में ऐसा पहले भी हुआ है, जब अपनी अमूल्य भावनाओं को वह यकायक समझ नहीं पाए थे। आज आनंद को बहुत कुछ

याद आ रहा था। वह न जाने कितने समय तक इन यादों को जीते रहे थे। थोड़े दिनों बाद पुराने जीवन की यादों को भुलाने के लिए उन्होंने दिल्ली वाला घर बेच दिया। इस तरह दिल्ली उनसे छूट चुकी थी। अहमदाबाद से वापसी के समय दिल्ली की पुरानी रील उनके सामने तेजी से घूम गई।

मियाँ मिर्ची गुटखा मुँह में घोटे जा रहे थे। लेकिन कुछ बोलने के लिए उनके पेट में बल पड़ रहे थे। वे कुछ राज की बात बताना चाहते थे। उन्होंने चलती गाड़ी में दरवाजा खोला और पीक बाहर थूक दी। उन्होंने आनंद भारती की ओर देखा। उन्हें लगा कि बात शुरू की जा सकती है।

'साहब, आपको पता है।'

'क्या?', आनंद भारती बोले।

'राहत शिविरों में रह रही वाली लड़कियाँ रात भर गायब रहने लगी हैं।'

'क्या मतलब?'

'साहब, जिस्मफरोशी कर रही हैं। यही नहीं, दंगों में जो औरतें बेसहारा हो गई हैं और शिविरों में नहीं रहती हैं, वे भी इस धंधे में लग गई हैं। शिविर में ही उनके दलाल भी पैदा हो गये हैं।'

'तुम्हें किसने बताया?'

'अरसद बता रहा था। अरसद की पत्नी-बच्चे भी दंगों की भेंट चढ़ चुके हैं। उसका हाथ भी दंगाइयों ने काट दिया था। उसी ने मेरे से एक दिन पूछा था कि कोई कस्टमर हो तो बताना।'

'कहाँ जाती हैं ये लड़कियाँ?'आनंद भारती की जिज्ञासा बढ़ गई थी।

'सेटेलाइट, नवरंगपुरा, इलीस ब्रिज, वेजलपुर के बड़े-बड़े फ्लैटों में जाती हैं। अच्छी कमाई होती है।'

'कौन लोग हैं जो लड़कियाँ बुलाते हैं?' सवाल दोबारा उभरा।

'अधिकांश हिन्दू आबादी में रहने वाले ठेकेदार और पैसे वाले लोग हैं।'

मियाँ मिर्ची की बात सुनकर आनंद भारती हतप्रभ रह गये। सोचने लगे कि शारीरिक सुख भोगने में सांप्रदायिकता आड़े क्यों नहीं आती! बिस्तर साझा करते वक्त उनका हिन्दुत्व कहाँ चला जाता है।

अगला पड़ाव अजमेर था। वहाँ रुक कर ख्वाजा साहब की दरगाह पर मत्था टेकने का कार्यक्रम था। शरीफ खान पठान के जानने वाले, खादिम हैं यहाँ। उन्होंने

अहमदाबाद से खादिम को फोन कर दिया था। ख्वाजा साहब के दरवाजे पर जब आनंद भारती पहुँचे तो मियाँ मिर्ची खादिम को ढूंढ लाये। उन्होंने चादर और फल दिलवाये। आनंद भारती ख्वाजा साहब के दरबार में हाजिर थे। उन्होंने चादर चढ़ाई। हाथ जोड़कर शुक्रिया किया : 'मोदी की दंगाई धरती से जिन्दा बच कर आने के लिए आपका सिजदा करता हूँ।'

दरगाह से निकलने के बाद आनंद भारती के चेहरे पर एक खास तरह का सुकूं झलक रहा था। गाड़ी फिर बढ़ने लगी। शाम के चार बज रहे थे। दिल्ली की सीमा में रात दस पहुंचने का टारगेट था। रास्ते में चायपान करके आनंद भारती समय को बर्बाद नहीं करना चाहते थे। उन्हें दिल्ली पहुँचने की धुन थी। अपने एक दोस्त के घर मालवीय नगर उनको रुकना था। वैसे उनका अपना फ्लैट भी गाजियाबाद के वसुंधरा में था। कई साल पहले जब वह चण्डीगढ़ में थे, तभी वे पत्रकारपुरम ग्रुप हाउसिंग सोसायटी के सदस्य बन गये थे। मकान तैयार थे। लेकिन रहने लायक नहीं थे। रहने लायक बनाने के लिए छोटे-मोटे काम कराने थे। बिजली कनेक्शन से लेकर वुडवर्क सब बाकी था। इस काम को अंजाम देने के लिए उन्हें समय लगना था। अपने रहने के लिए कम-से-कम एक माह कहीं बतौर पेइंग गेस्ट का इंतजाम करना था। बहुत से काम करने थे। कामों की सूची बनाते हुए वह पूरी रणनीति को अंजाम दे रहे थे कि बिजली से रोशन शहर दिखा।

दिल्ली की सीमा पर बसा गुड़गाँव था। फास्टेस्ट डेवलपिंग सिटी। साइबर सिटी की शक्ल ले रहा है गुड़गाँव। मालवीय नगर पहुँचने के लिए बस एक घंटे की बात और थी। आखिर वह एक घंटा भी खत्म हो गया। वह अपने मित्र के घर बाहर खड़े थे। घंटी बजाई तो उन्होंने दरवाजा खोल कर उन्हें गले से लगा लिया : 'वेलकम दिल्ली।'

अगली सुबह! आनंद भारती के लिए नई सुबह थी। सब अपना-अपना सा लग रहा था उन्हें। अन्दर-अन्दर खुश थे। मियाँ मिर्ची की अहमदाबाद के लिए विदाई भी देनी थी। गाड़ी उठाकर पहले वह नई दिल्ली रेलवे स्टेशन गये। मियाँ मिर्ची को छोड़ना उनके लिए भावुक क्षण था। जाने वाले को तो जाना था। मियाँ मिर्ची को छोड़ कर वह सीधा पत्रकारपुरम पहुंचे। फ्लैट का मुआयना किया। आसपड़ोस में काम करने वाले ठेकेदार से बात की। कहाँ क्या होना है उसे बताया। एक लाख रुपये में ठेका तय हुआ।

समय दिया पच्चीस दिन।

दिल्ली आफिस में ज्वाइनिंग भी करनी थी। सो वह सीधे दिल्ली रवाना हो

गये। आफिस में सबने उनका स्वागत किया। हर जुबान पर गुजरात था। सब उनके मुँह से वहाँ का हालचाल जानना चाहते थे। जलती लाशों के दृश्यों से वह अपना पीछा छुड़ाना चाहते थे। लेकिन उन्हें उसे बार-बार दोहराना पड़ा। यह सिलसिला आफिस से लेकर प्रेस क्लब तक कई दिनों तक चलता रहा।

आनंद भारती की जिन्दगी नये ढर्रे पर चल रही थी। रोज जल्दी उठकर फ्लैट में काम की प्रगति को देखना और फिर आफिस जाना। आफिस का काम भी नया था। अखबार के एक नये संस्करण की इंचार्जी का काम मिला था उन्हें। टीम नौसिखियों की थी। उनके साथ खूब जूझना पड़ रहा था। वे इस कोशिश में थे कि दिल्ली से जुड़े इलाकों से निकलने वाले संस्करणों में उनका नोएडा संस्करण तीन माह में नम्बर एक हो जाये। संपादक ने भी बड़ी उम्मीद से उन्हें यह काम दिया था। वे भूत की तरह काम में जुट गये। यही उनकी खास बात थी। काम कैसा भी हो, वह उसे चुनौती की तरह लेते थे।

फ्लैट सज कर चमचम हो रहा था। गृह-प्रवेश तय हो गया। छोटी-मोटी पार्टी की। कुछ खास दोस्तों को बुलाया। जश्न हुआ और अपनी छत के नीचे सोने का दिन आ गया। इसी के साथ एक बड़ी समस्या थी आनंद भारती के सामने। घर तो हो गया था, घर को सँभालने वाला कोई नहीं था। न सफाई करने वाला और न ही कपड़े लत्ते धोने वाला। खाना भी एक समस्या थी। सफाई के लिए पड़ोस में काम करने वाली एक महिला को उन्होंने रख लिया। उसका नाम पुष्पा था। बड़े नखरे के बाद वह सफाई के लिए मानी थी। कपड़े धोने से उसने साफ मना कर दिया था। पैसे का लालच देने पर भी वह नहीं मानी। बाद में उन्हें पता लगा कि बर्तन, घर की सफाई और कपड़े के लिए इस इलाके में अलग-अलग काम वाली मिलती हैं। पूरा पैकेज कोई नहीं देता। पुष्पा से ही उन्होंने किसी कपड़े धोने वाली का इंतजाम करने के लिए कहा। वह एक दिन कपड़े धोने वाली को ले आई। उसका नाम रेखा था। काम वाली तो पत्रकारपुरम में बहुत थीं, लेकिन छड़े आदमी के घर में काम के लिए वे तैयार नहीं होती थीं।

कभी कभी आनंद भारती खाना खुद बनाते। बाहर का खाना उन्हें अच्छा नहीं लगता था। खाना बनाने में उन्हें कोई कष्ट नहीं था। वह उनके शौक का हिस्सा था। तरह-तरह के व्यंजन बनाना उनके शगल का हिस्सा था। यही नहीं, बना कर दूसरों को खिलाना उन्हें और ज्यादा पसन्द था। लेकिन बर्तन धोने में उन्हें आलस्य होता

था। खाना बनाना और फिर बर्तन साफ करना उनके लिए बहुत भारी था।

उस दिन की बात है कि वह अपनी कार निकाल रहे थे। तभी उन्हें एक काम करने वाली महिला दिखी। अचानक ही वह उससे पूछ बैठे कि मेरे घर में बर्तन साफ करोगी। उसने कहा, 'अभी जल्दी में हूं। कल सुबह आकर बात करूंगी। आप अपना फ्लैट नम्बर बता दीजिये।'

'334'—उन्होंने नम्बर बता दिया। उनकी आँखों में चमक उभर आई थी। उन्हें लग रहा था कि अब बर्तन साफ करने वाली भी मिल जायेगी। अगली सुबह घंटी बजी। वही महिला सामने खड़ी थी। उसको अन्दर बुलाकर पैसे-वैसे की बात की। डेढ़ सौ रुपये में मामला पट गया था। नाम पूछा तो बोली, 'मुन्नी।'

मुन्नी से आनंद भारती की यही पहली मुलाकात थी।

रेखा, पुष्पा और मुन्नी ने घर का मोर्चा सँभाल लिया था। तीन-तीन महिलाओं को सँभालना आनंद भारती के लिए टेढ़ी खीर थी। फिर भी मजबूरी का नाम महात्मा गांधी। वे पत्रकारपुरम से पहले जहाँ भी रहे, उनके पास एक ही काम करने वाला था। सोनीपत, गुवाहाटी, शिमला, चण्डीगढ़, अहमदाबाद सभी जगह उनके पास एक महिला या एक लड़का रहा। खाना बनाने से लेकर कपड़ा धोने तक का काम एक के जिम्मे रहा। घर की चाभी भी उन्हीं के पास होती थी। लेकिन यहाँ उन्हें तीन-तीन औरतों से मुकाबला करना पड़ रहा था। तिस पर खाना बनाने की समस्या बनी हुई थी।

तीनों महिलाओं में मुन्नी काम में ज्यादा ध्यान देती थी। बाकी दोनों काम को बोझ की तरह लेती थीं। छुट्टी मारने में भी माहिर थीं। उनकी छुट्टियों के दौरान घर में सफाई नहीं होती और कपड़ों का ढेर लग जाता। आनंद भारती इन औरतों से निजात पाने के लिए किसी ऐसे लड़के की तलाश में थे जो घर में रहे और सारा काम करे। इस अव्यवस्था के बीच वह मुन्नी से पैसे का लालच देकर इन दोनों की छुट्टियों के दौरान काम करवा लेते। इस तरह दो-तीन महीने गुजर गये थे। मुन्नी से उनकी सेटिंग धीरे-धीरे हो रही थी। एक दिन उन्होंने उससे पूछा, 'तुम कितनी जगह काम करती हो?'

'पाँच जगह।' मुन्नी ने बताया।

'कितने पैसे कमा लेती हो?'

'आठ सौ रुपये।' जोड़-जाड़ कर उसने बताया।

'एक हजार रुपये दूं तो तुम मेरा सारा काम करोगी।' आनंद भारती ने तुरंत पैसों का लालच दिया।

वह कुछ नहीं बोली।

बात आई-गई हो गई। मुन्नी समझ रही थी कि कुछ और पैसा बढ़ा कर बोलें तो पूरा काम सँभाल लूं। वह आनंद भारती की मजबूरी को अन्दर-ही-अन्दर समझ रही थी। एक सप्ताह बाद उन्होंने फिर पूछा,'तुमसे कुछ पूछा था, तुमने कोई जवाब नहीं दिया। चलो बारह सौ रुपये दे देंगे।' मुन्नी उसी पल का इंतजार कर रही थी।

उस प्रस्ताव पर मुन्नी राजी हो गई। उन्होंने रेखा और पुष्पा को हटा दिया। पुष्पा तो पहले से ही छोड़ने का अल्टीमेटम दे चुकी थी। उसके पति की मर्दानगी जो जाग गई थी। पुष्पा ने बताया था कि अब उसका आदमी उसे बाहर काम पर नहीं भेजना चाहता। पुष्पा जब आनंद भारती के घर काम करने आई थी तो उसके हाथ में एक छोटा बच्चा था। तब भी उन्होंने उससे पूछा था—'बच्चे को लेकर काम करने में परेशानी नहीं होती।'

इस पर उसने जवाब दिया था, 'होती तो है। आदमी कोई काम नहीं करता है। शराब पीकर पड़ा रहता है। रोटी उसे पूरी चाहिए। मैं तो भूखी रह लूं लेकिन बच्चे को भूखा कैसे रख सकती हूँ।'

'अब तुम्हारा आदमी ठीक हो गया है ?', आनंद भारती ने पूछा।

'हाँ, एक महीने से काम पर जा रहा है। शराब को भी हाथ नहीं लगाया है।'

'तो, अब तुम खुश हो।' आनंद भारती उसके भीतर की सचाई जानना चाहते थे।

उसने कोई जवाब नहीं दिया। उसके चेहरे से लग रहा था कि वह खुश है।

रेखा जरूर जाते वक्त बोली, 'आखिर हमसे क्या गलती हो गई जो आप मुझे हटा रहे हैं।' उसकी आवाज में उलाहना था।

इसका आनंद भारती के पास कोई जवाब नहीं था। वह इतना ही बोले, 'तुम्हें दूसरा काम मिल जायेगा।'

'दूसरा काम छोड़कर पुष्पा के कहने पर ही मैं आई थी। आप अकेले रहते हैं तो मैंने सोचा कि आपकी मदद हो जायेगी।' रेखा अहसान जताते हुए बोली।

रेखा काफी चटकीली थी। पाउडर, बिन्दी, लिपस्टिक उसे बहुत पसन्द थे। काम के बाद बाल संवारना वह नहीं भूलती थी। मुन्नी से ज्यादा साफ-सुथरी रहती थी। उसकी नजर भी पूरे काम पर थी, लेकिन उसकी अकड़ ने उसे व्यक्त नहीं होने दिया। आनंद भारती ने उसका हिसाब करते वक्त पन्द्रह दिन के अलग से पैसे दे दिये, ताकि इस बीच वह काम तलाश ले।

मुन्नी ने घर का मोर्चा सँभाल लिया था। आनंद भारती अपने को हलका महसूस कर रहे थे। खाने की समस्या अभी उनके सामने बनी हुई थी। मुन्नी से वह खाना नहीं बनवाना चाहते थे। साफ-सुथरी वह नहीं दिखती थी। वैसे सुंदर थी। लेकिन पैसे आने के साथ-साथ उसमें भी बदलाव आ रहा था। कभी-कभी उसके माथे पर बिंदी चमकती। लिपस्टिक भी लगाने लगी थी। टुटही स्लीपर भी बदल कर उसने प्लास्टिक की नई चप्पल खरीद ली थी। सलवार कमीज भी साफ सुथरी हो गई थी।

आनंद भारती अब उसे चाभी सौंपना चाहते थे। चाभी देने का मतलब साफ-सफ़ाई से लेकर खाने तक का पूरा इंतजाम।

एक दिन उन्होंने उससे कहा, 'मुझे जल्दी जाना है। क्या तुम आटा सान दोगी?' वह मुन्नी को परखना चाहते थे।

इस पर वह कुछ नहीं बोली। सीधे किचन में गई और आटा निकाल कर उसने उसे सान दिया। आनंद भारती को लगा कि उसका चलाया तीर सही निशाने पर लग गया है।

इसी दौरान उन्हें इलाहाबाद विश्वविद्यालय में लेक्चर देने जाना था। घर में बड़ी संख्या में पेड़-पौधे थे। जून की दहला देने वाली गरमी थी। आदमी तो तप कर जी सकता था लेकिन पानी के बिना पौधों का जिन्दा रहना मुश्किल था। पूरे तीन दिन की बात थी। उन्हें लगा कि मुन्नी को चाभी देने का यही सही वक्त है। वह बोले, 'मैं तीन दिन के लिए बाहर जा रहा हूँ। चाभी तुम्हें दे दूंगा। तुम पेड़-पौधों का ध्यान रखना। पानी नहीं मिलेगा तो सारे मर जायेंगे।'

इस पर वह तपाक से बोली, 'न साहब न! घर की जिम्मेदारी मैं नहीं ले सकती। मेरे पीछे चोरी-चकारी हो जाये तो मैं आपको क्या जवाब दूंगी।'

'कुछ नहीं होगा। कुछ होगा भी तो मैं तुम्हें कुछ नहीं कहूँगा।' आनंद भारती ने उसे आश्वस्त किया।

काफी समझाने-बुझाने के बाद वह मान गई। उसने चाभी पकड़ ली।

...आनंद भारती इलाहाबाद के लिए रवाना हो गए। इलाहाबाद हमेशा उन्हें भावुक करता है। गंगा-जमुना-सरस्वती की उस रेती में आनंद की कई यादें हैं, जो गाहे-ब-गाहे आनंद के दिल पर दस्तक देती रहती हैं। आनंद कभी उस दस्तक पर अपने जीवन के उस पड़ाव के किवाड़ खोल देते हैं और कभी उस थाप को अनसुनी कर

अपने दिमाग की चाभी से दूसरा दरवाजा खोल आगे निकल जाते हैं। कमबख्त इलाहाबाद से उनका रिश्ता आँख-मिचौनी का सा रहा है। इलाहाबाद में उनकी विश्वविद्यालय की शिक्षा हुई। उनके युवाकाल के कई वर्ष यहीं बीते। ...अपने संघर्ष का एक लम्बा समय उन्होंने यहीं बिताया। रोमानी अहसासों से भरा मुहब्बत का संगम भी यहीं हुआ, जिसे वह अपनी पहली मुहब्बत कह सकते हैं। वह प्यार जिसका अर्थ वह सही समय पर परिभाषित नहीं कर पाए या उसकी परिभाषा आज भी हर सीमा से परे है उनके लिए।

आनंद भारती यादों में खो जाते हैं।

एम. ए. का प्रथम वर्ष। अंजू ठाकुर और मानसी दोनों सगी सहेलियाँ थीं। आनंद उस कक्षा के बेहतरीन छात्र...आगे के डेस्क पर बैठते...नोट्स बनाते और लड़कियों में लोकप्रिय तो सदा से रहे ही। पर अंजू और मानसी से उनका संवाद कभी नहीं था।

अंजू बेहद सुन्दर, पर पढ़ने में ठीक-ठाक थी। मानसी देखने में सामान्य, दिमाग से कुशाग्र और भीतर से निडर। आनंद को याद है—एक बार जरूर कुछ मनचलों ने आनंद भारती की गर्दन पर देसी पिस्तौल लगाकर हड़काया था—'अंजू की ओर देखोगे तो जान से मार देंगे।'

आनंद भारती को अजीब-सा लगा। ऐसी कोई बात थी ही नहीं। उन्हें गुस्सा आया। पिस्तौल की नली पकड़कर उन्होंने उन्हें समझाया कि इस जंग लगी पिस्तौल को चलाओगे तो तुम्हारे हाथ में ही फट जायेगी। मनचले हतप्रभ थे। वैसे आनंद भारती कोई पहलवान नहीं थे। आत्मविश्वास उनका मनचलों से ज्यादा था। हथियार की राजनीति से वह प्रभावित हो चुके थे। सत्ता बंदूक की गोली से निकलती है। संसदीय सिस्टम बेमानी है। नक्सलियों के छात्र संगठन से वह जुड़े हुए थे। भूमिगत हथियारबंद लोगों से उनका अच्छा मेलजोल था।

विश्वविद्यालय में दाखिला लेने से पहले भी वह छात्र राजनीति में थे। उस दौरान जेपी आन्दोलन अपने चरम पर था। सत्ता विरोधी लहर देश में चल रही थी। आनंद भारती भी आन्दोलन गें कूद गये। दो बार जेल भी गये। इन्दिरा गांधी ने अपनी कुर्सी बंचाने के लिए इमरजेन्सी लगा दी। अखबारों पर भी सेंसरसिप थोप दी गई। प्रतिरोध में भूमिगत पर्चे और अखबार निकल रहे थे। आनंद भारती ने भी अखबार निकाला। नाम था 'क्रांतिदूत'। अखबार के पहले पन्ने पर जेपी का देशवासियों के नाम लिखा पत्र छपा था। अखबार निकालने के जुर्म में वह पकड़े गये और उन्हें जेल में डाल दिया गया। उस दौरान चर्चित हुई देश की सबसे

कुख्यात खुफिया एजेन्सी ने इन्दिरा गांधी को चुनाव कराने की सलाह दी। एजेन्सी के मुखिया ने इन्दिरा गांधी को तर्कों के साथ समझाया कि यदि अभी चुनाव होते हैं तो आपकी जीत पक्की। हुआ उलटा। चुनाव हुए तो इन्दिरा गांधी और उनकी पार्टी कांग्रेस दोनों हार चुके थे। देश में पहली गैर कांग्रसी सरकार जनता पार्टी के नाम से बन चुकी थी। आनंद भारती भी जेल से छूट चुके थे। चारों तरफ उत्साह का माहौल था। खुली हवा में सभी सांस ले रहे थे। ज्यादा लम्बा समय नहीं बीता था कि जनता पार्टी की सरकार ढह गई। सरकार के दौरान कई क्रांतिकारी, दलालों में तब्दील हो गये थे। आनंद भारती का संसदीय राजनीति से मोहभंग यहीं हुआ।

लम्बे समय तक वह राजनीति से दूर रहे। विश्वविद्यालय में आने के बाद उनका नक्सलियों से सम्पर्क हुआ। भारत के कम्युनिस्ट आन्दोलन में इस धारा के लोग सत्ता परिवर्तन हथियारों से करने के पक्षधर थे। चीन के चेयरमैन माओ उनके आदर्श थे। भारत में उनके आदर्श चारू मजूमदार थे, जिन्होंने मार्क्सवादी कम्युनिस्ट पार्टी में चीन के आदर्शों के लिए बहस चलाई थी। उन्होंने इस बाबत आठ दस्तावेज बहस के लिए रखे थे। पार्टी में उनकी नहीं सुनी गई और थोड़े समय बाद सीपीआई एमएल की स्थापना हुई। बाद में इसमें भी कई गुट बन गये। ऐसे ही बिहार में सक्रिय एक गुट के नजदीक आनंद भारती आये। उन्होंने उनका साहित्य पढ़ा। खूब पढ़ा। वह उससे प्रभावित होते चले गये और अन्ततः उसमें पूरी ताकत से शामिल हो गये। उनकी सक्रियता सांस्कृतिक मोर्चे पर अधिक थी।

उन दिनों विश्वविद्यालय में छात्र राजनीति का अपराधीकरण तेजी से हो रहा था। राजनीति के नाम पर दादागीरी हो रही थी। नक्सलिओं का छात्र संगठन इसके खिलाफ मोर्चा सँभाल रहा था। गाहे-बगाहे विश्वविद्यालय परिसर में बम बज जाना कोई बड़ी घटना नहीं मानी जाती थी। बम धमाके के बाद भी कक्षाएँ होती रहती थीं। गंगा-जमुनी सभ्यता का शहर बम की फैक्ट्री में तब्दील हो रहा था। कभी इलाहाबाद विश्वविद्यालय छात्र संघ ने देश को बड़े नेता दिये थे। अब वह बड़े माफिया पैदा करने की संस्था बन रहा था। जातिवाद, क्षेत्रवाद जैसी बीमारी छात्र राजनीति में भी आ चुकी थी। नक्सली छात्र संगठन और अपसंस्कृति के पक्षधर गुटों में अक्सर मुठभेड़ हो जाती। आमने-सामने लट्ठ भी बज जाते। नक्सली छात्र ऐसे लोगों पर भारी पड़ते। वजह साफ थी कि नक्सली, हिंसा का हथियार समाज को बदलने के लिए उठा रहे थे, जबकि दूसरी ओर की हिंसा प्रभुत्ववादी थी।

इसी राजनीतिक बैकग्राउन्ड के चलते आनंद भारती अपने गले पर कट्टा

रखने पर विचलित नहीं हुए थे। उन्होंने उस घटना के बारे में अंजू ठाकुर को सब कुछ बताने की सोची। परीक्षाओं की तैयारी के लिए छुट्टियाँ घोषित हो चुकी थीं। पढ़ाई का आखिरी दिन था। क्लास खत्म होने पर उन्होंने पूरी घटना अंजू को बताई। अंजू पूरी ठकुराइन थी। उसके पिता बहुत बड़े वकील थे। उसको गुस्सा आया, 'आइए अभी पकड़ते हैं उन बदमाशें को।' वह जोश से बोली।

'रहने दीजिए।' आनंद भारती ने उन्हें समझाया, 'मैंने उन्हें ठीक से समझा दिया है।'

अंजू के साथ मानसी भी खड़ी थी। उसे यह सब सुनकर गुस्सा आ रहा था। उसके हाव भाव से लग रहा था कि उसे इस बात पर गुस्सा आ रहा था कि आनंद भारती जैसे व्यक्ति से ऐसी बदतमीजी क्यों की गई। इसके बाद मानसी से उनकी दूसरी मुलाकात रिजल्ट आने पर हुई, जब मानसी ने उन्हें प्रथम आने की बधाई दी।

एम. ए. द्वितीय वर्ष के बीच में ही अंजू की शादी तय हो गई। उसका विश्वविद्यालय आना भी काफी कम हो गया था। आनंद आर्थिक रूप से अपने परिवार वालों पर कभी निर्भर नहीं रहे। माता-पिता से उनकी खटपट अक्सर रहती थी, पर जुझारू स्वभाव के आनंद भारती बहुत पहले से ही छोटे-मोटे लेख लिखते थे। उन्होंने कुछ ट्यूशनें भी कीं। अपनी जरूरतों को पूरा करने के लिए वह निरंतर संघर्ष करते रहे। उनकी जरूरतों में उनकी विचारधारा का सन्तुष्ट होना सबसे ऊपर था। अब वह कभी-कभार ही कक्षा में आते, आगे की सीट पर अब भी बैठते और पाते कि मानसी की आंखें उनके रजिस्टर पर टिकी होतीं।

विभागीय चुनाव सिर पर थे और अध्यक्ष पद के लिए देवाशीष का नाम आनंद भारती ने सुझाया था। इसी सिलसिले में वोट माँगने की प्रक्रिया में वह मानसी के पास भी आए थे। प्रथम वर्ष में मानसी मल्होत्रा के सबसे अधिक अंक आने के कारण विभाग के अध्यापक और विद्यार्थियों में उनका नाम अब चर्चित था। आनंद भारती ने मानसी से भी कनवेसिंग का आग्रह किया था और मानसी ने अच्छे भाषण भी दिये थे। देवाशीष जीत गए थे और मानसी की निगाहों में आनंद भारती का व्यक्तित्व सिमट गया था।

आनंद जान गए थे कि मानसी उनके व्यक्तित्व से प्रभावित है। शायद यही कारण रहा होगा कि कक्षाओं में दिए गए नोट्स को पाने के लिए वह मानसी से रजिस्टर ले जाते और न जाने कब ऐसा हो गया कि मानसी अपने नोट्स में कार्बन लगाकर आनंद भारती के लिए भी नोट्स बनाने लग गई। आनंद अपने रजिस्टर के पहले पृष्ठ पर कविता की दो-चार पंक्तियाँ अवश्य लिखा करते थे और एक दिन

उन्होंने देखा कि उनके रजिस्टर पर लिखी पंक्तियों के साथ कागज का एक और टुकड़ा नत्थी था, जिस पर लिखा था—'हर सफ़े पे रहती हैं, तुम्हारी अपनी बातें। लाओ हाशिए में कुछ हम भी तो कह दें...।' और फिर मानसी का कुछ न कुछ लिखकर देना एक आम सी बात हो गई थी। आनंद को याद है कि एक बार मानसी के रजिस्टर में उसने भी लिख दिया था... 'कितना अच्छा लगता है कविता में तुम्हारा आना। बातें करना, हँसना, खिलखिलाना...।'

ट्रेन पटरियों पर दौड़ती जा रही थी। इलाहाबाद अभी मीलों दूर था पर आनंद की आँखों में जैसे वह पूरी तरह सजीव हो गया था। ...मानसी की यादों की चादर को आज वह पूरी तरह ओढ़ लेना चाहते थे...कुछ इस तरह कि उसका पूरा वजूद उनमें समा जाए। आनंद के इस पहलू को बहुत कम लोग जानते थे कि उनके बाहरी अक्खड़-फक्कड़ व्यक्तित्व के भीतर भावनाओं का मीठा झरना भी बहता है।

'अखरोट हो तुम, पूरे अखरोट, बाहर से सख्त...अन्दर से मुलायम।' मानसी उन्हें अक्सर ऐसे ही कहा करती थी। यह सोचते हुए आनंद की आँखों की कोर गीली हो गई थी।

परीक्षाओं के दिनों में यह मित्रता घर आने-जाने में तब्दील हो गई थी। आनंद अक्सर शाम होने पर उसके घर जाया करते थे...नोट्स, पढ़ाई, संबंधित विषय पर चर्चा...किसी विषय पर देर-देर तक बातचीत...मानसी का भाषा पर अधिकार भरपूर था और लिखावट मोती सी सुंदर। ये दोनों चीजें आनंद को आकर्षित करती थीं और मानसी को पसन्द था—आनंद का स्वाभिमान, उसमें कुछ कर गुजरने का पैनापन, उसकी कविताएँ...उसका तेवर...उसका विद्रोही स्वभाव...उसकी डांट...उसका रौब...सब कुछ।

विचारों के इस साहचर्य ने दोनों को अच्छा मित्र बना दिया था। आनंद भारती कभी बहुत ज्यादा बोलने वाले नहीं रहे और मानसी जैसे उनकी चुप्पी में भी अर्थ खोज लेती थी।

आनंद तब बिल्कुल फक्कड़ थे। उनके पास आज जैसा कुछ नहीं था...न ठाठ-बाट, न बढ़िया घर, न बहुत पैसा...पर लोगों के बीच खासी पहचान थी उनकी। विचार और कला, साथ ही कलम के धनी थे वह और मानसी उन्हें हमेशा कहती थी, 'तुम एक दिन बहुत बड़े बनोगे।'

आनंद हँसकर कहते—'वह तो मैं आज भी हूँ।'

आनंद भारती की अनेक महिला मित्र हमेशा रहीं, तब भी थीं। पर मानसी

को ऐसा लगता कि आनंद सबसे करीब सिर्फ उसके हैं। हालांकि स्वयं आनंद ने कभी इस बात को खुलकर उसके सामने स्वीकारा नहीं। उन्हें याद है...रिसर्च के दौरान लाइब्रेरी के बाहर की सीढ़ियों पर उन्होंने मानसी के साथ बहुत गहरा वक्त बिताया है।

...अचानक 'चाय! चाय!' गुहार से आनंद की तंद्रा टूटी। 'लगता है, अलीगढ़ आ गया।' उनके पास के यात्री आपस में बात कर रहे थे। उनकी इच्छा हुई कि वे उतरकर एक चाय ले लें, पर जैसे आज इस समय वह खुद को मानसी की यादों से मुक्त नहीं करना चाहते थे। वह सोचने लगे, लाइब्रेरी के बाहर का वह चायवाला भी उनके रिश्ते की कद्र करता था। उस दोपहरी में बाहर से पटस उठाकर भीतर की ओर डाल देता। मानसी और आनंद उस पर बैठकर भरी दोपहरी में भी चाय पीते। तपती लू में भी, वह चाय के धुएँ में खामोश बैठे रहते और मानसी हमेशा की तरह उनकी खामोशी को शब्दों में परिभाषित करती रहती। उन्हें याद आ गया—एक बार चाय छलक कर मानसी के कुर्ते पर गिर गई थी और आनंद के मुँह से बेसाख्ता निकल पड़ा था,' कहीं दाग न लग जाए।' मानसी ने उस शब्द के भी नए अर्थ खोज लिए थे।

ऐसी थी मानसी! हाँ, बिल्कुल ऐसी। हलका गेहुंआं रंग, सामान्य कद। पर नई राह पर चलने का हौसला लिये...सामाजिक परंपराओं की परवाह से बेपरवाह...बेखौफ। उसे लेकर अक्सर अपने परिवार से लड़ पड़ती...जहीन दिमाग की और परिश्रमी स्वभाव की। जब आनंद भारती को कोई नहीं समझता तो भी मानसी उसे समझ लेती। आनंद भारती की पलकों के उठने और गिरने के आयाम भी वह खोज लेती थी।

आहिस्ता-आहिस्ता उसका रिश्ता बहुत सच्चा हो गया था...जिसमें कहीं कोई शर्त नहीं थी। न कोई आडंबर, न बनावट। एक खामोशी। वह वक्त भी कुछ और था, वह दौर भी कुछ और। तब प्रेम उच्छृंखल नहीं हुआ करता था, न स्वच्छंद। वह एक खूबसूरत अहसास था...जिसे आनंद भारती शायद समझ नहीं पाए थे या समझकर भी समझना नहीं चाहते थे। 'साहचर्य जनित' उस प्रेम का एक ही रंग था—खालिस अपनेपन की गहनता। वह गहनता आनंद भारती का कवच थी। वह गहनता मानसी का वजूद थी।

आनंद भारती अपने माता-पिता से अब भी वैचारिक मतभेद बनाए हुए थे। घर पर रहकर भी उनकी अपनी दुनिया थी। पिता चाहते थे कि उनका बेटा एक आम जिन्दगी बसर करे। पर आनंद भारती के सपनों का आसमान बहुत बड़ा था,

जिसके लिए घर के रिश्ते छोटे पड़ने लगे थे। रोज होने वाली कहासुनी को आनंद कई बार भीतर ही भीतर झेलते और कई बार लाइब्रेरी के बाहर बैठे चायवाले को एक छोटी सी पर्ची थमा आते। पर्ची पर लिखा होता : 'इस समय घर पहुँच जाइए...निश्चित रूप से।' निःसंदेह यह आदेश मानसी के लिए होता और आनंद को याद है कि मानसी ने हमेशा उनके लिखे शब्दों का सम्मान किया।

मानसी कीटगंज में बसे आनंद भारती के घर पहुँचती। खामोश आनंद कई बार उसे सिर्फ बुला लेते और फिर कोई बात नहीं करते। मानसी को सारा हाल आनंद भारती के माता-पिता से मिलता। आनंद भारती के माता-पिता ने मानसी को बेहद स्नेह दिया था। मानसी अन्ततः उनके लिए उनकी बेटी की तरह बन गई थी और आनंद भारती जानते हैं कि मानसी और उनके माता-पिता के बीच का वह स्नेहिल रिश्ता आज भी कायम है। अब तक।

ट्रेन पटरियों पर दौड़ती जा रही थी। आनंद भारती की आँखों से नींद कोसों दूर थी। सुबह विश्वविद्यालय परिसर में लेक्चर देना था, इलाहाबाद स्टेशन पर उन्हें कुछ लोग लेने आने वाले थे। कायदन आनंद भारती को कुछ देर सो जाना चाहिए था, ताकि सफर की थकान सफर में ही खत्म कर वह कल तरोताजा रह सकें। पर आनंद भारती जानते हैं, इलाहाबाद उन्हें अब कभी तरोताजा नहीं बनाता है। फिर भी उनकी धड़कन में बसता है।

साल-दर-साल...न जाने कितने साल गुजर गए। पर लगता है, सब कुछ अभी कल गुजरा हो। कुछ दृश्य आनंद भारती की आँखों में उभर आए। उनकी आंखें पूरी तरह गीली हो गई थीं। घर पर होते तो शायद अकेले में छककर रो लेते। आनंद भारती की भावुकता उनके आसपास के लोगों के लिए असम्भव है, पर आनंद जानते हैं कि मानसी ने उन्हें हमेशा समूचे तौर पर जाना है। समझा है।...

ऐसा नहीं था कि आनंद भारती मानसी की हर बात को बड़ी तवज्जो देते थे। ऐसा करना तो आनंद भारती की फितरत कभी नहीं रही। कई बार तो आनंद जानबूझ कर मानसी को उपेक्षित कर देते थे। पुस्तकालय आते...अपना काम करते...आसपास के मित्रों से खूब गप्प-गोष्ठी भी करते। पर मानसी की ओर निगाह उठाकर भी नहीं देखते। वह पास आकर कुछ कहने की चेष्टा करती तो सबके सम्मुख उसे प्रताड़ित भी कर देते। पर मानसी ने आनंद भारती से नाराज होना कभी सीखा नहीं था।

आज सोच रहे हैं, आनंद भारती—'कैसी थी उनकी मानसी! मैं कई बार उसे बिना किसी बात के झिड़क देता था। गुस्से में अपशब्द भी कह देता था पर वह

कभी कोई प्रतिक्रिया नहीं करती थी।' उसे अपने आनंद भारती पर बेइंतहा विश्वास था...एक ऐसा विश्वास, जिसे 'रूमानी' कहा जा सकता है। तब आनंद भारती भी यही सोचते थे कि मानसी शायद उनकी बाहर की ग्लेमरस दुनिया से प्रभावित है, उसे 'हीरो' समझती है। पर यह बात आनंद भारती तब नहीं समझ पाए कि सामान्य सी दिखने वाली मानसी हृदय से उनके हर उतार-चढ़ाव को गहराई से समझती है। वह जानती थी कि आनंद भारती का रास्ता पथरीला है और इतना नुकीला, जहाँ चलने पर घाव भी मिल सकते हैं। सुख-सुविधाएँ हों तो भी आनंद भारती का मन इतना गहरा समन्दर है कि उसकी थाह कोई नहीं पा सकता। समन्दर में उठने वाले ज्वार-भाटे की तरह आनंद का मन भी अनेक परतों से घिरा है। पर मानसी उसमें डूबकर सन्तुष्ट थी। बड़ा फख्र था उसे अपने आप पर कि उससे ज्यादा आनंद को कोई दूसरा समझ ही नहीं सकता। आनंद उसकी इस बात को सुनकर रहस्य भरी मुस्कान से भर उठते थे...उनके भावनाओं के सैलाब का कोई ओर-छोर नहीं था।

...रिसर्च गाइड से मतभेद हो जाने के कारण आनंद भारती ने रिसर्च बीच में ही छोड़ दी थी। छिटपुट लेखन का काम बढ़ गया था। अब वह पुस्तकालय जाते तो पुस्तकों के बजाए कागज और कलम से जूझते। लेख लिखते तो कागज मानसी की ओर बढ़ा देते। मानसी उनके पन्ने को साफ-सुथरे ढंग से उतारती। ...कभी-कभी उस पर अपना चुना हुआ शीर्षक भी चस्पा कर देती। आनंद भारती की हर रचना की पहली पाठिका अक्सर वही होती। आनंद भारती कुछ भी रचते...आड़ी-तिरछी रेखाएँ भी, तो वह सब कुछ मानसी के बैग में हिफाजत से रख लिया जाता। न जाने कब तक आनंद भारती की इन सभी कविताओं, चित्रों और लेखों के रफ स्केच मानसी ने सँभालकर रखे होंगे—इसका लेखा-जोखा आज आनंद भारती के पास नहीं है। होता तो शायद वह मानसी को आज अपना सर्वस्व समर्पित कर देते।

अपने व्यक्तिगत भावों को हमेशा छुपा लेने वाले और बड़े-बड़े लेखों पर पैनी नजर रखने वाले आनंद भारती मानसी की आँखों में वह सब नहीं पढ़ पाए, जो युवाकाल का चिरंतन सत्य है। पहाड़ों पर बहते निर्झर की तरह मानसी उनके साथ बनी रही। वह रिश्ता सहज, सरल और नैसर्गिक सा रहा।

पूरे तीन बरस तक।

घर पर वैचारिक मतभेद ज्यादा तीखे हो गए तो आनंद भारती यक-ब-यक घर छोड़कर दिल्ली के लिए निकल पड़े। जाने से पहले मानसी से भी नहीं मिले। कुछ नहीं कहा उसे। यही खास अन्दाज है आनंद भारती का। यही मिजाज है उनका। अपनों को भी हर वक्त अपनेपन का अहसास दिखा सकें, अपना दर्द बाँट

सकें, ऐसा उनका स्वभाव नहीं है।

बस, एक हफ्ते के बाद किसी के द्वारा एक पर्ची लिखकर भिजवा दी थी, जिस पर दिल्ली में ठहरने वाले स्थान का पता था और खत लिखने का आदेश। आग्रह कदापि नहीं। कुछ शब्द आनंद भारती के शब्दकोश में कोई मायने नहीं रखते। मानसी उन्हें पत्र लिखती। उसके कहने का ढंग, भाषा और अभिव्यक्ति सबकुछ अद्‌भुत होता। हर खत बेहद लम्बा, बहुत खूबसूरत। उसके संबोधन भी सबसे हटकर होते। कभी 'साथी मेरे', 'मेरे मीत', 'साथी', 'मानस गुरु', 'मेरे सखा'...न जाने कितने शब्द थे उसके पास। हर खत अपने आप में एक कहानी होती। आनंद आज भी सोचते हैं कि शब्दों और भावों का जखीरा था मानसी के पास। वे खत आनंद की ताकत थे उन दिनों। परिस्थितियों से जूझने की हिम्मत मिलती थी उनसे। माता-पिता नाराज रहते थे। खुद को स्थापित करने के लिए संघर्ष का रास्ता अभी लम्बा था...आनंद भारती याद कर रहे थे...।

मानसी के खत किसी ताबीज की तरह वह हमेशा अपने साथ रखते। एक जगह से दूसरी जगह जाने में समय अन्तराल लम्बा होता तो वह बस में बैठ उन खतों को पढ़ते रहते। एक बार...दो बार...न जाने कितनी-कितनी बार! हर बार हर शब्द एक अलग अर्थ देता और पीड़ा और निराशा के पलों के बीच भी आनंद भारती जीवन्त हो जाते। आनंद भारती सोच रहे थे कि यदि उन पत्रों को सहेजकर वह छपवा पाते तो शायद एक मुकम्मल उपन्यास तैयार हो जाता। शुरू-शुरू में आनंद भारती को कई खत जुबानी याद थे। आज सोचना चाहते हैं तो सबकुछ गड्ड-मड्ड सा हो गया है। वह सोच रहे हैं कि यदि मानसी पहले जैसा कोई खत अभी उन्हें लिखती तो शायद यही कहती...

'साथी मेरे,

'जिन्दगी के तमाम रास्ते गुजर गए। तुमने बहुत कुछ पा लिया...नाम, पैसा, शोहरत...वक्त के चप्पे-चप्पे को थामना चाहते हो तुम! भला ऐसा होता है कहीं? वक्त कितनी बड़ी करवट ले चुका है और आप उसका रेशा-रेशा खुरचकर पीछे डूब चुके सूरज की परछाईं को पकड़ना चाह रहे हैं। आप तो कभी ऐसे न थे, मेरे दोस्त! वक्त से आगे निकल जाने का जुनून था आपमें और आप निकल भी गए। इतनी तेजी से कि मैं दहलीज पर ही खड़ी रह गई। उस दहलीज पर जहाँ आगे का रास्ता सिर्फ आपका अपना है, पगडंडी इतनी छोटी है कि दो के लिए जगह ही नहीं और पीछे यादों का अंधेरा है। वहाँ लौटने में मुझे डर लगता है। आपके जाने के बहुत साल तक उसी दहलीज पर मैं आपके उजाले के लिए दुआओं का

दीप जलाती रही...फिर आहिस्ता-आहिस्ता उस गिरफ्त से बाहर निकली तो पाया कि दुनिया बहुत आगे निकल चुकी है। समझ नहीं पाई कि अगला पड़ाव कहाँ होगा...पर वक्त का अपना इतिहास होता है और अपना भूगोल। फिर कोई रास्ता बहुत दूर तक अकेला नहीं जा सकता ना! बस, एक चौराहा मैंने भी चुन लिया।

'पर मेरे साथी! शब्दों के अर्थ भले ही अब बदल गए हैं, दिल में दुआओं की रोशनी आज भी वही है। मेरी हर प्रार्थना में आप रहते हैं, सदैव...आमीन!'

आनंद भारती को लगा कि जैसे मानसी के हाथों ने हौले से उनके माथे को छुआ हो। उसकी नम आँखों को आहिस्ता से बंद किया हो और कहा हो—'मैं हमेशा वहीं हूँ, वहीं...जहाँ से दोस्ती का पाक रिश्ता शुरू होता है और रहता है...हमेशा-हमेशा।'

...पौ फटने को थी। कानपुर आने वाला था और इस उजाले की ओर बढ़ते सूरज को फिर से थाम लेने के लिए आनंद कुछ देर नींद के आगोश में चले गए।

सुबह स्टेशन पर उनके परिचित-मित्र उन्हें लेने आए थे। आनंद भारती बिल्कुल सामान्य दीख रहे थे, बेतकल्लुफी से बातें करते...कोई नहीं सोच सकता था कि बाहर से इतना बेफिक्र सा दिखने वाला यह व्यक्ति रात भर बेचैनी के किस तूफान में डूबता-उतराता रहा है।

तीन दिन के उस सेमिनार में आनंद भारती ने गर्मजोशी के साथ अपनी बात रखी। जमकर आलोचना-प्रत्यालोचना की। अखबार खबरों से भरे रहे।

आनंद भारती इलाहाबाद की सड़कों का हर इंच नापते रहे।

प्रवास के दौरान वह जब भी इलाहाबाद आते, दो काम उनके व्यक्तित्व में रचे-बसे थे—संगम किनारे जाना, कुछ देर लहरों को देखना और फिर खामोश लौट जाना। दरअसल इलाहाबाद शहर की मिट्टी का अपना एक अलग सोंधापन है। इसकी धरती पर जिसने भी लम्बा वक्त बिताया है, उसके साथ किसी पवित्र रज सी यह जीवन भर यादों का तिलक बन मस्तक पर लगी रह जाती है। अमरूद के लिए मशहूर इस शहर में हर त्योहार का रंग यहाँ के मौसम में घुल-मिल जाता है। खास चौक अपनी मिठाइयों, दालमोठ, समोसे, खस्ते और जलेबी की सुगंध के साथ-साथ सटी हुई दुकानों, तख्तों पर आसन बनाकर गद्दी पर टिके सेठों के लिए चर्चित है। इसी तरह सिविल लाइन्स का गोल गिरजाघर शहर के पुराने होने का अहसास कराता है। कटरा हो या कचहरी हर इलाके की अपनी खुशबू है और अपनी पहचान। तपती लू है तो जाड़े की ठण्डक भी। यहाँ की छोटी-छोटी गलियों

में भी रिश्तों की सुगंध बसी हुई है। रिक्शा, तांगे और इक्के सड़क पर अब भी मौजूद हैं। जगह-जगह पान की दुकानें हैं। पनवाड़ियों के यहाँ अड्डेबाजी आम है। लोग फुर्सत में दिखते हैं। पान खाना यहाँ के लोगों का धर्म है तो राजनीति की चर्चा इतनी सहज कि लगे मानों सबके सब खबरनवीस हैं या सांसद-विधायक।

आनंद भारती ने शहर के चप्पे-चप्पे को जिया है। हर तरफ बेशक न जायें लेकिन गंगा तट पर जाना कभी नहीं भूलते। गंगा-जमुना के बीच एक अदृश्य किन्तु चमकती रेखा सूर्य की रोशनी में साफ-साफ दिखती है। दोनों के श्वेत-श्याम रंग अलग-अलग और पानी का हलका और भारीपन भी दिखाई देता है। गंगा की गंदगी देख कर वह कुपित भी होते। शहर के लोगों ने गंगा की गंदगी पर एक जुमला भी बना दिया है-गंगे तव दर्शनार्थ मुक्ति, बम्बे तब स्नानार्थ मुक्ति।

संगम का यह किनारा उन्हें जितना शान्त बनाता, विश्वविद्यालय का परिसर उन्हें उतना ही बेचैन करता। पर उनके दूसरे काम का यह अनिवार्य हिस्सा था। हर बार की तरह इस बार भी वह आखिरी दिन विश्वविद्यालय परिसर के सीनेट हॉल के सामने खड़े थे। इस हॉल में लगी घड़ी की आवाज उन्हें विशेष प्रिय है। इंग्लैंड से आई यह घड़ी आज भी सही समय बताती है। एक घंटे का समय पूरा करने पर वह विशेष तरह का संगीत सुनाती है। पर अब यह घड़ी उन्हें चिढ़ाने लगी है। समय के आगे भागने या फिर समय के साथ न चल पाने के लिए। या फिर सही समय पर सही फैसले न करने के लिए। मूल में समय का सम्मान ही छिपा है। आनंद भारती के लिए विश्वविद्यालय का यह हिस्सा उन्हें विशेष प्रिय था। वह कुछ देर वहाँ खड़े रहे। भावुकता का ज्वार एक बार फिर उन्हें अपने में सराबोर करना चाहता था। आनंद विचारों को झटक देना चाहते थे पर ऐसा उनके साथ कई बार नहीं हो पाता। खासकर इलाहाबाद उनके लिए यादों का शहर रहता है हर बार। विश्वविद्यालय परिसर ही नहीं, कभी-कभी इस शहर का हर कोना उन्हें मानसी के बिना अधूरा-अधूरा लगता। वह कहीं भी जाते, मानसी का वजूद उनका पीछा करता। मानसी के लिए उनके अन्दर कोई कोना अब भी खाली था। इस खालीपन को वह हमेशा महसूस करते हैं।

आनंद भारती ने इसी कैम्पस में मानसी के साथ बहुत प्यारे पल बांटे हैं। वह सीनेट हॉल की सीढ़ियों पर बैठ गए। शाम का सूरज वहाँ से बहुत खूबसूरत लग रहा था। आनंद भारती सोचने लगे कि मानसी हमेशा उन्हें शाम का सूरज देखने से मना करती थी। वह कहती थी कि ढलता सूरज मन को उदास बना देता है। जाती चीजें हमेशा अकेला बनाती हैं और वह हँसकर कहते थे हमेशा कि सूरज कभी

ढलता कहाँ है भला? वह तो बस, हमारी आँखों को नजर नहीं आता। पर रहता है क्षितिज पर ही। आज, इस वक्त आनंद यही सोच रहे थे कि मानसी ठीक कहती थी—जाती चीजें हमेशा मन को उदास बनाती हैं। वह याद करने लगे...दिल्ली में मानसी के खत उनकी जीवन्तता की खुराक रहे। फिर कुछ दिन फ्रीलांसिंग कर के वह इलाहाबाद आ गए थे। यहाँ भी कुछ नियमित रूप से करना चाहा पर मन रमा नहीं।

उन्हें उन्हीं दिनों कानपुर में किसी पत्रिका से बुलावा आया तो आनंद वहाँ चले गए। वहीं उनकी मुलाकात शिवानी से हुई थी। किसी फूल-प्रदर्शनी में मिले थे वे। उनके ननिहाल से दूर का परिचय था उसका।

शिवानी की शोख और चंचल निगाहों ने आनंद को अपनी ओर खींच लिया था। वह चेहरा आनंद को कई दिन तक याद रहा था। जाति-बिरादरी की उस शोख लड़की को ननिहाल वालों ने भी शायद पसन्द कर लिया था क्योंकि वह आनंद भारती से अक्सर मिलने लगी थी। आनंद भारती को याद है कि मानसी के भावों भरे खत के प्रत्युत्तर में उन्होंने मानसी को लिखा था, एक बार कि कुछ चीजें ऐसी हैं, जिसे वह किसी कीमत पर खोना नहीं चाहते, लेकिन वक्त की क्रूर दृष्टि में शायद वह सब होकर रहेगा...नियति को यही मंजूर है शायद...। आनंद भारती तब तक शादी के मूड में पूरी तरह नहीं थे। पर अन्दर का सच कहीं बाहर अपने आप आ गया था। वह मानसी को कभी खत के उत्तर नहीं देते थे, ऐसा उनका स्वभाव ही नहीं था। पर जब भी जिन्दगी का कोई बड़ा मोड़ आया, उन्होंने सबसे पहला साझीदार मानसी को ही बनाया था। इस बार भी, भला उससे अछूते कैसे रहते वह? व्रह मानसी को कौन सा सच बताना चाहते थे, उससे मानसी लगभग अनभिज्ञ थी।

अगली बार आनंद भारती कानपुर से इलाहाबाद गए तो वहाँ का काम भी छोड़ चुके थे। पुस्तकालय पहुँचकर मानसी से मिले और बिना किसी भूमिका के उसे अपनी शादी तय हो जाने की खबर दे दी। उन्हें याद है कि उस पल मानसी मुस्करा दी थी सिर्फ, क्योंकि उसे तब यह बात आनंद भारती का मजाक लगी थी। आनंद जैसे व्यक्ति शादी का दायित्व इतनी जल्दी ले सकते थे, यह बात मानसी के लिए मजाक ही होती, यदि माँ-बाप से उन्हें सचमुच सचाई न पता चलती।

आनंद भारती उस पल को ऐसे याद करने लगे—जैसे वह समय ठीक अभी-अभी उनके करीब से गुजरा हो। हमेशा कुछ न कुछ बोलने वाली मानसी यक-ब-यक खामोश हो गई थी। आनंद उससे मजाक कर रहे थे कि उसे बुरा क्यों

लगा? 'तुम्हें प्रेम हो गया है क्या मुझसे?' आनंद भारती ने हँसकर पूछा था।

मानसी ने बड़े तटस्थ होकर उत्तर दिया था 'हाँ'!

आनंद भारती का सधा-सा प्रत्युत्तर था—'लेकिन मैंने तुमसे कभी प्रेम नहीं किया, मानसी। वैसा तो कदापि नहीं, जो हमें घर-गृहस्थी में बांधे।'

बस, मानसी चुपचाप बिना कुछ कहे वहाँ से चली गई थी। आनंद पूरी रात वैचारिक झंझावात से जूझते रहे थे। वह कभी मानसी को सच नहीं बता पाए। ऐसा सच जो विद्रोही आनंद का स्वभाव नहीं था, फिर भी हमेशा विरोधों का डटकर सामना करने वाले आनंद भारती ने उसे स्वीकार कर लिया था।

आनंद मानसी के घर अक्सर आया-जाया करते थे। मानसी का परिवार उन्हें बहुत स्नेह करता था। पर सिर्फ मानसी के मित्र-रूप में। इसके आगे जाति-कटिबद्धता उस परिवार की सचाई थी। आनंद भारती इस तथ्य से पूरी तरह वाकिफ थे कि यह साहचर्य कभी किसी सामाजिक रिश्ते की बुनियाद नहीं बन सकता। आनंद भारती मानसी के परिवार की बहुत इज्जत करते थे। इसलिए उन्होंने मानसी से जो कहा, उसमें क्या और कितनी सचाई थी, उस वक्त, उसे सिर्फ आनंद भारती उस समय की परिस्थितियों पर ही छोड़ सकते थे। सचाई यह भी थी कि स्वयं आनंद भारती अपने और मानसी के रिश्ते को समझ नहीं पा रहे थे। रिश्तों में पराजित होने के भय से उन्होंने सम्भवत: मानसी के कहीं और विवाह हो जाने से पूर्व अपना विवाह तय कर लिया था। अन्तर्विरोधी स्वभाव और द्वंद्वात्मक व्यवहार में जीना, आनंद भारती के हाथ की रेखाओं का सच यही था।

सोचने वाले सोच सकते हैं कि सम्भवत: उसके बाद मानसी, आनंद भारती से कभी नहीं मिली होगी और यह रिश्ता एक आम कहानी की तरह खत्म हो गया होगा...कुछ अधूरा सा...।

पर ऐसा कुछ नहीं हुआ। मानसी चुपचाप घर गई थी...हो सकता है...पूरी रात खामोश आंसुओं में गुजार दी हो, पर दूसरे दिन वह पुन: आनंद भारती के घर गई थी। तब, जब आनंद भारती घर पर नहीं थे क्योंकि वह उनके माँ-पिता को वायदा सौंपकर गई थी कि शादी के काम में वह उनका पूरा हाथ बंटाएगी। माँ-पिता से बेटी की तरह स्नेह पाने वाली मानसी ने कार्ड छपने पर हर कार्ड पर अपने हाथों से अतिथियों-मित्रों के नाम लिखे थे...टिकट चिपकाए थे...छोटे-बड़े काम किए थे।

मानसी सब कुछ करती पर आनंद भारती से सहज नहीं हो पाई थी। शायद आनंद भारती भी सहजता महसूस नहीं कर पा रहे थे। पर कुछ रिश्ते बनते अपनी मर्जी से हैं और टूटते खुदा की मर्जी से। आनंद भारती का यह रिश्ता टूट नहीं पाया था...।

विवाह के बाद आनंद आए तो मानसी, शिवानी को मिलने आई थी। मानसी की माँ ने शगुन दिया था और मानसी शगुन में क्या देती भला! बस, आनंद और शिवानी को देने के लिए उसके पास ढेरों दुआएँ थीं और उसने दी भी यही।

बड़े दिल वाली मानसी, विवाह की रात बहुत-बहुत रोयी थी...उसकी सूजी आंखें आनंद भारती ने महसूस की थीं और उसी पल उसने सोच लिया था कि वह अपनी इस बेहद प्रिय मित्र की मित्रता को कभी नहीं छोड़ सकते। एक ऐसी मित्रता जो अपने आपमें मिसाल होगी। मानसी और आनंद भारती का रिश्ता समाज के दायरे में बंधकर भी समाज से अलग होगा।

आनंद जानते हैं कि वह मानसी को कदापि दुख नहीं देना चाहते थे। ऐसा वह सोच भी नहीं सकते थे पर...बस...उस समय की सामाजिक सीमाओं में और उस समाज की बुनियादी संरचना में आनंद भारती अपने रिश्ते को परिभाषित नहीं कर पाए। आनंद भारती मानसी को अक्सर कहते थे, 'यदि तुम मेरे मौन को नहीं समझती हो तो शब्दों को भी नहीं समझोगी। शब्दों का पथ शान्ति का पथ है।'

मानसी और आनंद का रिश्ता कभी टूटा नहीं। वह छूटा जरूर...पर कुछ समय के लिए। रिश्तों ने अपने भावार्थ वही रखे...बस शब्दों के पर्याय बदल गए।

आनंद भारती को याद है कि शिवानी को उसकी हर पसन्द-नापसन्द सिखाने में मानसी कितनी बड़ी भूमिका निभाती थी। वह आनंद भारती के सामने घर पर कभी नहीं आती थी, ताकि आनंद शिवानी को पूरी तरह समझ सकें, अपना सकें। शिवानी भी मानसी को बहुत इज्जत देती, उससे बहुत कुछ सीखती।

आनंद भारती को माँ से पता चलता था कि शिवानी के साथ उनके टूटते सम्बन्धों को जोड़े रखने में मानसी, शिवानी को बेहद समझाया करती थी। फोन पर लम्बी-लम्बी बातचीत में वह शिवानी को हर बार यह अहसास दिलाती थी कि आनंद भारती अपने स्वभाव में खुरदुरे जरूरी हैं पर शिवानी उनके भीतर की ऐसी डोर है, जिससे आनंद अपने परिवार को बांधे रखना चाहते हैं। पर, यहाँ भी वही हुआ था, जिसे आनंद भारती नहीं होने देना चाहते थे...शिवानी से उनका सम्बन्ध टूट गया था...इसी इलाहाबाद में वह शिवानी को ब्याह कर लाए थे...उसके साथ बेहद मधुर रिश्ता निभाया था...आनंद भारती सोचते जा रहे थे कि अचानक सीनेट हॉल की घड़ी की आवाज ने उन्हें चौंका दिया। पूरा एक घण्टा बीत गया...ट्रेन भी पकड़नी है...यह सोचकर आनंद उठने के लिए मजबूर हो गए। आनंद भारती को इसी विश्वविद्यालय और शहर का जानकर पास खड़े छात्रों के एक समूह ने उनसे

पूछा, 'सर, आपके समय भी इलाहाबाद ऐसा ही था?'

'नहीं! गंगा-जमुना शहर के अन्दर कभी-कभी बह लेती थी। अब तो गंगा इस शहर से रूठ ही गई है। नदी जब किसी शहर से रूठती है तो उस शहर को उजड़ने में देर नहीं लगती है। कानपुर को ही देखो। कभी इण्डिया का मैनचेस्टर उसे बोलते थे। अब फैक्ट्रियाँ भूतबंगला हो गई हैं। गंगा जो रूठ गई उस शहर से। अब इलाहाबाद की बारी है। नदी किनारे तप और तपस्या करने वाले गायब हो गए हैं। नदी के बीचोंबीच नाव में कच्ची शराब बिक रही है। कछार वाले हिस्से में कभी साधू विचरते थे, अब वहाँ डकैत घूम रहे हैं। ऐसा लगता है कि इलाहाबाद का हर आदमी देशी बम बना रहा है। रोज दीवाली का अहसास बना रहता है। विश्वविद्यालय में भी फिराक गोरखपुरी से लेकर धर्मवीर भारती जैसे दिग्गज थे। अब तो पढ़ाने वाले भी वैसे नहीं रहे।'

इलाहाबाद को 'अलविदा' कहने का वक्त करीब था। मित्रों-परिचितों से एक बार फिर से गले मिलकर आनंद स्टेशन आ गए थे। यादों की धुंध अभी उनके साथ थी। स्टेशन पर काफी छात्र उन्हें छोड़ने आए थे। इलाहाबाद से विदाई हमेशा उन्हें कचोटती है। पहली बार वह जब दिल्ली गए थे तो पिता से लड़कर गए थे। ट्रेन भी प्रयागराज एक्सप्रेस थी। तब उनके पास दिल्ली में कोई ठिकाना नहीं था। गुस्से में फ्रीलांसिंग का मन बना कर चल दिये थे। उनकी यहाँ तक तैयारी थी कि यदि प्लेटफार्म पर भी सोना पड़ गया तो वे हिचकेंगे नहीं। लेकिन ऐसा नहीं हुआ। ट्रेन में ही उन्हें राजकुमार मिल गये। वे भी इलाहाबाद में उनके साथ पढ़े थे। बिहार में ही सक्रिय एक दूसरे नक्सली संगठन से जुड़े थे। उनके पीछे काफी दिनों तक पुलिस भी पड़ी रही। वह जुगाड़ लगा कर दिल्ली पहुँच गये थे। जवाहरलाल नेहरू विश्वविद्यालय में उन्हें दाखिला मिल गया था। इस विश्वविद्यालय को वामपंथियों के दुर्ग के रूप में जाना जाता है। राजकुमार को आनंद भारती ने जब सारी बात बताई तो उन्होंने कहा कि एक हफते के लिए वह विश्वविद्यालय के गेस्ट हाउस में जुगाड़ करा देंगे। और जुगाड़ हो भी गया था। विश्वविद्यालय में आनंद भारती के भी कई दोस्त थे। उनकी अपनी पार्टी के। राजकुमार से शुरू हुआ जुगाड़ का सिलसिला एक साल तक चलता रहा।

ट्रेन धीरे-धीरे खिसक रही थी। स्टेशन ओझल हो रहा था। पर आनंद भारती अभी इलाहाबाद को छोड़ नहीं पाए थे। वह सोच रहे थे कि इलाहाबाद में शिवानी के साथ कुछ महीने रहने के बाद नौकरी के लिए आनंद दिल्ली आ गए थे। शिवानी के साथ एक खूबसूरत गृहस्थी का सपना संजोए आनंद भारती ने अच्छी नौकरी पा

ली थी। इस बीच उनकी बिटिया ने जन्म लिया और आनंद को लगा था कि अब जीवन में स्थायित्व आ गया है। अब आनंद भारती, मानसी को अपनी रोज की जिन्दगी में याद नहीं करते थे। इतना वक्त भी नहीं था उनके पास। बस, माँ-पापा से कभी-कभार मानसी की खबर मिल जाती तो एक पल के लिए मन बेचैन हो उठता और दूसरे ही पल वह काम में मशगूल हो जाते। बिटिया के पहले जन्म दिन के आस-पास उनके रिसर्च गाइड के लम्बी बीमारी के पश्चात हुए निधन का समाचार उन्हें मानसी के खत ने दिया था। यों यह खबर उन्हें पहले से पता चल चुकी थी पर कई महीनों बाद मानसी का खत पाकर उन्हें बहुत अच्छा लगा था और उन्होंने मानसी को लिखा भी था कि अपनी बिटिया के पहले जन्मदिवस पर वह उसे भी दिल्ली बुलाना चाहते हैं। माँ-पापा दिल्ली आ रहे हैं, यदि वह भी साथ आई तो उन्हें बहुत अच्छा लगेगा। पर मानसी का आना सम्भव न था, वह नहीं आई। उनके दिल्ली निवास पर तो कभी नहीं। हालांकि शिवानी की भी इच्छा थी कि वह कभी दिल्ली उनके पास जरूर आये। पर मानसी शायद कहीं पीछे छूट गई थी। आनंद भारती आगे निकलते जा रहे थे। तेजी से। पीछे की ओर देखने का वक्त उनके पास नहीं था। न ही जरूरत। फिर भी, वह हमेशा ऐसी कामना अवश्य रखते कि मानसी हर पल खुश रह सके...हमेशा...हमेशा। वह उसे खुश देखना चाहते थे। उन्हें कहीं भीतर यह बात कचोटती कि वह अपनी मित्र के साथ शायद वह 'सगापन' नहीं निभा पाए, जिसे वह निभाना चाहते थे या जिसे उन्हें निभाना चाहिए था। आनंद की आंखें फिर से नम होने को आ गई थीं...।

पूरे दो वर्ष बाद मानसी की शादी का कार्ड उन्हें मिला था। वह अपना हर जरूरी काम छोड़कर शादी पर पहुँचे थे। मानसी को पारिवारिक बंधन में बंधा देख वह बहुत सन्तुष्ट थे। अपनी 'सगी मित्र' की खुशियाँ उन्हें अच्छी लगी थीं।

...कुछ साल लगे...इस सगे रिश्ते ने कई उतार-चढ़ाव देखे। पर मौन साहचर्य का यह रिश्ता कहीं न कहीं बना हुआ है। आज भी। एक दूसरे के भीतर। इस 'रूहानी रिश्ते' को कोई जो नाम देना चाहे दे, पर जीवन का एक सच यह भी है।

सुबह ट्रेन जब गाजियाबाद पहुँची तो आनंद भारती में ताजगी नहीं थी। स्मृतियों के बोझ से वह दबे हुए थे। टैक्सी ले कर वह घर पहुँचे। फ्लैट का दरवाजा खोला तो चकित थे। मुन्नी को उन्होंने बता दिया था कि वह सुबह लौटेंगे। घर लखदक चमक रहा था। पेड़-पौधों की हरियाली बरकरार थी। बेड सलीके से लगा हुआ

था। सबकुछ चुस्त-दुरुस्त।

थोड़ी देर बाद मुन्नी भी पहुँच गई थी। उसने चाय बनाई। मुन्नी तिरछी नजरों से आनंद भारती की ओर देख रही थी। शायद वह सोच रही थी कि घर को अच्छी तरह से रखने के लिए वह उसे शाबाशी देंगे। आनंद भारती ने ऐसा ही किया, 'पीछे से कोई तकलीफ तो नहीं हुई।' उन्होंने मुन्नी से पूछा।

'नहीं। मैंने पेड़-पौधों में रोज पानी डाला।' वह चहकते हुए बोली, 'आपके बेड की चादर और तकियों के कवर भी हमने बदल दिये।' उसकी आवाज में विश्वास था।

आनंद भारती उसके अन्दर एक खास तरह की खुशी देख रहे थे। उन्होंने इस मौके का फायदा उठाने की सोची, 'मैं बहुत थका हुआ हूँ। क्या खाना आज तुम बना दोगी।' आनंद भारती उसकी 'हाँ' सुनना चाहते थे।

वह तैयार हो गई। इसके बाद तो उनके खाने की समस्या भी खत्म हो गई थी। खाने के लिए उन्होंने उसे तीन सौ रुपये और देकर बात पक्की कर ली थी। मुन्नी घर में काबिज हो गई थी। आनंद भारती घर से बेफिक्र हो गये थे। हर चीज उन्हें समय पर मिलने लगी थी। कपड़े धुलने के बाद प्रेस कराकर वार्डरोब पर लटकने लगे। डाइनिंग टेबिल पर बैठते ही सामने थाली आने लगी। मुन्नी का खाना एक जैसा ही था। दाल-चावल और रोटी-सब्जी। उसमें बदलाव नहीं था। उसे तरह तरह के व्यंजन बनाने नहीं आते थे।

आनंद भारती समय-समय पर उसे नई-नई डिश बनाना सिखाने लगे। मुन्नी के अन्दर भी सीखने की गजब की तमन्ना थी। एक बार जो बताया गया, अगली बार वैसा ही बनाने लगी। नार्थ इण्डियन, चाईनीज, इटैलियन से लेकर मैक्सिकन डिशेज में उसका हाथ पाक-कुशल हो गया था। पार्टियों का आयोजन भी गाहे-बगाहे घर में होने लगा था। मुन्नी अकेले मोर्चा सँभाल लेती थी। खाना खाने के बाद सब उसकी तारीफ करते। मुन्नी खुश होती। बिना ज्यादा मेहनत के उसे अच्छे खासे पैसे मिलने लगे थे। घर-घर धक्के खाने और जनानियों की टोका-टोकी से भी वह बच गई थी।

किसी एक रविवार की बात है। आनंद भारती अखबार पढ़ रहे थे। वह उनके सामने आकर बोली, 'साहब, एक बात कहनी है।'

'कहो।' आनंद भारती ने बिना नजरें उठाए ही कहा।

'दो लड़के हैं। उनके घर में खाना बनाने का काम मिल रहा है। आपको ऐतराज न हो तो मैं काम पकड़ लूं। आठ सौ रुपये मिलेंगे।'

'किस समय जाना होगा।' आनंद भारती अपने काम में कोई खलल नहीं चाहते थे।

'आप जब सोते रहते हैं तभी वहाँ काम खत्म हो जायेगा।'

'कर लो।' आनंद भारती को उसके काम से कोई फर्क नहीं पड़ना था, सो उन्होंने उसे काम करने के लिए कह दिया।

खाना बनाने में उसे महारथ हासिल हो चुकी थी। धीरे-धीरे वह कई लड़कों के घरों में काम करने लगी। चार लड़कों का दो हजार रुपये। वह ऐसे ही घर पकड़ती, जहाँ कम से कम चार बच्चे हों। उसने इलाके में कुक की कमी को पूरा कर दिया था। छोटे-मोटे कार्यक्रमों में खाना बनाने के लिए उसकी माँग होने लगी। उसकी कमाई अब दस हजार रुपये पार कर चुकी थी। चटक-पटक कर रहने लगी थी। धूप से बचने के लिए छतरी भी उसके हाथ में आ चुकी थी। एक साईकिल रिक्शा वाले को उसने अपने ओने-जाने के लिए पक्का कर लिया था। पत्रकारपुरम की दाइयों की वह दाई बन चुकी थी। उनके आपस के झगड़े भी वह सुलझाने लगी थी।

मुन्नी की माँग काफी बढ़ गई. थी। 'वसुन्धरा' और आसपास के इलाके में कई बड़े इंस्टीट्यूट्स खुल चुके थे। चार-पाँच अकेले रहने वाले छात्रों की संख्या बढ़ गई थी। आनंद भारती के घर की कालवेल समय-बेसमय बजने लगी थी। हर एक का एक ही सवाल होता था कि मुन्नी से मिलना है। मुन्नी ने आनंद भारती के घर को कंट्रोल रूम बना दिया था। वह कभी-कभी असमय बजने वाली कालवेल से नाराज होने लगे। एक दिन मुन्नी को उन्होंने डपट ही दिया, 'मेरे घर में तुम्हें खोजने वाले नहीं आने चाहिए।'

'सॉरी' और 'थैंक्यू' जैसे शब्द वह सीख चुकी थी। उसने 'सारी' कह मामले को रफा-दफा कर दिया। उसकी माँग इतनी हो गई थी कि हर कोई मुन्नी आंटी से ही खाना बनवाना चाहता था। लाजमी भी था क्योंकि वह आनंद भारती से स्वादिष्ट खाना बनाने के सारे गुर जो सीख चुकी थी। लेकिन उसके पास समय नहीं था। वह झाड़ू-पोछा करने वाली महिलाओं को कुक बनाकर भेजने लगी। इस तरह उसने खाना बनाने वालियों की एक छोटी-गोटी फौज खड़ी कर दी थी। काम दिलाने के नाम पर पहली तनख्वाह का वह आधा हिस्सा बतौर कमीशन लेने लगी। कामवालियों की सप्लाई करने वाली एक छोटी-मोटी एजेन्सी की मालकिन के रूप में वह काम करने लगी थी। दीवाली पर आनंद भारती से मोबाइल मिलने के बाद तो उसके और पर लग गये थे। मोबाइल पर ही वह सब कुछ तय करने लगी। इलाके में काम करने आने वाली हर नई महिला काम के लिए सीधे मुन्नी से मिलने लगी। मुन्नी का काम

काफी अच्छा चल गया था। आनंद भारती के अण्डर में काम करने वाले कितने पत्रकारों को उतना वेतन नहीं मिलता था, जितना मुन्नी आज कमा रही थी।

मुन्नी अपने में मस्त रहने लगी थी। स्टैंडर्ड भी बढ़ गया था। पढ़ाई-लिखाई के महत्व को वह नहीं समझती थी। इसीलिए वह अपने बच्चों की पढ़ाई पर ज्यादा ध्यान नहीं देती थी। बच्चे स्कूल गये कि नहीं इस सबसे वह बेखबर रहती थी। आनंद भारती को यह नहीं अच्छा लगता था कि उसके बच्चे पढ़े लिखे न। इसलिए जब भी वह मुन्नी से उसके बच्चों की पढ़ाई-लिखाई के बारे में पूछते तो वह टाल जाती। कहती, 'पैसे कमाने के लिए लोग पढ़ाई करते हैं और मैं बिना पढ़े-लिखे पैसा कमा रही हूँ। गाँव में रात को बूढ़ी औरतों को पढ़ाने के लिए लोग आते हैं। अब वे पढ़ कर क्या कर लेंगी। उन्हें तो चूल्हा-चौका ही करना है और अपने मर्दों से मार खानी है।' मुन्नी ऐसे तर्क देती कि आनंद भारती कुछ कह न सकें।

पर आनंद भारती हिम्मत नहीं हारना चाहते थे। एक दिन वह मुन्नी से बोले, 'मेरे घर पर न रहने पर जब कोरियर वाला आता है तो तुम अँगूठा निशानी देती हो। तुम्हें शर्म नहीं आती है!'

'इसमें शर्म की क्या बात है?' बिना सोचे समझे वह बोल गई। लेकिन बात भी उसके अन्दर कहीं लग गई। 'वैसे जिस दिन चाहूँगी दस्तखत करना सीख लूंगी।'

हुआ भी यही। उसने आनंद भारती से एक डायरी में अपना नाम लिखवाया। इसके बाद उसने दर्जनों बार उसकी नकल की। और वह इस तरह दस्तखत करना सीख गई। बैंक में उसका खाता था। वहाँ भी वह अपना दस्तखत कर आई। बैंक का अधिकारी भी हतप्रभ था। उसने पूछा, 'दस्तखत करोगी!'

'इसमें कौन-सी खास बात है। अब मैं अँगूठा नहीं लगाऊँगी।' मुन्नी ने विजयी अन्दाज में घोषणा की।

बैंक से उसका अँगूठा हट चुका था। उसके अन्दर एक खास तरह का आत्मविश्वास जग चुका था। शब्द की ताकत से वह पहली बार रू-ब-रू हुई थी। पढ़ाई के महत्व को वह समझने लग गई थी। वह अपने धंधे को लेकर जितना जोर लगाती थी अब उतना या उससे बड़ा जोर अपने बच्चों की पढ़ाने में लगाने लगी। बच्चों को ट्यूशन भी उसने लगा दिया। वर्दी से लेकर बस्ते तक उसका हर चीज पर ध्यान था। बड़ी बेटी नंदिनी की उम्र तो ज्यादा हो गई थी। इसलिए वह आगे पढ़ नहीं सकती थी। उसने उसे ब्यूटी पार्लर की ट्रेनिंग में लगा दिया। छोटी बेटी रेखा पढ़ने में तेज थी। उसे सही परवरिश की जरूरत थी। वह उसे मिल गई। वह पढ़ने में दौड़ने लगी। दसवीं की उसने जोरदार तैयारी की। रिजल्ट आया तो वह अच्छे

नम्बरों से पास हो गई। ग्यारहवीं में उसका दाखिला हो गया। वह आसपड़ोस के बच्चों को ट्यूशन पढ़ा कर चार-पाँच सौ रुपये कमाने भी लग गई। तीसरे नम्बर की बेटी प्रीति का पढ़ने में मन नहीं लगता था, लेकिन मुन्नी ने उसे स्कूल भेजने में कोई कोताही नहीं की। गाहे-बगाहे पढ़ाई के महत्व पर वह उसे भाषण भी झाड़ती। बाकी तीनों बेटों की वह जोर-शोर से पढ़ाने में जुट गई। उसके अन्दर सपना जाग गया था कि वह भी आनंद भारती की तरह अपने बच्चों को साहब बनायेगी।

आनंद भारती और मुन्नी के बीच अच्छी-खासी बातें होने लगीं थीं। वह अपने दुखद दिनों की बातें भी उन्हें बता देती थी। वह उसके लिए परिवार के उस बड़े सदस्य की तरह हो गए थे, जिससे उसने जिन्दगी की नई परिभाषा सीखी थी।

मुन्नी का जलवा साहिबाबाद से लेकर वसुंधरा तक दिखने लगा था। वह सच को लेकर किसी से भी भिड़ जाती थी। वह फोन पर आनंद भारती को दूसरों से बात करते सुनती थी। वह लोगों को गलत बात पर हड़काते थे। ऐसे ही संस्कार उसके अन्दर घर कर रहे थे। अपने गाँव के गूर्जरों और जाटों को भी वह नहीं छोड़ती थी। दोनों गाँव के दबंग जाति के लोग थे। मुन्नी के पास सच की ताकत थी। उनके पास अपराध और झूठ का साम्राज्य था। इसलिए हर मौके पर मुन्नी की जीत होती थी। बात-बात पर वह सबको ललकारती और कहती, 'मेरा नाम मुन्नी मोबाइल है और बिहार की रहने वाली हूँ।'

बिहारी होना दिल्ली और उससे लगने वाले इलाकों में गाली की तरह था। उसने इस गाली को अपने आत्मसम्मान की ताकत बना लिया था। बिहारी शब्द उसकी ताकत का हिस्सा बन गया था। साहिबाबाद गाँव में मेहनत-मजदूरी करने आये बिहारी, मुन्नी से प्रेरणा लेने लगे। वे उसके साथ खड़े होने लगे। गाँव में रहने वाले बिहारियों में अंदरूनी तौर पर एकता बन गई थी। मुन्नी मोबाइल उसके प्रतीक के तौर पर उभर चुकी थी। इलाके के अपराधी उससे भिड़ने से बचते थे। लेकिन वह गाँव में किसी का अपमान नहीं करती थी। अपने से बड़े और बुजुर्गों से वह 'रामराम' करना नहीं भूलती थी। किसी की मुसीबत हो तो वह रात-बिरात मौके पर खड़ी होती थी। कई बार गाँव के लोगों की मदद करने के लिए वह आनंद भारती के पास भी उनकी सिफारिश ले कर आ चुकी थी।

बात उन दिनों की है, जब मुन्नी साहिबाबाद में अपना घर बनाने की सोच रही थी। पैसों का पूरा जुगाड़ नहीं था। करीब बीस हजार रुपये उसके गाँव के बैंक में जमा

थे। उसको भी जोड़ लेती तो भी जमीन के पैसे पूरे न होते। उसने अपने जेठ से पैसे के लिए उन्हें फोन किया। जेठ जगदम्बा प्रसाद पुलिस में हवलदार थे। बनारस के लंका थाने में उनकी पोस्टिंग थी। जगदम्बा पैसे देने के लिए मान गये। बस वह काशी विश्वनाथ एक्सप्रेस में सवार हो गई। वाराणसी पहुँच कर वह गंगा में नहाई और फिर बाबा विश्वनाथ के दर्शन किये। साहिबाबाद में जब से आई थी उसका बनारस आना-जाना कम हो गया था। बचपन में बक्सर में जब वह अपने गाँव में रहती थी तो बनारस आना-जाना लगा रहता था। बक्सर के लोग शादी-ब्याह के सामान से लेकर खुशी के हर मौके पर होने वाले नाच के लिए रंडी तक की बुकिंग बनारस में ही करते थे। दाल मण्डी में रहने वाली नन्ही बाई मशहूर थी। उसके ठुमके के लोग दीवाने थे। उसके नाच के दौरान कई बार खून-खराबा भी हो चुका था। सिर्फ इस बात के लिए कि वह फलां को देखकर उसके सामने नाची और फलां को उसने कोई तवज्जो नहीं दी।

ड्यूटी खत्म करने के बाद जगदम्बा पोस्ट आफिस से पैसे निकालते हुए घर पहुँचे। मुन्नी से हालचाल पूछा। अपने भाई की खैर-खबर ली। इसके बाद पच्चीस हजार रुपये निकालकर उन्होंने मुन्नी के आगे बढ़ा दिये। मुन्नी ने शर्माते हुए पैसे पकड़ लिए। पैसों को उसने सँभाल कर अटैची में रख लिया। मुन्नी जल्दी में थी। वह जल्द ही बक्सर के लिए रवाना होना चाहती थी। उसने जेठ से बस स्टैंड तक छोड़ आने के लिए कहा। बस स्टैंड पहुँच कर वह बस पर सवार हो गई। बस कंडक्टर चिल्ला रहा था, 'चौसा, बक्सर, गाजीपुर।' सवारियाँ धीरे-धीरे आ रही थीं। थोड़ी देर बाद बस खिसकने लगी। मुन्नी अटैची को सिरहाने पर दबा बैठी हुई थी। काफी समय बाद बक्सर जा रही थी।

बक्सर गंगा के किनारे बसा है। इसीलिए गंगा यहाँ के लोगों के जीवन में हर तरह से रची-बसी है। गंगा इस इलाके की जीवनदायनी है। बक्सर में उद्योग-धंधे तो हैं नहीं। गंगा के कारण इलाके की जमीन बेहद उपजाऊ है। खेती-किसानी मुख्य पेशा है। आजादी के बाद एक टेक्सटाइल मिल लगी थी। रंगदारी वसूली के चलते वह बंद हो गई। अब मिल परिसर में लम्बी-लम्बी घास उग आई है। चोर-सिपाही खेलते वक्त बच्चे इस मिल का छिपने-छिपाने के लिए इस्तेमाल करते हैं। भौगोलिक रूप से बक्सर पटना और बनारस के बीचों-बीच बसा है। प्रशासनिक और राजनीतिक मजबूरी ने उसे बिहार से जोड़े रखा है। सांस्कृतिक तौर पर वह बनारस से ही ऊर्जा लेता है। रोजमर्रा की जिन्दगी में बनारस का इस कदर दखल है कि बेटी ब्याहने की बात हो या फिर बहू लाने की, लोग बनारस की ही ओर तकते

हैं। उच्च शिक्षा का मसला हो या कोई बड़ी चीज खरीदने का सवाल, पटना उनके लिए दिल्ली की तरह हमेशा से दूर रहा है। यह बात दीगर है कि बक्सर में किला मैदान में 1764 के युद्ध के बाद अंग्रेजों के लिए दिल्ली नजदीक हो गई थी। बंगाल के नवाब मीर कासिम, अवध के नवाब सिजाउद्दौला और दिल्ली के नवाब शाहआलम की संयुक्त सेना की अंग्रेज सेना के नायक हेक्टर मुनरो की फौज के साथ जंग हुई थी। मीर कासिम की मंशा थी कि संयुक्त सेना के हमले के बाद बंगाल को फिर कब्जे में कर लिया जायेगा। लेकिन हुआ उलटा। मुगलों की संयुक्त सेना को हार का सामना करना पड़ा। इसी के बाद बंगाल का सारा राजस्व अंग्रेजों ने अपने कब्जे में कर लिया। इसके बाद धीरे-धीरे अंग्रेज दिल्ली की ओर बढ़े और 1803 में वे दिल्ली में काबिज हो गये। इस हार ने बक्सर के लोगों के हौसले को जो पस्त किया तो फिर उन्हें सिर उठाने में लगभग एक सौ साल लग गये।

गोबर पट्टी में एक बार फिर 1857 में जब अंग्रेजों के खिलाफ विद्रोह हुआ तो बक्सर में बाबू कुंवर सिंह की तलवार अंग्रेजों के खिलाफ फिर चमकी। उन्होंने अपनी तलवार के सहारे अंग्रेजों को अहसास दिला दिया था कि जब तक मेरे खून का एक कतरा भी धड़कता है तब तक शाहाबाद के इलाके में उनकी मुखालफत का झण्डा फहराता रहेगा।

बक्सर के लोग लड़े और लड़ते ही रहे। इसीलिए वे और मोर्चे पर तरक्की नहीं कर पाये। एक बार पिछड़े तो पिछड़ते ही गये। बक्सर की लड़ाकू प्रवृत्ति ने सरकारों को उनके नजदीक नहीं आने दिया। गंगा मैया की कृपा के कारण वे जीते रहे। गंगा के बाढ़ का प्रकोप कभी बक्सर में नहीं बरपा। सूखा भी कभी नहीं पड़ा।

मुन्नी का ससुराल रामो मझरिया में है। उसका मायका भी गाँव के हिसाब से बहुत दूर नहीं है। बस-टैम्पो से एक घंटा लगता है। मायका इटाड़ी थाना के अन्तर्गत गोपीनाथपुर गाँव में है। उसका बचपन यहीं गुजरा है। गाँव की एक-एक गली में उसकी और उसकी सहेलियों—फूलकली, सुधिया, प्रेम कुमारी और धर्मशीला की शैतानियों की छाप है। उनकी शैतानियों से खेत-खलिहान और बाग-बगीचे भी नहीं अछूते रहे।

बस चली जा रही थी। गाँव में अब उसकी बचपन की कोई सहेली नहीं बची थी। सबकी शादियाँ हो चुकी थीं। अकेली धर्मशीला की शादी अब तक नहीं हो पाई थी। धर्मशीला उसके चाचा बटेसर के लड़के रमेश से फंसी थी। बचपन से ही दोनों खेत और खलिहान में छिपकर मिलते थे। मुन्नी और उसकी सहेलियाँ छुप-छुप कर उनकी चुम्माचाटी देखती रहती थीं। उसे मुहब्बत का नाम नहीं दिया

जा सकता था। दोनों के बीच मौज-मस्ती ही नजदीकी की वजह थी। उनकी मौज-मस्ती एक दिन धर्मशीला पर भारी पड़ी।

धर्मशीला पेट से हो गई थी। रमेश ने भरी पंचायत में उसे पहचानने से मना कर दिया। पंचायत भी दबंगों की थी। धर्मशीला एक दलित परिवार से थी। उसकी किसी ने न सुनी। पंचायत में तो उसका परिवार न्याय माँगने के लिए गया था। लेकिन उलटे उसे ही बेशर्म, रंडी, कलंकिनी और न जाने क्या-क्या कहा गया। इसके बाद उसकी शादी न हो सकी। वह गाँव में ही रहती। बाबू साहब लोग जबर्दस्ती कभी-कभार उसे खेत में पकड़ अपनी प्यास बुझा लेते। वह प्रतिरोध न कर पाती। विरोध कर वह अपनी इज्जत पंचायत में लुटवा चुकी थी। उसने वेश्यावृत्ति का धंधा नहीं अपनाया था। लेकिन वह बेबस थी। मर्दानगी दिखाने के बाद बाबू साहब लोग कुछ पैसे भी दे देते। मजबूर धर्मशीला उसे मजबूरी में रख लेती। अपने बुरे दिनों के लिए।

मुन्नी को हमेशा धर्मशीला पर तरस आता था। वह जब भी गाँव में जाती तो उससे जरूर मिलती। उसका सुख-दुख पूछती। वह जानती थी कि उसके चाचा के लड़के ने ही उसे गर्भवती किया था। उसका कोई दोष नहीं था। लेकिन वह यह बात किसी को बता न सकी। उसे अब लगता था कि रमेश मिल जाये तो वह जबरिया उसकी शादी धर्मशीला से करा दे। लेकिन रमेश उस घटना के बाद कलकत्ता चला गया था। गाँव से उसका नाता टूट सा गया था। होली दीवाली में भी नहीं आता था। कलकत्ता में वह कारोबार करने लगा था। उसने एक बांग्लादेशी लड़की से शादी भी कर ली थी। लेकिन उसकी मुँह मारने की आदत नहीं गई थी। पैसा ज्यादा कमाने पर वह दारू पीकर सोनागाछी में रंडीबाजी करने पहुँच जाता।

बस बक्सर पहुँच चुकी थी। गोपीनाथपुर गाँव के लिए वह जीप पर बैठ गई। मुन्नी के पिता वासुदेव कोई बहुत पैसे वाले नहीं थे। पहलवानी में अच्छा नाम था। इसलिए लोग उन्हें जानते थे। उसके पिता पाँच भाई थे इसलिए उन्हें पण्डवा बोलते थे। वासुदेव को बाबू साहब लोग रंगदारी के लिए गाहे-बगाहे बुला लिया करते थे। वे इसके लिए अच्छे-खासे पैसे लेते थे। गाँव की सड़क अच्छी नहीं थी। इसलिए जीप हिचकोले मारते हुए चल रही थी। बार-बार के हिचकोले मुन्नी की एकाग्रता को तोड़ रहे थे। गाँव नजदीक आ रहा था। उसे अपना स्कूल दिखा। पढ़ाई के महत्व को वह समझ चुकी थी। इसलिए स्कूल को देख कर वह भावुक हो उठी। उसे स्कूल के वे दिन याद आ गये। वह ज्यादा दिन स्कूल नहीं गई। स्कूल में मास्टरनी पढ़ाने के बजाय कुंए से उससे पानी भरवाती। थोड़े दिन यह सब चलता

रहा। एक दिन उसने अपने पिता को सारी बात बताई और उसी दिन स्कूल से उसका रिश्ता टूट गया। वह ककहरा तक न सीख पाई। इसके बाद तो दूसरों के खेत से गन्ना तोड़ भाग जाना, बूढ़ों की नजर बचाकर आम तोड़ लेना, चारा मशीन चलाना, घर में चक्की पीसना और खाना बनाना ही उसके हिस्से रह गया था।

अब जीप से मुन्नी के उतरने की बारी थी। वह जीप से उतरी ही थी कि उसका बड़ा भाई सामने दिख गया। मुन्नी के हाथ से अटैची लेकर वह घर की ओर चलने लगा। हालचाल पूछने के बाद अचानक आने की वजह भी पूछी। मुन्नी ने सारी बात जल्दी से बता दी, 'बैंक से पैसे निकालने हैं। साहिबाबाद में जमीन खरीदनी है। तीन दिन में बयाना नहीं दिया तो जमीन हाथ से निकल जायेगी।'

घर पहुँच कर उसने माँ के पैर छुए। माँ ने बहुत दिन बाद बेटी को देखा था, 'अरे बिन्दू तू तो बहुत दुबली हो गई हो। खाना-वाना नहीं मिलता है क्या?'

'नाही माई। वैसी ही तो हूँ।' मुन्नी उर्फ बिन्दु ने हँसते हुए माँ को गले लगा लिया।

साहिबाबाद की मुन्नी मोबाइल बक्सर के लिए बिन्दू यादव थी। मुन्नी के नाम से उसे कोई नहीं जानता था यहाँ। वह कभी-कभी कहती थी कि साहिबाबाद में मर्डर कर मैं बक्सर भाग जाऊँ तो कोई मुझे वहाँ नहीं खोज सकता है।

मुन्नी तैयार हो कर इटाड़ी बाजार पहुँच गई। यहीं उसका बैंक है। बैंक में जब उसने बीस हजार रुपये निकालने के लिए फार्म भरा तो मैनेजर ने इतने पैसे एक साथ देने से मना कर दिया। वह मैनेजर पर झुंझलाई। लेकिन बात नहीं बनी। मैनेजर ने साफ कहा, 'किसी की गारंटी लाओ तभी इतने पैसे मिलेंगे।'

मुन्नी को उसी दिन वापस साहिबाबाद लौटना था। वह परेशान हो उठी। बैंक से बाहर निकल कर वह बाजार में अपने परिचित को खोजने लगी। तभी उसे अपने चाचा का लड़का मोटरसाइकिल पर जाते दिखा। उसने उसे आवाज देकर बुलाया, 'नेपाली।'

नेपाली की नाक नेपालियों की तरह थी, इसलिए उसका नाम नेपाली पड़ गया था। नेपाली ने पलट कर देखा और मोटरसाइकिल रोक दी। नजदीक आकर बोला, 'दीदी कब आई।'

उसने नेपाली की बात का जवाब नहीं दिया। सीधे अपने काम पर आ गई। सारी बात बताई। इत्तफाक से नेपाली का खाता भी उसी बैंक में था। उसने मुन्नी को मोटरसाइकिल पर बैठाया और बैंक पहुँच गया। मैनेजर को तसल्ली हो गई और उसने मुन्नी को बीस हजार रुपये दे दिये। मुन्नी के चेहरे पर एक खास तरह का

सन्तोष उभर आया था। उसने जंग फतह कर ली थी। उसे जमीन अपनी होती दिख रही थी। सपनों में वह उसके ऊपर घर भी बना चुकी थी। खुशी-खुशी वह बाजार में अपने भाई के साथ होटल में आ गई। उसे भूख लग रही थी। लिट्टी चोखा उसने मंगाया। घर-परिवार की बात करते हुए मुन्नी ने नेपाली से उसके छोटे भाई अखिलेश के बारे में पूछा। उसने कोई जवाब नहीं दिया। मुन्नी ने फिर कुरेदा। इस पर उसने बताया कि वह नक्सल पार्टी में शामिल हो गया है।

'नक्सल पार्टी!', मुन्नी ने अचंभित होते हुए पूछा 'ये क्या होता है!'

'अरे लाल झण्डा।' नेपाली विस्तार से बताता है 'जमींदारों और बड़े बाबू साहबों से मुकाबला करने के लिए लोगों ने पार्टी बनाई है। बाबू साहब लोग जब जुल्म करते हैं तो ये लाल झण्डा वाले वहाँ हमला कर लोगों को मार देते हैं। उनके पास गोला-बारूद सब है।'

नेपाली की बात सुन कर मुन्नी को कुछ समझ नहीं आता है। वह कहती है 'अखिलेश पर कौन जुल्म हो गया, जो उसने लाल झण्डा थाम लिया।'

मुन्नी को कुछ समझ नहीं आ रहा था। वह वापस जाने की धुन में थी। ट्रेन रात को थी। वह घर की ओर चल पड़ी। रास्ते में वह लाल झण्डा पार्टी के बारे में सोचती रही। लेकिन उसके पल्ले कुछ नहीं पड़ रहा था। वैसे बक्सर में नक्सलियों का उतना प्रभाव नहीं था, जितना की पश्चिम बिहार के आरा, छपरा, सिवान, गोपालगंज, भभुआ में था। आरा नक्सली गतिविधियों का बड़ा केन्द्र था। लाल सेना हथियारों से लैस थी। लाल सेना में अधिकतर पिछड़ी जाति के लोग थे, जो सामन्तों और रंगदारों से प्रताड़ित थे। लाल सेना ने इलाके में बड़े-बड़े नरसंहार किये थे। बड़ी संख्या में भूमिहार, ठाकुर और ऊंची जाति के लोग मारे गये थे। नतीजतन लाल सेना की प्रतिक्रिया में आठवें दशक में जातिगत सेनाएँ तैयार हुईं। लाल सेना से टक्कर लेने के लिए कुंवर सेना, लोरिक सेना, ब्रह्मर्षि सेना, रणवीर सेना। इन सेनाओं ने भी दलितों और हरिजनों का सामूहिक नरसंहार शुरू किया। नक्सली आन्दोलन इस इलाके में जातीय रूप ले चुका था। वैचारिकता उसकी खत्म हो चुकी थी। इसीलिए आन्दोलन को बिखरने में ज्यादा वक्त नहीं लगा। छिटपुट तरीके से नक्सली अभी इस इलाके में हैं। भगत सिंह बनने की चाह में अब भी कुछ युवक नक्सलियों के साथ हो जाते हैं।

शाम हो रही थी। मुन्नी को ट्रेन पकड़ने की जल्दी थी। अपनी अटैची को ठीक-ठाक कर वह स्टेशन के लिए तैयार थी। भाई को स्टेशन तक छोड़ने का जिम्मा पिता ने दिया था। मोटरसाइकिल पर सवार हो कर मुन्नी स्टेशन रवाना हो

गई। स्टेशन पहुँच कर उसे निराशा हाथ लगी। ट्रेन कई घंटे लेट थी। पटना में लालू यादव की अगले दिन रैली थी। इसीलिए सभी ट्रेन देरी से चल रही थीं। रैली में बक्सर से भी काफी लोग जा रहे थे। उनके मनोरंजन के लिए स्टेशन के बाहर लौंडा डांस का इंतजाम था। बक्सर की सबसे मशहूर लौंडा डांस कंपनी चांद बिजुरिया का डांस हो, तो भीड़ का सैलाब उमड़ आना साधारण सी बात थी। बिहार में कोई भी राजनीतिक रैली लौंडा डांस के बिना सफल ही नहीं हो सकती। रात भर लोग डांस का मजा लेते हैं और सुबह रैली मैदान में पहुँच जाते हैं। लौंडा डांस और रंडी का नाच तीन पीढ़ी-दादा, बाप और बेटा एक साथ बैठकर देखते हैं। ट्रेन न आते देख मुन्नी भी डांस का मजा लेने लग गई थी। भोजपुरिया गाना चल रहा था-चुनरी में लागा दाग, सजनवा बेलबाटम सियादे। डांसर लड़के ऐसी कमर लचका रहे थे कि बड़ी-बड़ी हीरोइनें भी शर्मा जायें।

इस बीच ट्रेन आ चुकी थी। मुन्नी ट्रेन में सवार हो गई। ट्रेन ने सीटी दी और दिल्ली की ओर वह बढ़ने लगी। मगध एक्सप्रेस साहिबाबाद में भी रुकती थी, इसलिए मुन्नी ने इस ट्रेन को चुना था। वरना दो घंटे पहले भी एक ट्रेन थी।

सुबह हो चुकी थी। धुंधलका छट रहा था। ट्रेन साहिबाबाद स्टेशन के आउटर में खड़ी थी। मुन्नी ने सोचा कि यहीं उतर जायें और पैदल रास्ता तय कर लें। लेकिन इस बीच ट्रेन चल पड़ी। ट्रेन मुन्नी के घर के सामने से गुजरती है। स्टेशन और घर की दूरी पाँच मिनट की है।

ट्रेन से उतर कर मुन्नी घर पहुँची। बच्चों ने घेर लिया। छोटी बेटी प्रीति परात में पानी ला कर मुन्नी के पैर धोने लगी। छोटा बेटा गोलू झोले को खंगालने लगा। माँ ने ठेकुआ बाँध दिये थे रास्ते के लिए, जो मुन्नी ने नहीं खाया था। झोले से ठेकुआ निकाल कर गोलू उसे चखने लगा।

उधर मुन्नी का इंतजार देख रहे आनंद भारती को दफ्तर को देरी हो रही थी। उन्हें पता था कि मुन्नी को आज आना है। लेकिन मुन्नी नहीं आई। वह जमीन के मालिक के साथ कागज लिखवाने कचहरी चली गई थी। उसने सोचा था कि समय पर आ जाऊँगी, पर कचहरी में देर हो गई। आनंद भारती ने उसके मोबाइल पर फोन भी किया, लेकिन डर के मारे उसने उठाया नहीं। जमीन की मालिक हो चुकी थी वह। जमीन की रजिस्ट्री के कागज लेने के बाद घर आते वक्त उसने मिठाई ली। रास्ते में हनुमान जी के मन्दिर में मत्था टेका।

आनंद भारती मुन्नी के इंतजार में बेचैन थे। उन्हें लन्दन जाने की तैयारी करनी थी। कपड़े धुलवाने थे। ब्रीफकेस तैयार करना था। मुन्नी थी कि गोली दे गई।

वीजा के लिए पासपोर्ट देने ब्रिटिश एम्बेसी जाना था। और भी तैयारी करनी थी। दो दिन का समय बचा था। ब्रिटिश सरकार ने ग्रीन ऑस्कर अवार्ड के पच्चीस साल के मौके पर उन्हें इंग्लैंड आने का निमन्त्रण दिया था। लन्दन पहुँचकर सड़क के रास्ते ब्रिस्टल जाना था।

खैर, अगले दिन आनंद भारती की मुन्नी से मुलाकात हुई। वह उस पर बकते कि मुन्नी ने मिठाई का डिब्बा बढ़ाते हुए कहा, 'साहब, आपके आशीर्वाद से जमीन हमें मिल गई। अब मकान बनाने की तैयारी करनी है।'

आनंद भारती अपना मूड नहीं खराब करना चाहते थे। इसलिए वह सिर्फ इतना बोले कि कल तुम्हारा इंतजार कर रहे थे, तुम नहीं आईं।

'साहब, कागज लिखाना जरूरी था। न लिखाते तो एडवांस डूब जाता।'

आनंद भारती ने मुन्नी को कपड़े वगैरह धो कर प्रेस करवाने का निर्देश दिया। बोले, 'विदेश जा रहा हूँ। इस काम में चूक नहीं होनी चाहिए।'

वैसे भी एक बार काम बता देने के बाद मुन्नी हर काम को टिच करके रखती थी। आनंद भारती ने नाश्ता किया और ब्रिटिश एम्बेसी वीजा लेने चले गये। शाम को दफतर का काम निपटा कर वे जल्दी आ गये। अपना ब्रीफकेस तैयार किया। मुन्नी ने पूरी मदद की। सारी तैयारी हो चुकी थी। अगली सुबह चार बजे की फ्लाइट थी। एयरपोर्ट के लिए रात को बारह बजे निकलना था। मुन्नी जा चुकी थी। आनंद भारती टैक्सी का इंतजार कर रहे थे। कालबेल बजी। रात को इस समय टैक्सी वाले के अलावा और कौन हो सकता था। अनुमान सही था। आनंद भारती एयरपोर्ट के लिए रवाना हो गये।

एयरपोर्ट में सुरक्षा व्यवस्था बहुत तगड़ी थी। लन्दन में बीते दिनों लिक्विड विस्फोटक के साथ आतंकी पकड़े गये थे। लन्दन मैट्रो पर भी आतंकी हमला हो चुका था। इसलिए लन्दन जाने वाली फ्लाइट में चैकिंग कुछ ज्यादा ही हो रही थी। यात्रियों को तीन घंटे पहले से बोर्डिंग के निर्देश थे। आनंद भारती के साथ जाने वाले और भी चार पत्रकार थे। सभी एक दूसरे से परिचित थे। दिल्ली से आनंद भारती के अलावा, सुविस मजूमदार और इन्द्राणी नायर ही चढ़े। 'द हिन्दू' के पत्रकार अनन्त कृष्णनन और टाइम्स की रेखा चिटणीस को दुबई में शामिल होना था। लन्दन की फ्लाइट डायरेक्ट नहीं थी। दुबई में तीन घंटे के बाद कनेक्टिंग फ्लाइट थी। चेन्नई वालों के लिए दिल्ली से दुबई फ्लाइट पकड़ने का कोई मतलब

नहीं था। इसलिए अनन्त कृष्णनन ने चेन्नई से दुबई की डायरेक्ट फ्लाइट ली। रेखा अपनी बहनों के साथ छुट्टी मनाने के लिए दुबई में ही थीं सो वे वहीं यात्रा में शामिल हुईं।

एमिरेट्स की फ्लाइट पर सभी लन्दन के लिए सवार हुए। पाँच के पूरे दल में दो को छोड़कर सभी वेजिटेरियन थे। बुकिंग के समय ही तीनों ने वेजिटेरियन च्वायस लिखाई थी। डिनर के समय आनंद भारती, इन्द्राणी मजूमदार और अनन्त कृष्णनन को जो खाना मिला, वह नानवेजिटेरियन था। वह भी उन्हें वेजिटेरियन कह कर परोसा गया था। खाते समय सभी को लगा कि परोसे गये खाने में कुछ गड़बड़ है। सबने एक-दूसरे से पूछा। सभी को शंका हुई। एयरहोस्टेस को बुलाया गया तो पहले तो उसने समझाया कि वेजिटेरियन खाने के नाम पर उसे यही मिला है। वैसे भी एयरहोस्टेस का रवैया भारतीयों के प्रति भी अच्छा नहीं दिख रहा था। वे ब्रिटिश यात्रियों की सेवा में जी-जान से लगी हुईं थीं। भारतीय यात्री द्वारा ड्रिंक माँगने पर वे नाक-भौं सिकोड़ती थीं। सर्विस में देरी शायद उनकी आदत का हिस्सा था। ब्रिटिश यात्री की कालवेल बजते ही एयरहोस्टेस उनके सामने हाथ जोड़े खड़ी हो जाती थीं।

खाने के सवाल पर सब लोगों ने जमकर खिंचाई की। आनंद भारती ने जब कमप्लेंट बुक माँगी तब जाकर फ्लाइट क्रू को लगा कि अब मामला गंभीर हो सकता है। इस बीच वह उनको यह भी बता चुके थे कि वे मीडिया के लोग हैं और ब्रिटिश सरकार के मेहमान हैं। क्रू में अफरा-तफरी मच गई। लेकिन आनंद भारती कमप्लेंट लिखने के लिए अड़े थे। इसी बीच क्रू की एक पाकिस्तानी सदस्य उनके पास आई। उसने अपने हिसाब से उर्दू और आनंद भारती के हिसाब से टूटी-फूटी हिन्दी में अपना नाम बताया-'जुबेदा।' शर्मिन्दगी के साथ बोली, 'सर, गलती मुझसे हुई है।'

उन दिनों रमजान के दिन चल रहे थे। उसने अपने दिल पर हाथ रखते हुए कहा, 'सर, मैं रोजे से हूँ। मैं झूठ नहीं बोलूंगी। मैंने अभी हाल में नौकरी ज्वाइन की है। यदि आप लोग कमप्लेंट करेंगे तो मेरी नौकरी जा सकती है। मैं गरीब घर की लड़की हूँ। मेरे ऊपर काफी जिम्मेदारी है।'

जुबेदा की बात सुनकर इन्द्राणी मजूमदार पिघल गईं।

मामला किसी तरह शान्त हुआ। बाद में जुबेदा सबके लिए फ्रूट सलाद और अन्य बहुत कुछ लाई जो उपलब्ध था। खा-पीकर सब लोग सो गये। छः घंटे का सफर बाकी था।

...लन्दन के गैटविक एयरपोर्ट में आनंद भारती और टीम के अन्य सदस्य पहुँच चुके थे। लगेज लेकर वे आगे बढ़ रहे थे कि उनके नाम की तख्तियाँ चमक उठीं। सब तख्ती पकड़े उस महिला से मुखातिब थे। महिला ने अपना परिचय दिया—'तीसा केलेगर।'

वह ब्रिटिश सरकार की लाइजन आफिसर थी। दुबली-पतली। रेशम की तरह सफेद बाल। उम्र कोई पचपन की रही होगी। लेकिन चुस्त-दुरुस्त। सबने उसे अपना परिचय दिया।

इमीग्रेशन क्लीयरिंग पर पासपोर्ट और वीजा चेकिंग पर एक महिला बैठी हुई थी। शक्ल सूरत से पक्की भारतीय लग रही थी। थी भी। उसने साड़ी पहन रखी थी। भारतीयों को देख वह अन्दर से चहक उठी। कुछ और पूछती कि उससे पहले उसने आनंद भारती को बताया, 'मैं लखनऊ की रहने वाली हूँ। आमिर खान की 'रंग दे बसन्ती' आपने देखी है। कैसी है ?'

आनंद भारती ने अपना सिर नकारात्मक मुद्रा में हिला दिया। इस बीच वीजा चेक करने वालों को तीसा केलेगर ने इशारा करते हुए कहा—'स्टेट गेस्ट।' इसके बाद सब एयरपोर्ट से बाहर थे। बाहर एक लम्बी काली गाड़ी इन्तजार में थी। सब उसमें बैठकर होटल की ओर रवाना हो गये।

होटल ठीक बकिंघम पैलेस के सामने था। आमतौर पर भारतीयों को ब्रिटिश सरकार यहीं ठहराती है। वैसे भी लन्दन आने वाले भारतीय क्राउन प्लाजा में ही ठहरते हैं। आनंद भारती सहित सभी को कमरों की चाभियाँ मिल चुकी थीं। तीसा केलेगर के साथ सबकी उस दिन की यह आखिरी मुलाकात थी। वह यह कह कर चली गई कि कल सुबह आठ बजे वे होटल की लॉबी में मिल रहे हैं अपने आगे के कार्यक्रम के लिए। जाते-जाते वह यह कहना नहीं भूली—'ऐट मीन्स ऐट। आई मीन सार्प एट।' शायद वह भारतीयों की लेट-लतीफी से अच्छे से वाकिफ थी।

दोपहर के तीन बजे थे। कमरे में लगेज रखने के बाद आनंद भारती ने अपने विश्वविद्यालय के जमाने के दोस्त राजेश जोशी को फोन लगाया। जोशी लम्बे समय से लन्दन में हैं। बीबीसी में काम करते हैं। अच्छी पोजीशन में हैं। जोशी और आनंद भारती की दोस्ती इलाहाबाद से है। वह उनसे जूनियर थे। दिल्ली में भी उन्होंने पत्रकारिता की थी तो आनंद भारती का उनसे मिलना-जुलना सदैव बना रहा था। इलाहाबाद में भी वे नक्सली छात्र संगठन से जुड़े रहे थे। राजनैतिक और वैचारिक रूप से भी उनसे काफी नजदीक थे जोशी।

जोशी से शाम पाँच बजे मिलने का कार्यक्रम तय हुआ। बिग बैन के सामने।

बिग बैन इंग्लैंड की संसद की इमारत का ही एक हिस्सा है। तय यह भी हुआ कि पूरी रात लन्दन के चप्पे-चप्पे को छाना जायेगा। आनंद भारती के लिए लन्दन बिलकुल नया था। जोशी ही उनके गाइड होने वाले थे।

बिग बैन की घड़ी लन्दन की अपनी पहचान है। बिग बैन में पाँच बज रहे थे। आनंद भारती पूछते-पाछते बिग बैन के सामने पहुंच चुके थे। बिग बैन क्राउन प्लाजा से ज्यादा दूर नहीं था। आनंद भारती के मोबाइल की घंटी बजी, 'अबे गुरु कहाँ हो ?', जोशी की आवाज थी। आत्मीयता उसमें भरी हुई थी। भारतीय अपना प्रेम प्रदर्शन करने के लिए ऐसी ही भाषा का प्रयोग करते हैं। ज्यादा प्यार उमड़ता है तो दो-तीन थप्पड़ भी चल जाते हैं।

'गुरु मैं घड़ी की इमारत के ठीक नीचे हूँ।' आनंद भारती ने उत्तर दिया।

'दिख गया।' जोशी ने यह कहते हुए फोन काट दिया और हाथ हिलाते हुए आनंद की ओर बढ़ा। दोनों ने एक दूसरे को बाहों में भर लिया।

'कहो गुरु, कैसे जुगाड़ किया लन्दन आने का। क्या रैकेट है ?' जोशी मस्ती लेने के मूड में बोला।

'जैसे अब तक और रैकिटिए लन्दन आते रहे हैं, वैसे मैं भी आया हूँ।' आनंद भारती ने भी जोशी के अन्दाज में ही जवाब दिया।

दोनों बहुत खुश थे। जोशी ने कहा, 'गुरु आज पूरी रात मौज-मस्ती करेंगे।'

आनंद भारती ने भी उसकी हाँ-में-हाँ मिला दी। लेकिन उनके अन्दर सुबह आठ बजे उठने को लेकर भी बेचैनी थी। वैसे भी लम्बी यात्रा के कारण वे थके हुए थे। समय कम था। लन्दन को वह पूरी तरह से घूम लेना चाहते थे।

दोनों हाथों में हाथ डाले डाउनिंग स्ट्रीट के सामने से गुजरे। जोशी ने इशारे से एक गली दिखाते हुए कहा, 'ब्रिटेन के प्रधानमन्त्री का घर है यहाँ।'

बाहर कोई खास सुरक्षा व्यवस्था नहीं थी। इस बारे में पूछने पर उसने बताया—'सीसीटीवी लगे हैं। सुरक्षा है, पर दिखती नहीं है।'

टहलते हुए वे ट्रैफालगर स्क्वायर पहुँच चुके थे। भारी जमावड़ा था यहाँ। भारतीय समाज के लोगों ने दीवाली का आयोजन किया था। गुजराती से लेकर राजस्थानी गीत गाये जा रहे थे। आसपास खड़े अंग्रेज नौजवान भी गीतों की धुन पर नाच रहे थे। एकबारगी तो आनंद भारती को लगा कि वह भारत में ही हैं। आसपास उनके जैसे ही सब लोग थे। भारतीय लोग इस स्क्वायर पर अपने बड़े तीज-त्योहारों पर इकट्ठा होते हैं। पूरी गरमजोशी के साथ उत्सव का आनंद लेते हैं।

उत्सवधर्मिता भारतीयों का धर्म है। इसी के चलते वे देश में रहें या देश के

बाहर, ऐसे अवसरों के लिए समय निकाल ही लेते हैं। इसी बीच जोशी ने एक स्टैचू दिखाया। आदमकद स्टैचू ब्रिटिश जनरल हेनरी हैवलॉक का था। नीचे एक पत्थर पर उनकी शान में कसीदे उकेरे गये थे। 1857 के स्वतन्त्रता आन्दोलन को कुचलने वाले खलनायकों में से एक था जनरल हैवलॉक। इलाहाबाद से कानपुर और फिर लखनऊ कब्जे के दौरान उसने सैकड़ों स्वतन्त्रता सेनानियों को पेड़ से लटका कर फाँसी दे दी थी। पूरे अवध में उसने कत्लेआम किया था। विद्रोहियों को कानपुर में उसने परास्त कर कानपुर पर कब्जा कर लिया था। इसके बाद लखनऊ में दो बार नाकाम हमला किया। उसे लखनऊ में विद्रोहियों से करारा जवाब मिला। तीसरी बार उसने लखनऊ पर कब्जा किया। लेकिन एक अन्य विद्रोही टुकड़ी ने उसे रेजिडेन्सी में फिर घेर लिया। उसी दौरान उसे डाइसेन्ट्री हो गई और 29 नवम्बर 1857 में वह मर गया।

आनंद भारती को जनरल हैवलॉक के स्टैचू के नीचे लिखे कसीदे जमे नहीं। उनके सामने अंग्रेजों के 1857 के जुर्म की दास्तान घूम रही थी। हजारों लोगों की जानें गईं थीं। आनंद भारती शिलालेख पर लिखी इबारत को बदल तो सकते नहीं थे। जनरल हैवलॉक को शिलालेख में महानायक बताते हुए लिखा गया था कि 1857 में इण्डिया में जनरल हैवलॉक और उनके साथी सिपाहियों के परिश्रम, उनकी तकलीफें, उनकी पीड़ा और उनके शौर्य को इस कृतज्ञ देश द्वारा कभी भी विस्मृत नहीं किया जा सकता। शिलालेख को पढ़ते हुए आनंद भारती के अन्दर गुस्सा भर आया था। वह प्रतिकार करना चाहते थे, लेकिन प्रतिकार कैसे किया जाये यह उन्हें समझ नहीं आया। उन्होंने सोचा कि शिलालेख के ऊपर थूक कर वह प्रतिकार कर सकते हैं। मुँह में उनके पान मसाला भरा था। चारों तरफ भीड़ थी। पीक उगलने के लिए वह मौका तलाशने लगे। एक समय आ ही गया जब उन्होंने मुँह में भरी पीक को स्टैचू के नीचे शिलालेख पर थूक दिया।

आनंद भारती को अन्दर से एक खास तरह का सुकून मिला। जोशी ने उन्हें थूकते देखा तो वह हतप्रभ था। वह भी जब-जब ट्रैफालगर स्क्वायर जाता था तो उसके अन्दर भी कुछ इस तरह के भाव आते थे। उसका बस चलता तो वह स्टैचू को तोड़ देता।

थोड़ी देर तक दोनों चुपचाप चलते रहे। अचानक आनंद भारती को लखनऊ की याद आ गई। आजादी के साठ साल के बाद भी लखनऊ के लोग जनरल हैवलॉक को ढो रहे थे। उसकी याद में लखनऊ में एक रोड है। कई बार लोगों ने रोड का नाम बदलने के लिए निवेदन और आवेदन सरकार से किये। लेकिन किसी

के पास समय कहाँ है! औपनिवेशिक जुए को अपने सिर से उतार कर फेंक देने का! सब अपने-अपने धर्म और जाति के लोगों के स्टैचू लगाने में मस्त हैं। लखनऊ शहर जीता-जागता म्यूजियम हो गया है। यह बात दीगर है कि अंग्रेजों ने जनरल हैवलॉक की अप्रसांगिकता समझ ली थी। 2003 में लन्दन के मेयर केन लिविंगस्टोन ने जनरल हैवलॉक की मूर्ति को हटाने की मुहिम चलाई थी। उनका कहना था कि हमें इससे ज्यादा महत्वपूर्ण कोई प्रतीक चिह्न इस स्कवायर पर लगाना चाहिए, ताकि नौजवान पीढ़ी उससे प्रेरणा ले सके। लेकिन उनकी मुहिम कामयाब न हुई।

आनंद भारती सोचते हुए सोहो पहुँच चुके थे। सोहो बोले तो रेड लाइट एरिया। लन्दन का रंडीखाना। छोटा-मोटा बाजार भी है यहाँ। गलियाँ पक्की और खुली-खुली हैं। वे चारों ओर नजर दौड़ा रहे थे कि एक छः फुट के लम्बे-काले अफ्रीकी आदमी ने उनके पास आकर मुस्कुराते हुए 'गुड ईवनिंग' की। चाल-ढाल से वह दलाल लग रहा था। इशारों में उसने दोनों को टटोलने की कोशिश की। आनंद भारती ने भी उसके हर सवाल का सकारात्मक जवाब दिया। वह बोलने लगा—'दुनिया के जिस देश की औरत चाहेंगे, हमारे पास है। बोल के तो देखो।' वह उनके साथ चलने लगा। जोशी काले अफ्रीकी से मजा लेने लगा। जोशी ने उस काले से इजरायली औरत की माँग की। उसने अपनी असमर्थता जाहिर कर दी। तिस पर जोशी उससे बोला, 'अब तुम्हीं बता दो कि तुम्हारे पास कौन से देश की लड़की है।'

'इजरायली को छोड़कर आप ही बता दें। इण्डिया, पाकिस्तान, बांग्लादेश जहाँ की कहेंगे, पेश कर दूंगा।' काले अफ्रीकी ने जोशी से आत्मविश्वास के लहजे में कहा।

सोहो में ओल्ड काम्पटन स्ट्रीट पर चलते हुए एक 'गे क्लब' का बोर्ड चमका। उसके बाहर भी दो हट्टे-कट्टे काले अफ्रीकी पहरा दे रहे थे। शीशे से अन्दर का नजारा साफ दिख रहा था। अन्दर लड़के बियर पीते हुए एक-दूसरे से लपट-झपट रहे थे। शायद संगीत भी बहुत तेज बज रहा था। कुछ लड़के नाच भी रहे थे। दरवाजे बंद होने के चलते संगीत की आवाज बाहर नहीं आ रही थी। दो कच्ची उम्र के लड़के तो एक दूसरे के होंठों में होंठ डाले मस्ती में झूम रहे थे। इस दृश्य को देखने के बाद आनंद भारती ने साथ चल रहे काले अफ्रीकी से पूछा, 'किसी भी देश के लड़के भी मिल सकते हैं क्या?'

उसने कहा-'यस।'

आनंद भारती को सब कुछ अजीब-सा लग रहा था। दिल्ली में भी यह सब होता है, लेकिन लुके-छिपे। समलैंगिकों को साथ रहने के अपने अधिकार के लिए

आन्दोलन करना पड़ता है। लेकिन यहाँ सब खुल्लमखुल्ला चल रहा था। दिल्ली में एक गे पार्टी में आनंद भारती जा चुके हैं। हो हल्ले वाले संगीत के बीच एक फिरंगी उन पर भी फिदा हो गया था। उन्हें आश्चर्य हुआ था कि फिरंगी को एक दढ़ियल आदमी के अन्दर क्या दिख रहा है। उस पार्टी में लड़के लिपस्टिक लगाये थे। कुछ तो लड़कियों वाली ड्रेसेज भी पहने हुए थे। नाज-नखरे भी ऐसे कर रहे थे किं बस पूछिये मत। कुछ सुंदर लड़के, जिनकी त्वचा मक्खन की तरह मुलायम थी, दूसरे लड़कों के निशाने पर थे। लेकिन वे आसानी से हाथ नहीं रख रहे थे। उनके दलाल भी थे। वे नमकीन लड़कों के लिए कस्टमरों से लेन-देन की बात कर रहे थे। जलती-बुझती रोशनी के बीच आनंद भारती ने देखा था कि एक लड़के ने अपनी स्कर्ट ऊपर कर रखी थी और पीछे से दूसरा लड़का अपनी जीन्स की चेन खोले हुए उससे चिपटा हुआ था। विचित्र प्यास थी। अजीब दुनिया थी वह।

आनंद भारती दिल्ली की गे पार्टी की याद में उलझे हुए थे कि अचानक जोशी ने कहा, 'गुरु एक बात जानते हो।'

'क्या ?'

'दुनिया को बदलने का सपना रखने वाले कार्ल मार्क्स भी लम्बे समय तक इसी सोहो में किराये का मकान ले कर रहे थे।'

आनंद भारती ने कार्ल मार्क्स के उस मकान को देखने की इच्छा जोशी से जाहिर की। हालांकि वह पहले भी इस कोशिश में नाकाम रहा था। फिर भी दोनों ने कार्ल मार्क्स के मकान को खोजने की कोशिश की। लेकिन उन्हें सफलता नहीं मिली। जिससे भी पूछने की कोशिश करते, उसके पास लड़कियों की तस्वीरें और न्यूड डांस की बुकिंग की कापी होती।

चलते-चलते दोनों थक गये थे। जोशी ने कहा, 'चलो बियर पीते हैं। नाच-वाच भी तुम्हें दिखाते हैं।'

लन्दन की रात को देखने के लिए आनंद भारती बेचैन थे। थके होने के बावजूद वह और जोशी लेस्टर स्क्वायर की ओर चल दिये। जोशी ने बताया था कि और पब्स में एंट्री फीस लगती है, लेकिन लेस्टर स्क्वायर में येट्स पब है, जहाँ दस बजे से पहले अन्दर हो जाने पर कोई पैसे नहीं देने पड़ते हैं। थोड़ी देर में दोनों येट्स पब के सामने थे। जोशी ने अन्दर जाने की पहल की, तो काले अफ्रीकी सुरक्षा गार्डों ने उसे रोक लिया। उसने आइडेन्टी प्रूफ की माँग की। इस पर जोशी भड़क गये। दोनों के बीच काफी कहा-सुनी हुई। जोशी ने लन्दन के कानून का हवाला दिया। फिर भी उसने एक न सुनी। समय बर्बाद होता देख आनंद भारती ने जोशी से

कहा, 'अमां यार, अपना आई कार्ड दिखा दो। क्या फर्क पड़ता है। हम यहाँ लड़ने तो आये नहीं हैं।'

जोशी ने अपने पर्स से अपना बीबीसी का आई कार्ड काले अफ्रीकी सुरक्षाकर्मी की ओर बढ़ा दिया। उसने उसको स्कैन किया और उन्हें अन्दर जाने दिया।

अन्दर का नजारा विचित्र था। डिस्क में कानफाड़ू म्यूजिक बज रहा था। रंग-बिरंगी रोशनी इधर-उधर चमक रही थी। हजारों लाइटों के बीच अंधेरा पसरा था। बाहर की रोशनी से दोनों अन्दर घुसे थे, इसलिए बहुत कुछ साफ-साफ नहीं दिख रहा था। थोड़ी देर में उन्हें सब दिखने लग गया था। एक किनारे में बार था। लड़कियाँ दारू परोस रही थीं। कुछ वेंडर लड़कियाँ भी नाचने वालों के बीच में घूम कर सिगरेट बेच रही थीं और बियर का आर्डर भी ले रहीं थीं। जोशी बार काउन्टर की ओर गये और दो ग्लास बियर क्रेडिट कार्ड पर ले आये। बियर उनके अन्दर जा रही थी। शोरगुल में कुछ सुनाई नहीं दे रहा था। हर आदमी नाचने में मस्त था। डांस करने वाले लड़के-लड़कियों के जिस्म पसीने से तरबतर थे। सब अपने में मस्त थे। किसी को किसी की कोई परवाह नहीं थी। नाचने का जुनून था। कान में मुँह लगाकर जोशी ने आनंद भारती से कहा, 'देखी दुनिया।' उसने डिस्क के एक कोने की ओर इशारा करते हुए कहा, 'देखो लोग कैसे मस्त हैं।'

आनंद भारती ने उस कोने की ओर नजर दौड़ाई। कुछ जोड़े बैठे थे। किसी के हाथ में व्हिस्की थी, तो कोई चरस का सुट्टा लगा रहा था। इतनी बेतकल्लुफी कि कुछ भी कहा नहीं जा सकता। एक जोड़े को आनंद भारती ने नजर भरकर देखा। लड़का-लड़की नशे में चूर-चूर थे। लड़के ने लड़की के टी शर्ट के बटन खोल रखे थे। वह लड़की की छाती में बियर पीते-पीते हाथ घुमा देता था। लड़की ने भी लड़के की जीन्स के अन्दर हाथ डाल रखा था। इसी तरह दूसरा जोड़ा भी अपनी दुनिया में डूबा था। लड़की ने जीन्स की चैन खोल रखी थी। वह मुँह झुकाये लड़के की गोद में बेसुध पड़ी थी। बीच-बीच में लड़की की जीभ कुछ हरकत करती थी। ऐसे ही उत्तेजक दृश्य चारों तरफ बिखरे थे। कामसूत्र के रचयिता वात्स्यायन जीवित होते तो कामसूत्र भाग दो लिखने के लिए उन्हें ज्यादा मेहनत नहीं करनी पड़ती। काम की नई भंगिमाएँ और नये आसन उन्हें आसानी से मिल जाते।

अंग्रेजी गानों के बीच अचानक पंजाबी धुन सुनाई पड़ी। आनंद भारती ने जोशी से पूछा, 'पंजाबी गाने भी यहाँ चलते हैं क्या?'

उसने कहा कि इस डिस्क में हाई बीट्स के पंजाबी गाने बजाये जाते हैं। ढोल की थाप पर लोग नाच रहे थे। जोशी को बियर लग चुकी थी। जोशी ने आनंद

भारती का हाथ पकड़ खींचा। लेकिन आनंद भारती नाचने के मूड में नहीं थे। जोशी से नहीं रहा गया। वह डांस करने में जुट गये। बीच-बीच में कोई लड़की उसके डांस पर मोहित हो थोड़ी देर उसके साथ नाचती और चली जाती। दो-तीन घंटे बीत चुके थे। आधी रात गुजर चुकी थी। डिस्को और जवान हो रहा था। आनंद भारती को सुबह की चिन्ता सता रही थी। आठ बजे तैयार हो कर होटल की लॉबी में पहुँचना था। उन्होंने जोशी से चलने का इशारा किया। जोशी ने नाच-गाना छोड़ कपड़े ठीक किये और डिस्को से दोनों बाहर आ गये।

दोनों को भूख लग रही थी। आनंद भारती ने जिक्र छेड़ा, जोशी ने जवाब दिया, 'इस वक्त तो गुरु चाइना टाउन में ही खाना मिल सकता है।'

'चाइना टाउन में मिले या फिर जहन्नुम में। बस अब कुछ खिला दो वेजिटेरियन।' आनंद भारती ने वेजिटेरियन शब्द पर जोर दिया।

चाइना टाउन चीनियों की अच्छी खासी बस्ती है। ढेर सारे ईटिंग ज्वाइन्ट्स हैं यहाँ। छोटे और बड़े दोनों तरह के। जगह-जगह ड्रैगन और अन्य चीनी प्रतीक इस इलाके में हैं। जबर्दस्त लाइटिंग हैं। चहल-पहल भी खूब है। ऐसा लग रहा था जैसे अभी सुबह हुई है इस इलाके में। हर रेस्त्रां में लड़कियाँ ही काउन्टर से लेकर सर्विस तक में शामिल हैं। एक छोटे सस्ते रेस्त्रां में दोनों गये। चावल में कुछ बीन्स वगैरह डलवाकर हमने डिस तैयार करवाई। भूख लगी थी सो खा गये, नहीं तो शायद उसे खाना मुश्किल होता।

चाइना टाउन रात के घुमक्कड़ों की खास पसन्दीदा जगह है। खा कर होटल की ओर बढ़ रहे थे कि सेक्सोफोन की मीठी-सी धुन गूँजी। एक कलाकार सड़क के बीच फुटपाथ पर उसे बजा रहा था। उसके इंस्ट्रूमेन्ट का कवर जमीन के नीचे रखा था। उसमें कुछ सिक्के और पाउन्ड पड़े थे। उसके नजदीक पहुँचे कि एक लड़की ने अपने पर्स से कुछ पेन्स निकालते हुए उसके कवर में डाल दिये। सेक्सोफोन गोल्डेन कलर का था। संगीत की ज्यादा तमीज आनंद भारती को नहीं थी और न ही जोशी को। लेकिन बेसुरे दोनों नहीं थे। बड़े-बड़े म्यूजिकल कन्सर्ट दोनों इण्डिया में सुन चुके थे। रसिया तो थे ही दोनों। धुन खत्म हो चुकी थी। जोशी ने उससे उसका नाम पूछा।

'पीटर हडसन।' कलाकार ने जवाब दिया। इसी के साथ उसने अपना कार्ड भी बढ़ा दिया। उसमें उसका नम्बर भी था।

'कोई नई अद्‌भुत आध्यात्मिक धुन सुनाइए।' जोशी ने आग्रह किया।

उसने डूब कर धुन सुनाई। उसमें एशियन प्रभाव था। सितार और सन्तूर से

लेकर गिटार तक की जुगलबंदी उस धुन में थी। उसने इन दोनों में धुन का नाम देने के लिए कहा। जोशी ने धुन का नाम 'ओउम' रखने की सलाह दी।

...अगली सुबह। आनंद भारती जल्द उठ गये थे। उन्होंने खिड़की खोली। सामने बकिंघम पैलेस दिखा। महारानी के गार्ड अपनी-अपनी पोजीशन में खड़े थे। धूप शोख थी। महल दूध की तरह चमक रहा था। टूरिस्ट चेंज आफ गार्ड का नजारा देखने के लिए खड़े थे। आनंद भारती को तो तीसा केलगर के साथ जाना था।

गाड़ी पर सवार हो कर पूरा दल बेलवेडर रोड स्थित रिवर हाउस की ओर बढ़ गया था। रिवर हाउस टेम्स नदी के किनारे पर स्थित है। टेम्स लन्दन की जान है। इंग्लैंड की सबसे लम्बी नदी है। लन्दन के बीचोंबीच से बहती है। टेम्स लन्दन की गंगा है, जमुना है। टेम्स नदी की खूबसूरती, उसके कहर, उसके सौंदर्य और उसकी हर अदा पर विलियम वड्सवर्थ, टी. एस. इलियट, एडमण्ड स्पेन्सर से लेकर मैथ्यू ऑर्नल्ड जैसे लेखक और कवि अपनी कलम चला चुके हैं। इसे बहते हुए इतिहास की संज्ञा दी गई है। टेम्स इतिहास के अनेक मोड़ों की जीवन्त गवाह रही है। सोलहवीं शताब्दी में शीत लहर के चलते या फिर किसी रोष में वह लन्दन ब्रिज के आसपास के बड़े इलाके में जम गई थी। उस जमी हुई टेम्स के सीने पर पहला और अंतिम शीत-मेला आयोजित किया गया था। जीवनदायिनी टेम्स से मानव ने कम खिलवाड़ नहीं किया। टेक्सटाइल मिलों के कचरे से वह प्रदूषित हुई। एक समय वह मौत की नदी भी बन गई। लेकिन जद्दोजहद ने उसे एक बार फिर पवित्रता का चोला पहना दिया। टेम्स के मौत की नदी से जीवनदायिनी बनने की कथा सुनने ही टीम रिवर हाउस पहुँची थी। रिवर हाउस में टीम की मुलाकात सीनियर एनवायरमेन्ट आफिसर नील डनलप से हुई। चाय की चुस्कियों के बीच नील टेम्स के प्रदूषण की गाथा सुनाने लगे। उससे जूझने की जानकारी भी उसमें शामिल थी। जनता की भागीदारी की चर्चा भी उसमें थी।

आनंद भारती नील को सुन रहे थे। उनके सामने दिल्ली की जमुना का चेहरा उभर आया। करोड़ों रुपये का प्रोजेक्ट बनने के बाद भी जमुना जहर की नदी बनी हुई है। नेता और नौकरशाह पैसा डकार चुके हैं। जमुना मैली की मैली। चुनाव के समय थोड़े वक्त जमुना की चर्चा जरूर हो जाती है। लेकिन उसकी ओर देखने वाला कोई नहीं है। बड़ी-बड़ी सभ्यताएँ नदियों के रूठने से तबाह हो चुकी हैं। शहर के शहर बर्बाद हो चुके हैं। इस सबके बावजूद जमुना की मुक्ति के लिए कोई प्रयास नहीं कर रहा है। जन-भागीदारी भी नहीं हो रही है। शायद दिल्ली में अब दिल्ली वाले नहीं रहे हैं। यदि वे होते तो दिल्ली को बचाने के लिए जमुना को

बचाते। बाहर से यहाँ आकर बसे लोगों का सरोकार जमुना से नहीं है। उन्हें तो अपने पेट भरने की सनक ही सवार रहती है। कमाई और कमाई। बस इतना ही सरोकार है उनका दिल्ली और जमुना से। पीने का पानी नहीं मिलेगा तो क्या! बाजार से खरीद लेंगे। लेकिन कितने समय तक। पानी बचेगा तब तक न। एक वक्त ऐसा भी आ सकता है जब इंसानों की अपनी करतूतों के चलते पानी पैसे देने पर भी नहीं मिलेगा। यह बात कही भी जा चुकी है कि अब जब कभी विश्व युद्ध होगा तो उसके मूल में पानी होगा।

आनंद भारती सोच रहे थे कि टेम्स की प्रदूषण मुक्ति की कार्ययोजना से दिल्ली की जमुना क्या, देश की अन्य प्रदूषित नदियाँ भी मुक्त हो सकती हैं। गंगा मैया तो भारतीयों के जीवन में बसती है। जन्म से लेकर मौत तक की साक्षी है, वह भारतीय समाज की। गंगा से मुक्ति का वरदान माँगने वाले उसे बचाने के लिए किसी भी भगीरथ प्रयास के लिए तैयार नहीं हैं। गंदगी बढ़ाने में इनकी भी भूमिका कम नहीं है।

नील पूरा प्रजेन्टेशन दिखा और बता चुके थे। बारी थी इनवायरमेन्ट मिनिस्ट्री की। वहाँ टीम की मुलाकात क्लाइमेट साइंस के मुखिया क्रिस सिअर से होनी थी। बीते काफी समय से इंग्लैंड की सक्रियता ग्लोबल वार्मिंग को लेकर रही है। ग्लोबल वार्मिंग को लेकर एक तरह का आतंक है वहाँ। पूरे इंग्लैंड के किसी भी किनारे से दूसरे किनारे की पाँच सौ किलोमीटर दूरी तय करने पर समुद्र आ जाता है। इंग्लैंड के वैज्ञानिकों की राय है कि ग्लोबल वार्मिंग के चलते यदि समुद्र की सतह एक इंच भी ऊपर आ जाये तो इंग्लैंड का बहुत-सा भू-भाग डूब जाएगा। लन्दन में भी टेम्स नदी का जलस्तर इतना बढ़ सकता है कि लन्दन डूब जाये। इसकी वजह कार्बन उत्सर्जन को माना जाता है।

क्रिस सिअर टीम के साथ यही चर्चा कर रहे थे। इण्डिया का संदर्भ आया। वह बताने लगे कि ग्लोबल वार्मिंग से भारत में पीने के पानी का संकट आ सकता है। मौसम में परिवर्तन आ सकता है, जिसके चलते कृषि प्रभावित हो सकती है। समुद्र की सतह ऊपर आने से गोवा और अण्डमान निकोबार जैसे द्वीप पानी में समा सकते हैं। मलेरिया और दूसरी बीमारियों का विस्तार हो सकता है। प्रवचन की उस कड़ी में वह यह भी बताते हैं कि कार्बन उत्सर्जन ग्लोबल वार्मिंग के लिए जिम्मेदार है। इण्डिया में उत्सर्जन की मात्रा मानक से अधिक है। इसके लिए उसे बेहतर प्रबंध करने होंगे।

उनका प्रवचन चल ही रहा था कि अनन्त कृष्णनन ने क्रिस सिअर को रोकते हुए कहा, 'इण्डिया तो कार्बन उत्सर्जन को रोकने के लिए पूरी कोशिश कर रहा है,

लेकिन उसको दी जाने वाली मदद उसे नहीं मिल रही है। क्वेटो संधि के तहत जो पैसे उसे मिलने थे, वह वायदा पूरा नहीं किया गया।'

'डेवलप कंट्री की साजिश लगती है। 'आनंद भारती अनन्त कृष्णनन की बात को आगे बढ़ाते हुए कहते हैं-'एनर्जी के बिना डेवलपमेन्ट नहीं हो सकता है। इण्डिया जैसे देशों के पास एनर्जी के नाम पर कोल ही है। उसके प्रयोग पर प्रतिबंध लगाने की कोशिश इण्डिया के डेवलपमेन्ट को रोकने की साजिश है।'

इंद्राणी मजूमदार भी पीछे कहाँ रहने वाली थीं, 'ग्लोबल वार्मिंग को लेकर आप लोग इतने चिंतितं हैं लेकिन अमेरिका को समझाने की आप में कूबत नहीं है। दुनिया में कार्बन उत्सर्जन करने में अमेरिका नम्बर वन है। वह ग्लोबल वार्मिंग की थ्योरी के जवाब में ग्लोबल कूलिंग की बात करता है।'

रेखा चिटणीस भी आनंद भारती की बात को बढ़ाते हुए कहती हैं,' असल में कार्बन उत्सर्जन के नाम पर कुछ देश गरीब देशों को उससे रोकने के नाम पर टेक्नोलाजी बेचकर अपनी जेब भरना चाहते हैं। अभी तक मौसम विज्ञान कोई भी सही भविष्यवाणी करने की स्थिति में नहीं आया है। यदि ऐसा होता तो सुनामी की सूचना पहले से होती और उसमें हजारों लोगों को बचाया जा सकता था।'

क्रिस सिअर शायद इतने सवाल झेलने के मूड में नहीं थे या फिर उनकी तैयारी नहीं थी। वे बगलें झांकने लगे। उनके पास इन सवालों के जवाब नहीं थे। वैसे भी ग्लोबल वार्मिंग को लेकर इंग्लैंड का जो प्रोजेक्ट था उसमें दूसरे तर्कों की जगह नहीं थी। इंग्लैंड आने से पहले आनंद भारती दिल्ली में इंग्लैंड के युवा एनवायरमेन्ट मन्त्री डेविड मिलीबैंड से वन-टू-वन मिल चुके थे। तब भी चर्चा का विषय ग्लोबल वार्मिंग ही था। मन्त्री ने दुनिया की सबसे बड़ी समस्या ग्लोबल वार्मिंग ही बताई थी। इस पर आनंद भारती ने उनसे साफ-साफ कहा था, 'हमारे देश के लिए सबसे बड़ी समस्या भूख है। साफ पानी है। अकाल और सूखा है। इससे हम बचेंगे तभी ग्लोबल वार्मिंग जैसे सवाल हमारे एजेन्डे में आयेंगे।' उन्होंने यह कहते हुए उनसे यह भी पूछा था—इंग्लैंड इन मसलों पर हमारी क्या मदद कर सकता है?'

इस पर उनके पास कोई जवाब नहीं था। वास्तव में वे शासक के लहजे में ही बोल रहे थे। वे शायद यह भूल चुके थे कि इण्डिया अब एक आजाद देश है। उन्हें आनंद भारती का सवाल-जवाब करना अच्छा नहीं लगा था। वे आगे के कार्यक्रम में शामिल होने का बहाना बना बात बीच में छोड़ कर उठ गये। असल में मन्त्री से लेकर संत्री तक इंग्लैंड में ग्लोबल वार्मिंग को लेकर रटे-रटाये सवाल-जवाब रखते हैं। दूसरे तर्कों के लिए उनके पास स्थान नहीं है या फिर वे इसके लिए

तैयार नहीं हैं। क्रिस सिअर के साथ भी कुछ ऐसा ही दिखा। एक साथ इतने सवालों ने उनके ग्लोबल वार्मिंग की हवा निकाल दी थी। बाद में हस्तक्षेप करते हुए तीसा केलगर ने मजाक के लहजे में कहा, 'बहुत वार्मिंग हो गई। आइए पेट की वार्मिंग भी कर लेते हैं।' उनका इशारा लंच की ओर था।

बातचीत खत्म हो गई थी। सभी लंच के लिए उठ गये।

आज की सरकारी यात्रा खत्म हो चुकी थी। लंच कर सभी होटल पहुँच चुके थे। जोशी की आज छुट्टी नहीं थी। आनंद भारती ने इंद्राणी मजूमदार से पूछा, 'लन्दन भ्रमण का इरादा रखती हैं।'

'जरूर!' वह बोलीं, 'कहाँ चलेंगे।'

'लन्दन साइट सीन वाली बस का टिकट कटा लेते हैं।' आनंद भारती ने जवाब दिया। वह लन्दन को अपनी तरह से समझना चाहते थे।

होटल के रिसेप्शन से बस के बारे में जानकारी लेकर आनंद भारती और इंद्राणी मजूमदार बाहर निकले। बकिंघम पैलेस के सामने से बस मिलनी थी। हर पन्द्रह बीस-मिनट पर बस आती रहती है। पैलेस के बाहर के फाउन्टेन को अभी दोनों ने निहारना शुरू ही किया था कि सामने से लाल रंग की बस आती दिखी। बस की छत नहीं थी। डबल डेकर थी। दोनों ने ऊपरी हिस्से में बैठने का फैसला किया। छः घंटे के लिए सात पाउन्ड का टिकट था। भारतीय मुद्रा में करीब लगभग पाँच सौ साठ रुपये। हर सीट के साथ इयर फोन लगे थे। रिकार्डेड कमेन्ट्री उसमें सुनाई पड़ती थी। कमेन्ट्री सात भाषाओं में थी। दोनों ने इयर फोन लगा कर अंग्रेजी कमेन्ट्री सेट कर ली थी। बस में इंग्लैंड के दूसरे हिस्से से आये और अन्य दूसरे देशों के लोग भी सवार थे। दिलचस्प यह था कि अंग्रेजों के देश में बस में बैठे लोग अंग्रेजी छोड़ कर अन्य सभी भाषाओं में बात कर रहे थे। यह इस बात का प्रमाण था कि इंग्लैंड में अंग्रेजी बोलने वाले धीरे-धीरे कम हो रहे थे। इसीलिए इंग्लैंड इस बात पर भी सोच रहा है कि लम्बे समय का वीजा देते वक्त वह इस बात का भी ध्यान रखेगा कि वीजा पाने वाले को अच्छी खासी अंग्रेजी आती हो।

बस खिसक रही थी। आने वाले हर ऐतिहासिक और सामान्य किन्तु जरूरी जगह के बारे में विस्तार से बताया जा रहा था। विक्टोरिया स्टेशन, हाइड पार्क, लन्दन म्यूजियम, लन्दन आई, टावर ब्रिज, आक्सफोर्ड सर्कस, हाउस आफ पार्लियामेन्ट, न जाने कौन--कौन सी जगह से बस गुजर रही है। सब कुछ सुंदर और अद्‌भुत।

ऑक्सफोर्ड रोड नाइट शापिंग के लिए मशहूर है। यहाँ बड़े-बड़े शो रूम हैं। इलीट एरिया है यह लन्दन का। रीजेन्ट स्ट्रीट पर दुनिया की सबसे बड़ी

खिलौनों की दुकान है। थोड़ी दूर पर ही लन्दन का सबसे पुराना भारतीय रेस्त्रां है—दुराईस्वामी। शायद कोई दक्षिण भारतीय इसे चलाता है तभी इसका नाम दुराईस्वामी है। आनंद भारती के कान में अचानक गूँजता है-कैफे रायल। बताया जाता है कि आस्कर वाइल्ड अपनी शाम इसी कैफे में गुजारते थे।

ओल्ड लन्दन से गुजरते हुए यह अहसास हो रहा था कि वे उसी समय में आ गये हैं। कुछ भी नहीं बदला था। अंग्रेजों ने लैम्प पोस्ट से लेकर सिनेमा की पुरानी होल्डिंग्स तक सब कुछ जस-की-तस संजो रखी थी। उसी जमाने की इमारतें। वैसी ही सड़कें। पुराने स्टेशन। ऐसा लग रहा था कि यह हिस्सा लन्दन का है ही नहीं। न्यू लन्दन की गगनचुम्बी इमारतें और लकदक रोशनी, यहां नहीं थी। लैम्प पोस्ट पर पुराने जमाने के बल्ब जल रहे थे। इस मामले में अंग्रेजों की तारीफ करनी चाहिए कि वे अपनी परम्परा से जबर्दस्त प्यार करते हैं। ओल्ड लन्दन उसी चाहत का एक नमूना था।

बस में बैठे-बैठे आनंद भारती को भूख लग आई थी। उन्होंने इन्द्राणी मजूमदार के सामने पिकाडली सर्कस में बस छोड़ने का प्रस्ताव रखा। उसने उसे सहर्ष स्वीकार कर लिया। दोनों पिकाडली सर्कस में उतर गये। थोड़ी दूर पर उन्हें बर्गर की एक शाप दिखी। खासी भीड़ थी। आनंद भारती ने दो बर्गर खरीदे और दोनों खाते हुए आगे बढ़ने लगे। बड़े-बड़े शो रूम थे चारों तरफ। रोशनी से नहाये। बाजार में खासी भीड़ थी। क्रिसमस आने वाला था। हर शख्स खरीदारी में व्यस्त था। कई जगह सेल भी लगी थी। ऐसी ही एक दुकान में दोनों घुस गये। सेल्समैन इण्डियन लग रहा था। पूछने पर उसने बताया कि वह चेन्नई का है। हिन्दी बोलकर वह अपने इण्डियन होने और दोनों से अपना भाईचारा स्थापित कर रहा था। आनंद भारती ने एक मफलर पसन्द किया। वह था तो साढ़े छः पाउण्ड का लेकिन उसने उसे पाँच पाउण्ड में ही दे दिया।

पिकाडली सर्कस मेट्रो स्टेशन के बाहर दोनों खड़े थे। हाल में आतंकी हमले ने मेट्रो यात्रा पर प्रभाव डाला था। व्यस्ततम स्टेशन होने के बावजूद भीड़ ज्यादा नहीं थी। यात्रियों में आतंकी खौफ दबे-दबे दिख रहा था। आने-जाने वाले सभी यात्री दोनों को खास नजरों से देख रहे थे। वे दोनों में कुछ ढूँढ रहे थे। लेकिन दोनों बेलौस बढ़े जा रहे थे। मेट्रो स्टेशन की गैलरी में एक लड़की गिटार और उसी स्टैंड में माउथआरगन लगा कर गा रही थी। बारी-बारी वह गिटार और माउथआरगन दोनों बजाती थी। अच्छा गा रही थी। आने-जाने वाले उसके सामने बिछे स्कार्फ में कुछ सिक्के डाल कर आगे बढ़ जाते थे। देसी भाषा में उसे भिखारी ही कहा जा

सकता था। ऐसा नजारा लन्दन मैट्रो में आम है।

ट्रेन आ चुकी थी। ट्रेन में बैठकर दोनों होटल के नजदीक स्टेशन पर उतर गये। स्टेशन से बाहर आते ही एक बुजुर्ग ने आनंद भारती के सामने आकर बोला, 'गिव मी सम क्वाइन।'

यह पहला पक्का भिखारी उन्हें मिला था। वे उसकी उपेक्षा कर आगे बढ़ गये। लन्दन में चौराहों से लेकर मेट्रो स्टेशन तक हर जगह भिखारियों के दर्शन हो जाते हैं। कोई सिगरेट दे कर पैसे माँगता है तो कोई दया के नाम पर।

...तीन-चार दिन लन्दन में बीत चुके थे। दाल-रोटी की ललक आनंद भारती को लग रही थी। जोशी लन्दन से काफी दूर रहता था। इसलिए उससे भारतीय खाने का वह आग्रह नहीं कर सकता था। सेंट्रल लन्दन से अच्छी खासी दूरी पर साउथ हाल है। उसे मिनी इण्डिया भी कहा जाता है। साउथ हाल में दाल-भात क्या छोले भटूरे से लेकर पूड़ी-भाजी सब मिलती है। दिल्ली के करोल बाग जैसा दृश्य है। पटरी पर सामान भी बिकते हुए देखा जा सकता है। पान का शौक हो तो एक पान की दुकान है। एक नया गुरुद्वारा भी बन गया है। कई लोग तो ऐसे हैं जो वहाँ रहते हैं और तीनों वक्त नाश्ते से लेकर डिनर तक वहीं करते हैं। वह भी मुफ्त लेकिन दूरी के चलते वहाँ जाना सम्भव नहीं था।

आनंद भारती अपने होटल से दाल-रोटी की खोज में निकल गये। एक स्टोर में उन्होंने एक बियर ली। स्टोर मालिक की शक्ल भारतीय लग रही थी। उन्होंने उससे पूछा, 'भारत में कहाँ रहते हैं।'

'मैं पाकिस्तानी हूँ।' उसने बड़ी तहजीब से जवाब दिया।

'आसपास इण्डियन खाना मिल जायेगा।' आनंद भारती ने उससे फिर पूछा।

उसने अपनी घड़ी को देखते हुए कहा, 'वेस्ट मिनिस्टर के पीछे एक इण्डियन रेस्त्रां है। जल्दी चले जायें तो शायद खाना आपको मिल जाये।'

आनंद भारती स्टोर से निकल तेज कदमों से उसके बताये रास्ते पर चल पड़े। थोड़ी देर बाद उन्हें एक ग्लो साइन बोर्ड चमकता हुआ दिखाई दिया। उसमें लिखा था-इण्डियन फूड। वह बोर्ड को देख खुश हुए। उन्हें लगा कि आज उन्हें मनपसन्द भोजन मिल जाएगा।

रेस्त्रां काफी छोटा था। करीने से एक कोने में बार काउन्टर था। काउन्टर पर बैठ कर पीने की जगह नहीं थी। नजदीक-नजदीक दस बारह चेयर टेबिल लगे हुए थे। कुछ अंग्रेज भारतीय भोजन का मजा ले रहे थे। आनंद भारती एक टेबिल पर जा बैठे। एक कम उम्र का लड़का मैन्यू उनके सामने रख गया। मैन्यू में अरहर की

दाल, स्टीम राइस, रोटी से लेकर शाही पनीर मौजूद था। बटर चिकन और रोगन जोश भी शामिल था। मैन्यू पढ़ने के बाद आनंद भारती ने एक ग्लास बियर का आर्डर दिया। खाने का आर्डर लेने आने पर उन्होंने वेटर से पूछा, 'तुम भारतीय हो।'

'नहीं।' वेटर ने तुरंत जवाब दिया।

आनंद भारती को स्टोर की तरह यहाँ भी झटका लगा। उन्होंने फिर पूछा,'तो कहाँ के हो।'

'बांग्लादेश।' वेटर ने बेतकल्लुफी के साथ जवाब दिया।

'तुम्हारे मालिक!' आनंद कुछ और जानना चाह रहे थे।

'बांग्लादेश।' वेटर उसी मुस्तैदी से बोला।

आनंद भारती ने खाने का आर्डर दिया। बियर की चुस्की के दौरान वह सोचते रहे कि इण्डियन फूड रेस्त्रां का मालिक बांग्लादेशी। वे इस बात के लिए भी हैरान थे कि भारतीय खाने की खोज में एक पाकिस्तानी ने मदद की और खाना खिलाया बांग्लादेशी ने। भारतीय महाद्वीप के बेशक भौगोलिक टुकड़े हो गये हों लेकिन अन्तरात्मा अब भी एक है। शासक बेशक आपस में भिड़ते रहें लेकिन अवाम अन्दर ही अन्दर एकजुट है। यही सब सोचते हुए वह खाना खत्म कर होटल की ओर चल पड़े।

...अब ब्रिस्टल की बारी थी। वाइल्ड स्क्रीन की सिल्वर जुबली के आयोजन में भारतीय टीम को भाग लेने जाना था। ब्रिस्टल जाने से पहले देर रात आनंद भारती के मोबाइल की घंटी बजी। स्क्रीन पर मुन्नी का नम्बर चमक रहा था। मुन्नी के फोन से वे हैरान हुए। वे उसे सख्त हिदायत दे कर आये थे कि बिना किसी खास बात के मिस काल न करे। अठारह रुपये प्रति मिनट लगते थे। घंटी बजनी जो शुरू हुई तो रुकने का नाम ही न ले। एक बार पूरी घंटी बजकर बंद हो गई। आनंद भारती ने फोन नहीं उठाया। दोबारा फिर घंटी बजी। उन्हें लगा कि कोई खास बात है जो मुन्नी उन्हें फोन पर फोन किये जा रही है। उन्हें लगा कि कहीं सोसायटी में वह किसी से भिड़ तो नहीं गई या फिर घर में चोरी-वोरी न हो गई हो। आनंद भारती ने फोन उठा लिया। मोबाइल पर फफक कर रोने की आवाज आई। मुन्नी कुछ बोल नहीं रही थी। आनंद भारती ने पूछा, 'क्यों रो रही हो।'

'प्रीती।' उधर से मुन्नी की भर्राई आवाज आई।

'क्या हो गया प्रीति को।' आनंद भारती कुछ परेशान स्वर में बोले।

'साहब, रात को सोई तो सुबह उठी नहीं। सोने से पहले उसने दर्द की शिकायत की थी। स्टोर से ला कर दवा दे दी थी।'

आनंद भारती असमंजस में थे। उन्होंने पूछा, 'दवा रखी है। '

'नहीं साहब। गोलू ने फेंक दी।' मुन्नी ने रोते हुए कहा।

संवाद आगे नहीं बढ़ रहा था। आनंद भारती ने यह कहते हुए फोन काट दिया कि लौट के आऊँगा तो बात करूंगा। वह सोचने लगे कि जरूर दवा रिएक्शन कर गई होगी। गाँव में दवा की दुकानों में नकली दवा मिलना आम है। अब तो सरकारी अस्पतालों में भी नकली दवा मिलती है। लोगों की नासमझी और दवा बेचने वालों की हवस के चलते न जाने कितने बेकसूर मर जाते हैं।

आनंद भारती को मुन्नी हमेशा प्रीति की कोई-न-कोई बात बताती रहती थी। प्रीति तीसरे नम्बर की बेटी थी उसकी। मुन्नी प्रीति को जासूस कहती थी। बताती थी कि घर में उसके पीछे क्या-क्या होता है, वह सब कुछ उसे चुपचाप बता देती थी। काम से लौटने पर वही परात में पानी भर कर उसके पैर धोती थी। खाना परोसकर वही लाती थी। बड़ी बेटी नंदिनी अपने काम से काम रखने वाली है और बीच बाली रेखा सबसे तेज। इसके बाद तीन बेटे छोटे। रेखा से मुन्नी का छत्तीस का आंकड़ा हमेशा रहता है। कई-कई दिन दोनों में बातचीत तक नहीं होती। इस सबके बावजूद वह पढ़ने में तेज है। प्रीति के जाने के बाद मुन्नी टूट गई होगी, ऐसा आनंद भारती सोच रहे थे। रात काफी हो गई थी। उन्होंने सोने की कोशिश की। लेकिन प्रीति की मौत की खबर सुनने के बाद वे अशान्त हो गये थे। नींद नहीं आ रही थी। किसी तरह रात कटी।

सुबह हो चुकी थी। तैयार हो सामान पैक कर वह रिसेप्शन पर पहुँच गये। हमेशा की तरह तीसा केलगर मुस्कराती हुई खड़ी थीं। बाकी साथी भी एक-एक कर आ गये और सब कार में बैठकर पेडिंगटन रेलवे स्टेशन के लिए रवाना हो गये।

लन्दन से ब्रिस्टल का सफर करीब डेढ़ घंटे का था। उसके बाद होटल ब्रिस्टो पहुँचने में पचास मिनट लगने वाले थे। आनंद भारती और टीम के अन्य सदस्य लन्दन की अपनी घुमक्कड़ी के किस्से एक दूसरे को सुनाते हुए ब्रिस्टल के पार्क वे स्टेशन पहुँच गये। वहाँ से फिर होटल।

होटल में चेक इन करने के बाद वाइल्ड स्क्रीन फेस्टिवल के वैन्यू पहुँचकर सबने रजिस्ट्रेशन कराया। वहाँ टीम की भेंट वाइल्ड स्क्रीन की सीईओ हैरिट निम्मो से वाटरशेड में हुई। वाटरशेड में कई स्क्रीन थे। वाटरशेड एक नहर के किनारे पर था। नहर में स्पीड बोट टूरिस्टों को इधर से उधर ले जाते दिख रहे थे। पूरे विस्तार से निम्मो ने फेस्टिवल के बारे में बताया। यह भी बताया कि फेस्टिवल के पच्चीस साल पूरे हो रहे हैं। पूरी दुनिया से वाइल्ड लाइफ पर बनने वाली बेहतरीन फिल्में

प्रदर्शित की जाने वाली हैं।

कई थियेटरों पर फिल्में थीं। आनंद भारती ने फिल्मों की सूची देखी। उन्होंने सबसे पहले एक चीनी फिल्म देखने का फैसला किया। फिल्म बिग कैट्स के शिकार और उनको मार कर उसकी हड्डी से बनने वाली दवाओं के बारे में थी। फिल्म को वहाँ के युवाओं ने बनाया था। 'चाइना डायलॉग' नाम की संस्था के माध्यम से वे पूरी दुनिया में बिग कैट्स के शिकार के खिलाफ अभियान चला रहे है। फिल्म देखते हुए आनंद भारती के रोंगटे खड़े हो गये। बिग कैट्स की हड्डियों से बनने वाली दवाओं की फैक्ट्री की शूटिंग निश्चित रूप से खतरनाक रही होगी।

फिल्म खत्म होने के बाद फिल्म की युवा निर्मात्री जिंग मिंग से आनंद भारती ने इस बारे में पूछा। उसका सीधा जवाब था, 'निश्चित तौर पर फैक्ट्री की शूटिंग हमारे लिए बड़ी चुनौती थी। हमने वहाँ काम करने वालों की मदद से इस काम को अंजाम दिया। चीन में सेक्स बढ़ाने के नाम पर इन दवाओं का काफी प्रचलन है। माना जाता है कि इसके सेवन से सेक्स की ताकत बढ़ती है।'

यही सोच अब लन्दन में भी आ रही है। चीनी दवाओं का अकेले लन्दन में कई हजार पाउन्ड का व्यापार है। इन दवाओं की माँग केबारे में लन्दन मेट्रोपालिटन पोलिस के वाइल्ड लाइफ क्राइम यूनिट के हेड एण्डी फिशर ने भी आनंद भारती को विस्तार से बताया था। लेकिन कानून के लचर होने के कारण वे इनकी बिक्री पर रोक नहीं लगा पा रहे हैं। इस बात की स्वीकृति भी उन्होंने बातचीत में की थी। उन्होंने यह भी बताया था कि यदि इसी रफ्तार से बिग कैट की हड्डियों से बनी दवाओं की माँग बढ़ती रही तो दुनिया से बिग कैट जल्द ही खत्म हो जायेंगी।

दो दिन तक वाइल्ड लाइफ पर बनी कई अद्‌भुत फिल्में देखने के बाद श्रेष्ठ फिल्म को पाण्डा एवार्ड (ग्रीन ऑस्कर सेरेमनी) का वक्त आ गया था। चारों तरफ रंगबिरंगी रोशनी से हाल जगमगा रहा था। आनंद भारती और उनके अन्य पत्रकार साथी इण्डिया टेबिल पर बैठे थे। एक के बाद एक एवार्ड दिये जा रहे थे। इण्डिया के फिल्ममेकर भी समारोह में भाग ले रहे थे। इण्डिया टीम के साथ दिल्ली से ब्रिटिश हाईकमीशन से जुड़ी अधिकारी डेबरा पीटर्सन भी इण्डिया टेबिल पर बैठी थीं। जैसे ही पाण्डा एवार्ड के लिए बेदी फिल्म्स की फिल्म चेरब ऑफ दि मिस्ट का नाम पुकारा गया तो इण्डिया टेबिल पर हलचल होने लगी। सभी देर तक तालियाँ बजाते रहे।

एवार्ड सेरेमनी खत्म हो चुकी थी। आनंद भारती और अनन्त कृष्णनन ने होटल जाने से पहले पब में जाने का फैसला किया। देर रात तक पब में दोनों बियर

पीते रहे। इसके बाद सड़क नापने का सिलसिला शुरू हुआ। ब्रिस्टल एवोन नदी के दोनों किनारों पर बसा है। शहर के बीचोंबीच नदी में स्पीड वोट और दूसरी छोटी नौकाएँ चलती हैं, जिनमें लोग जल्दी पहुंचने के लिए भीड़ भरे रास्तों में टैक्सी से जाने के बजाय वाटर ट्रांसपोर्ट का सहारा लेते हैं। नदी के दोनों किनारों पर कुछ पुरानी इमारतें हैं और कुछ नई। रात के समय नौकाएँ नहीं चलती हैं तो पानी शान्त दिखता है। स्ट्रीट लाइट्स की रोशनी में नदी दर्पण में तब्दील हो जाती है। इमारतों की परछाईं नदी में ऐसे दिखती हैं जैसे किसी ने जीवन्त पेंटिंग जमीन पर बना दी हो।

दूसरे विश्वयुद्ध में ब्रिस्टल को भारी नुकसान हुआ था। पुराने जमाने में दासों के व्यापार के लिए भी यह शहर मशहूर रहा है। बारहवीं शताब्दी में ही एवोन नदी के मुहाने पर हारबर बन गया था। समुद्र मार्ग से वेस्ट इंडीज और नार्थ अमेरिका में ब्रिस्टल से काफी बड़ा व्यापार होता था। लगभग उसी समय ये दोनों देश ब्रिटिश कालोनी बन गये थे। ब्रिस्टल की अपनी एक सांस्कृतिक पहचान भी है। दुनिया में ब्रिस्टल युनिवर्सिटी का भी बड़ा नाम है। नदी के ऊपर जगह-जगह ब्रिज बने हुए हैं।

ब्रिस्टल में एक इण्डियन रेस्त्रां भी है। इसे गुजरात से छठे दशक में यहाँ आकर बसे पन्नाभाई रमेशभाई चलाते हैं। समोसा-जलेबी से लेकर ढोकला और गंठिये तक सब यहाँ मिलते हैं। इसी रेस्तरां में सरदार जोगिन्दर सिंह से आनंद भारती की मुलाकात भी काफी दिलचस्प रही। जोगिन्दर सिंह बीते पन्द्रह साल से ब्रिस्टल में रह रहे हैं। कोई काम-धाम नहीं करते। बस उन्हें इंतजार इस बात का है कि कोई कार-ट्राली उन पर चढ़ जाये। एक्सीडेन्ट में उनका हाथ या फिर पैर टूट जाये तो वे इंशोरेन्स से मिलने वाली बड़ी रकम को लेकर भारत लौट जायें। लेकिन पन्द्रह साल गुजर गये हैं, ऐसा हो नहीं रहा है। वाहे गुरु से रोज प्रार्थना करते हैं वह। लेकिन उनके दरबार में भी उनकी सुनवाई नहीं हो रही है।

'काम-धाम नहीं करते हैं तो खाना-पीना कैसे चलता है।'-परिचय होने के बाद आनंद भारती उनसे पूछते हैं।

'इंग्लैंड में खाने-पीने की कोई कमी नहीं है। चारों तरफ खाना-ही-खाना है।' जोगिन्दर सिंह बेतकल्लुफी के साथ जवाब देते हैं।

'मतलब नहीं समझा।'-आनंद भारती आश्चर्य के साथ पूछते हैं।

'इंग्लैंड में एक्सपायरी का चक्कर जबर्दस्त है। हर स्टोर से हर दिन एक्सपायर हुई खाने-पीने की चीजें फेंकी जाती हैं। यही हमारा भोजन बनती हैं। एक्सपायरी खाना अंग्रेजों के लिए खराब होता होगा, लेकिन हमारा डाइजेशन सिस्टम इसके लिए पूरी तरह ठीक है। इण्डिया में भी तो हम एक्सपायरी चीजें ही खा रहे हैं।

वहाँ हमें कौन खेत से तोड़कर देता है। बाकी कभी कोई परेशानी हुई तो अपना पन्नाभाई है न।' खाने पर छोटा सा भाषण देकर जोगिन्दर सिंह चाय की चुस्की लेने लग जाते हैं।

आनंद भारती जोगिन्दर सिंह की बात पर अचंभित रह जाते हैं। उनकी जिज्ञासा बढ़ जाती है। वह पूछते हैं, 'रहते कहाँ हैं।'

'वैसे तो पूरा जहाँ अपना है। फिलहाल कई सालों से गुरुद्वारे में रहता हूँ।' जोगिन्दर सिंह का लहजा वही था।

... ब्रिस्टल से लन्दन जाने की तैयारी हो चुकी थी। ट्रेन में अनन्त कृष्णनन और आनंद भारती फैसला करते हैं कि कुछ दिन इंग्लैंड में मित्रों के यहाँ रहा जाये। फिर वीजा का जुगाड़ कर यूरो ट्रेन से यूरोप घूमा जाये। दोनों में सहमति बन जाती है। आनंद भारती तीसा केलगर से दोनों की टिकट एक्सटेंड कराने की रिकवेस्ट करते हैं। तीसा केलगर 'नो प्रॉबलम्' कह इस काम को अंजाम दे देती हैं। ब्रिटिश सरकार की मेहमाननवाजी खत्म हो चुकी थी। अब जोगिन्दर सिंह स्टाइल में रहने का वक्त आ गया था। वैसे दोनों इतने कंगले भी नहीं थे कि स्टोर के डम्पयार्ड में खाने की चीजें तलाशें। ब्रिटिश सरकार से मिले भत्ते में काफी बचत दोनों ने कर ली थी। होटल के काम्पलीमेन्ट्री ब्रेकफास्ट से ही लंच का भी काम चल जाता था। कुछेक सेब भी वे वहाँ से उठा लेते थे। दोपहर में भूख लगने पर उसे खा लिया करते थे। वैसे भी सरकारी यात्रा में लंच डिनर अक्सर प्रायोजित होते थे। वाइन भी साथ में रहती थी। कुल मिलाकर दोनों के पास लगभग चार-चार सौ पाउन्ड बच गये थे। बाकी के लिए वीजा क्रेडिट कार्ड थे।

दो-तीन दिन लन्दन में जोशी के घर में रहने का फैसला किया जाता है। जोशी की पत्नी इंडिया गई हुई थीं। इसलिए जोशी को कोई आपत्ति नहीं थी। होती भी तो उसे हड़का कर उसी घर में रहते। सब मिल-जुल कर खाना बनाते थे। एक बार फिर विद्यार्थी जीवन की याद सात समन्दर पार ताजा हो गई थी। खा-पीकर आनंद भारती और अनन्त कृष्णनन लन्दन की सड़कों को नापते। पब में जाते। फुलटाइम मौज-मस्ती। जोशी के घर में रहते हुए ऐसा लग रहा था कि वे अपने देश में ही रह रहे हैं। इसके बाद दोनों यूरोप की यात्रा पर निकल गए।

अमेरिका के सबप्राइम संकट से पूरी दुनिया में आर्थिक मंदी का दौर शुरू हो चुका था। चारों तरफ हाहाकार मच गया था। इण्डिया भी इस संकट से अछूता नहीं रहने वाला था। हजारों नौकरियाँ जा रही थीं। अमेरिकियों की उधार लेकर की जाने

वाली मौज-मस्ती पर विराम लग गया था। वीकेन्ड को धर्म की तरह मनाने वाले अमेरिकियों को बाजार से लोन मिलना मुश्किल हो रहा था। अमेरिकियों की पूरी जिन्दगी क्रेडिट पर टिकी हुई है, जबकि भारतीयों की सेविंग पर। एक अमेरिकी के पास औसतन पन्द्रह क्रेडिट कार्ड होते हैं। उनके यहाँ किसी बुजुर्ग की मौत पर विरासत में परिवारवालों को क्रेडिट काड्र्स और दूसरे लोन के बिल मिलते हैं। भारत में ऐसी स्थिति में परिवारवालों को मकान, सोना-चांदी और भी बहुत-बहुत कुछ मिलता है। भारत में ऐसा दर्शन भी है कि उधार लेकर घी पिओ। इस दर्शन के बावजूद लोग उधार में भी बचत का जुगाड़ बना लेते हैं।

पोखरण दो न्यूक्लियर टेस्ट के बाद भी भारत में तरह-तरह के आर्थिक प्रतिबंध अमेरिका ने थोपे थे। लेकिन भारतीयों को इससे ज्यादा कोई फर्क नहीं पड़ा। यह बात दीगर है कि कॉरपोरेट जगत में इसको लेकर कुछ बेचैनी जरूर थी। कृषि पर आधारित हमारी अर्थव्यवस्था ने प्रतिबंधों का जवाब पूरे भारतीय स्टाइल में दिया था। भारत तो ऐसा देश है कि अन्न संकट से जूझने के लिए वह अपने प्रधानमन्त्री लालबहादुर शास्त्री की अपील पर सप्ताह में एक दिन खाना तक छोड़ देता है। लेकिन अमेरिकी मौज-मस्ती की कीमत पर कुछ भी छोड़ने के लिए तैयार नहीं हैं। भारतीयों के लिए देश सबसे ऊपर है। यूरोपीय लेखक भारत के अंधेरे पक्ष को दिखा कर तमाम पुरस्कार जीतते रहते हैं। नस्लीय घृणा वहाँ अच्छे दामों में बिकती है। लेकिन भारत की ताकत को दिखाने और बताने में उन्हें शर्म आती है। अपनी दार्शनिक और आध्यात्मिक ताकत के दम पर ही भारत दुनिया की सबसे तेज बढ़ने वाली अर्थव्यवस्थाओं में से एक है। चीन के बाद उसका ही नम्बर आता है। बेशक चीन नम्बर एक है लेकिन उसके माल की क्रेडिबिलिटी दुनिया में जापानियों की तरह नहीं है। भारत के सामान की छाप है।

आर्थिक मंदी के चलते भारत में अमेरिका और ब्रिटेन से इण्डिया में आये कारोबार में सबसे ज्यादा संकट उत्पन्न हुआ। काल सेंटर इसके सबसे बड़े शिकार हुए। एक दशक से कम में काल सेंटरों के जरिये करीब पच्चीस लाख युवाओं को नौकरियाँ मिलीं। अब बड़े पैमाने पर उनमें छंटनी हो रही है। बराक ओबामा के अमेरिकी राष्ट्रपति बनने के बाद तो काल सेंटरों में आतंकी छाया जैसा प्रभाव आया है। चुनाव से पहले ओबामा ने आउटसोर्सिंग के धंधे को वापस अमेरिका लाने का वायदा किया था।

आर्थिक मंदी का भारत पर जो भी असर पड़ रहा हो, लेकिन मुन्नी की जिन्दगी उससे अछूती है। बेफिक्र वह आगे बढ़े जा रही है। उसका मकान बन कर

तैयार हो चुका है। मकान के नीचे तीन दुकानें निकलीं हैं। उनमें किरायेदार भी आ गये हैं। इसीलिए अब उसका तकिया कलाम भी हो गया है कि आपके पास गाड़ी-बंगला है तो मुन्नी के पास भी अपनी एक झोपड़ी है। यह न समझना मुन्नी रोड पर है। इसतरह वह सबको अपने मकान मालिक होने का एहसास कराती रहती है।

मुन्नी को नहीं पता कि आर्थिक मंदी क्या होती है। अलबत्ता महंगाई को लेकर वह आनंद भारती से गाहे-बगाहे जरूर टिप्पणी करती रहती है, 'साहब, महंगाई ने जीना हराम कर दिया है।' इसके बाद यह भी जोड़ती है, 'अपने को क्या। महंगाई आये या तूफान। हम तो अपनी तनख्वाह बढ़वा लेते हैं।'

मुन्नी की आकांक्षाओं के पर दिन-प्रतिदिन फैलते जा रहे थे। उसमें तरक्की करने की भूख इतनी प्रबल हो गई थी कि अब उसे सही-गलत में अन्तर भी नहीं समझ आता था। उसे जो चाहिए वह चाहिए। उसके लिए रास्ता क्या हो, इस पर वह नहीं सोचती थी।

एक सुबह आनंद भारती चाय की चुस्कियों के बीच अखबार पढ़ रहे थे। उनके सामने वह आकर खड़ी हो गई। वह कुछ कहना चाहती थी। आनंद भारती ने उसे तवज्जो नहीं दी। उनके सामने पड़े अखबारों को सरकाते हुए वह बोली— 'साहब, एक बात कहनी है।'

'बोलो।'-आनंद भारती ने अखबार में नजर गड़ाये हुए जवाब दिया।

'साहब, अन्दर वाले कमरे में कंप्यूटर इतने दिन से बंद पड़ा है...'

'तो क्या हुआ।'-आनंद भारती ने उसकी बात काटते हुए जवाब दिया।

'रेखा कंप्यूटर सीखने जाती है। उसे एक कंप्यूटर चाहिए। आप दे दें। जो पैसे होंगे हम दे देंगे।'

'ठीक है। दे दूंगा।'

मुन्नी के चेहरे पर मुस्कान तैर गई। वैसे भी आनंद भारती उस डिब्बे को लम्बे समय से निकालना चाहते थे। कई बार बेचने की कोशिश की। पाँच हजार भी देने वाला नहीं मिला। लैपटाप खरीदने के बाद से कंप्यूटर कमरे में फालतू जगह घेरे हुए था। सचमुच वह इलेक्ट्रॉनिक कचरे में तब्दील हो चुका था। आनंद भारती ने सोचा कि मुन्नी के घर कंप्यूटर जाने से उसके घर में पढ़ाई-लिखाई का माहौल और बढ़ेगा। तीनों छोटे लड़कों पर अच्छा प्रभाव पड़ेगा। उन्होंने मुन्नी को कंप्यूटर दे दिया। रेखा ने कंप्यूटर पर गेम्स से शुरुआत की।

प्रीति की मौत के बाद बचे पाँचों बच्चों में मुन्नी की रेखा से सबसे ज्यादा तू-

तू मैं-मैं होती थी। कई दिन दोनों में बातचीत नहीं होती थी। बड़ी बेटी नंदिनी संकोची है। मुन्नी की हर बात मान लेती है। लेकिन रेखा की फ़रमाइशों की फेहरिस्त इतनी लम्बी होती है कि उसे पूरा करना किसी के लिए भी मुश्किल हो। लेकिन इस सबके बावजूद मुन्नी रेखा को अन्दर अन्दर बहुत प्यार करती है। नंदिनी में उसे आगे बढ़ने के लक्षण नहीं दिखते हैं। नम्बर दो पर रेखा है, जो कुछ कर सकती है। पढ़ने में तो तेज है ही। असल में रेखा में मुन्नी वह सब कुछ देखती है, जो वह स्वयं नहीं कर पाई है। वह रेखा को साहब की तरह बड़ा आदमी बनाना चाहती है। इसीलिए न-नुकुर करते हुए भी वह उसकी फरमाइशों को पूरा करती रहती है। वैसे रेखा घर का काम भी करती है। अपने छोटे भाइयों को पढ़ाती भी है। पहले की तरह मारती भी नहीं है। प्रीति की मौत से पहले शाम को रेखा ने पढ़ने के लिए उसे मारा था। उसके बाद वह सुबह उठी नहीं। इस घटना के बाद से वह डर गई है। लेकिन मुन्नी और नंदिनी की गैर मौजूदगी में वह घर और स्कूल हर जगह का मोर्चा करीने से सँभाले है। मूड ठीक होने पर कभी-कभार मुन्नी के पैर भी दबा देती है। अब तो उसने कुछ बच्चों को ट्यूशन भी पढ़ाना शुरू कर दिया है। कमाई भी कर रही है। ताना भी मार देती है मुन्नी को, 'तुम लोग कमाने जाते हो और घर का कोई काम नहीं करते हो। मैं कमा कर भी तुम्हारे बच्चों और घर को सँभाल रही हूँ।'

साहिबाबाद गाँव में इन दिनों कुछ अलग-सी हलचल देखने में आ रही है। अपराधियों का निवास तो यहाँ पहले से ही था, अब कुछ लड़कियाँ समूह में यहाँ रहने लगी हैं। दिन में सोती हैं और रात को सज-धज कर निकल जाती हैं। इनमें कुछ बंगाल की हैं तो कुछ गुजरात और नेपाल की। इन लड़कियों के गाँव में आ जाने के बाद से किराये में बढ़ोत्तरी हो गई है। इनके घरों के सामने रात को लम्बी-लंबी गाड़ियाँ लगती हैं। सब हैरत की नजर से देखते हैं। कुछ-कुछ असामान्य सा लगता है सबको। लेकिन किसी को किसी से क्या? मकान मालिक भी किराये के लालच में किसी को भी घर दे देते हैं। यह तो तय है कि ये लड़कियाँ कॉल सेंटरों में काम नहीं करतीं। आने वाली गाड़ियाँ कॉल सेंटर की कैब नहीं हैं।

गाँव के जाट और गुर्जर बुजुर्गों को इन लड़कियों का व्यवहार पसन्द नहीं है। लेकिन क्या करें। बच्चों की मर्जी के आगे वे लाचार हैं। घर-बाहर का सारा काम बच्चों ने अपने हाथ में ले लिया है। बच्चों की मनमानी के चलते जमीन के मुआवजे में मिले पैसे से खरीदी बसें भी गाँव में इधर-उधर खड़ी हैं। बच्चे उन पर ध्यान नहीं देते। वे तो मोटरसाइकिलों या फिर जीपों में दिन भर इधर-उधर चौधराहट करते रहते हैं। चौधरियों की चलती थी तो बसों से दो पैसे की कमाई हो जाती थी।

अब कुछ बसें चल रहीं हैं तो उन्हें ठेकेदार चलवा रहे हैं खास कमाई नहीं हो रही है। पैसे देने के बजाय गाड़ी खराब होने के नाम पर पैसे और लग जाते हैं। गाँव में खड़ी बसों में बच्चे दिन भर छुआ-छुअउवल का खेल खेलते रहते हैं और चौधरी बच्चों को खदेड़ते रहते हैं।

...आनंद भारती की सगी भांजी अस्मिता दिल्ली में ही रहती है। कॉल सेंटर में टीम लीडर है। भूले-भटके कभी-कभार उसका फोन आ जाता है। बिना काम के फोन करने की उसके पास फुर्सत नहीं है या वह फिर इस औपचारिकता को जरूरी नहीं समझती है। घर पर तो वह तभी आती है जब साल में एकाध बार उसके नाना-नानी आते हैं यानी आनंद भारती के माता-पिता। वैसे उसको इस बात से कोई लेना-देना नहीं है कि उसके मामा भी इसी शहर में रहते हैं।

अचानक आनंद भारती के फोन की घंटी बजती है। अस्मिता का फोन नम्बर उभरता है। हालचाल पूछने के बजाय सीधे वह पूछते हैं, 'बोलो, क्या काम है अस्मिता।'

उधर से अस्मिता की आवाज आती है, 'आपको कैसे पता चला कि मुझे आपसे काम है!'

'इसमें पता होने की क्या बात है। तुम्हारा फोन ही काम के लिए आता है।' आनंद भारती ने सीधे उत्तर दिया।

'मामा, मैं आपसे मिलना चाहती हूँ। कब घर आ जाऊँ।'

'संडे, मेरा ऑफ रहता है। तुम उसी दिन आ जाओ।'

इसके बाद फोन कट जाता है। आनंद भारती सोचने लगते हैं कि अमेरिकी कॉल सेंटर में वह काम करती है। आर्थिक मंदी ने कहीं उसकी नौकरी में तो ग्रहण नहीं लगा दिया है। यह सोचते हुए वह अपने काम में लग जाते हैं।

अस्मिता की शादी हो चुकी है। पति राहुल भी कॉल सेंटर में काम करता है। अस्मिता उस पर भारी पड़ती है। अस्मिता के आगे उसकी नहीं चलती। कॉल सेंटर में नौकरी के दौरान दोनों की मुलाकात नहीं हुई थी। बचपन में इलाहाबाद में दोनों साथ पढ़ते हुए बड़े हुए थे। बचपन की मुहब्बत कह सकते हैं। दोनों की शादी न होती, अगर अस्मिता घर वालों पर भारी न पड़ती। आनंद भारती ने उसकी शादी कराने में मदद की थी।

शादी से पहले की बात है। आनंद भारती आफिस में अपने चेम्बर में रिपोर्टरों की मीटिंग ले रहे थे। दरवाजे पर उनकी नजर पड़ी तो देखा अस्मिता खड़ी है। उन्होंने उसे बैठने का इशारा किया।

थोड़ी देर बाद मीटिंग के बाद अस्मिता उनके सामने थी। आनंद भारती ने उससे उसका हालचाल पूछा। दोनों के बीच बातचीत के कोई खास मुद्दे कभी नहीं रहे। इसलिए थोड़ी देर चेम्बर में खामोशी छाई रही। आनंद भारती भी कंप्यूटर पर मेल चेक करने लगे।

अचानक खामोशी टूटी—'मामा, मैं लव मैरिज करने जा रही हूँ।' अस्मिता ने बड़े दृढ़ स्वर में कहा।

'तो इसमें समस्या क्या है?' आनंद भारती बिना सोचे बोल पड़े। लेकिन उनके चेहरे का रंग उड़ चुका था। उन्हें इस तरह के सवाल की अस्मिता से अपेक्षा नहीं थी।

'मम्मी।' कुछ अनमने भाव से बोलते हुए उसने कहा' 'वह इस शादी के खिलाफ हैं। पापा को तो मैंने पटा लिया है।'

'न मानने की वजह क्या है।' आनंद भारती विस्तार से जानना चाहते थे।

'लड़का अपनी जाति का नहीं है, बस! मेरे साथ ही काम करता है। आपने देखा होगा। कई बार वह मेरे साथ आपके ऑफिस आया है।'

'ठीक है, मैं तुम्हारी मम्मी से बात करूंगा,' आनन्द भारती ने अस्मिता को आश्वासन सौंप दिया। इस आश्वासन के बाद अस्मिता एक उम्मीद के साथ चली गई थी। उसे विश्वास था कि मामा उसकी मदद जरूर करेंगे।

पर स्वयं आनंद भारती अतीत के दरवाजे पर खड़े सोच रहे थे कि बचपन में 'बहिन जी' छाप इमेज रखने वाली अस्मिता ने इतना बोल्ड फैसला कैसे ले लिया! कॉल सेंटर के माहौल का असर है शायद। आनंद भारती अपने परिवार को पहचानते थे। जाति-बिरादरी उनके लिए हमेशा प्रमुख रही है। लव-मैरिज और वह भी जाति के बाहर, ऐसा होने की कोई आसान गुंजाइश उसमें नहीं थी। समय के इतने सालों बाद भी वह आज, मानसी से शादी न करने के लिए पछता रहे थे। हालांकि जिद्दी और अपनी बात पर अड़ने वाले आनंद भारती यदि ऐसा फैसला करते तो भी उन्हें रोकने वाला कोई नहीं था।

पर आनंद भारती ऐसा नहीं कर पाए थे, जिसके लिए उनके मन के एक कोने में मलाल था। अपने लिए छोड़ दिए गए उस प्रस्ताव को नियति ने उनके सामने दोबारा अस्मिता के रूप में ला खड़ा किया था। अस्मिता के तेवर देखकर लग रहा था कि यदि रजामंदी से शादी नहीं हुई तो वह कोर्ट में शादी कर लेगी। उनके सामने मानसी का चेहरा घूम गया। यदि मानसी को ऐसा निर्णय लेना होता तो वह परिवार के विरुद्ध विवाह नहीं करती। पर हाँ, वह कहीं और भी विवाह न करती। उसकी

'पसन्द' नहीं तो माता-पिता की पसन्द को भी वह अपने पर न थोपती, 'बोल्डनेस' का यह अन्तर बदलते मूल्यों का अन्तर था, आनंद भारती समझ रहे थे।

खैर! उन्होंने उसी दिन फोन पर अपनी बहन से बात की। सारे घटनाक्रम को सुना। समय की नजाकत समझाते हुए समझाया भी कि यदि तुम नहीं मानोगी तो भी अस्मिता शादी का फैसला नहीं बदलेगी। बहन को उनकी बातें समझ आ गईं थीं। उसके बाद रीति रिवाज से दोनों की शादी हो गई थी।

... संडे का दिन था। अस्मिता अपने पति राहुल के साथ आनंद भारती के घर पर थी। सबने मिल-जुल कर खाना खाया। फिर बातचीत का सिलसिला शुरू हुआ। अस्मिता ने राहुल से कहा 'तुम ही बताओ।'

'तुम्हें बताते शर्म आ रही है क्या?' राहुल ने अस्मिता से कहा।

'अरे, जो बात हो बताओ। इसमें पहले आप, पहले आप करने की क्या जरूरत है?' आनंद भारती दोनों की बात सुन कर बोले।

'मामा, हम लोग एक समस्या में फंस गये हैं।' अस्मिता बोली।

'क्या समस्या है। साफ-साफ बताओ। पहेली बुझाने से समस्या हल तो हो नहीं जायेगी।'

'मामा, हम पर काफी कर्ज हो गया है। मकान, गाड़ी और दूसरी चीजों की ईएमआई हमारे ऊपर भारी पड़ रही है। मुझे नौकरी से हटाने का नोटिस भी मिल चुका है।'

आनंद भारती का अंदेशा सही निकला था कि आर्थिक मंदी ने जरूर अस्मिता की नौकरी पर खतरा खड़ा किया है। मामला पैसों का था। वह अस्मिता को पैसों से मदद करने के मूड में नहीं थे। और दूसरी बात यह भी थी कि इतने पैसे उनके पास भी नहीं थे कि वह उसे दे सकते। अस्मिता की बात सुन कर उन्होंने उसकी इतनी हौसला अफजाई जरूर की कि बैंक में किसी बड़े अधिकारी से बात कर वह वसूली करने वालों को थोड़े समय के लिए रुकवा देंगे। इस बीच तुम दूसरा कोई काम तलाश लेना। तब सब ठीक हो जायेगा। अस्मिता को थोड़ा ढाढस बँधा। अन्यथा कार लोन वाले तो साफ-साफ कह गये थे कि हफ्ते भर के अन्दर ईएमआई नहीं जमा हुई तो कार उठा ले जाएंगे।

दोनों के जाने के बाद आनंद भारती सोचने लगे कि दिल्ली और उसके आसपास बसे गुड़गाँव और नोएडा में करीब सात-आठ सौ कॉल सेंटर हैं जिनमें हजारों नौजवान काम करते हैं। बड़ी संख्या में नौकरी का संकट खड़ा हुआ है। न जाने कितनों पर ईएमआई भारी पड़ रही होगी। वह सोचते हैं कि देश में यह एक

बड़ी समस्या है। लोगों का ध्यान इस ओर जा नहीं रहा है। वह आर्थिक मंदी की मार झेल रहे कॉल सेंटरों पर एक सीरिज अखबार में छापने का फैसला करते हैं। किसी को एसाइनमेंट देने के बजाय वे इसकी पड़ताल में स्वयं जुट जाते हैं।

वह अपने फ्लैट के सामने रहने वाली उस लड़की और उसके घर आने-जाने वालों पर भी नजर रखना शुरू कर देते हैं, जो कॉल सेंटर में काम करती है। लड़की खास इंप्रेसिव नहीं है। लेकिन है बिंदास। पाँच फुटी उस लड़की के बाल बरगण्डी और लटें गोल्ड हैं। दुबली होने के लिए कान में आईपाड नैनो लगा कर छत पर ब्रिस्क वाक करती है। आईपाड से कान खाली होते हैं तो मोबाइल उसकी जगह ले लेता है। जंक फूड पर पली है। दाल-भात से अगर वास्ता पड़ा होगा तो बचपन में ही। पिज्जा मारगेरिटा उसकी पहली पसन्द है। डोमिनो से लेकर पिज्जा हट तक सभी के वेंडर उसके घर पर आमतौर पर खड़े रहते हैं। कभी-कभी उसके टैरेस पर पार्टियाँ भी होती हैं। हल्का म्युजिक भी होता है। सिगरेट के छल्लों से टैरेस-भर जाता है। पार्टी जैसे-जैसे परवान चढ़ती है बियर के केन नीचे गिरना शुरू हो जाते हैं। आनंद भारती की उस लड़की में रुचि देख कर एक दिन मुन्नी उन्हें बताती है- 'साहब, सामने वाली लड़की ने तीसरी शादी की है।'—तीसरा पति उसका जिम इंस्ट्रक्टर रहा है। जिम में ही दोनों नजदीक आये।

'साहब।' मुन्नी अपनी बात को आगे बढ़ाते हुए कहती है 'कार साफ करने वाला बहादुर बता रहा था कि वह उससे कह रही थी कि यह पति पहले वाले की तरह नहीं है। वह कूलर में पानी भरने से लेकर वाशिंग मशीन में मेरे कपड़े तक निकाल देता था। यह देखने का पहलवान है। इसे बेड में पहलवानी करने के अलावा कुछ नहीं आता।'

आनंद भारती कॉल सेंटरों के चक्कर लगाने लगे। उनमें काम करने वाले लोगों से मिलने-जुलने लगे। कॉल सेंटरों के बाहर ढाबों में बैठते। पब और डिस्क में होने वाली पार्टियों में जाते। कॉल सेंटरों के लोगों ने एक अलग दुनिया को जन्म दे दिया था। चमकते कॉल सेंटरों के अन्दर शीशे से झांकने में ही अन्दर की एक झलकी मिल जाती है। हाथों में हाथ डाले युवा। होठों में होठ डाले लड़के-लड़कियाँ। ड्रेस कोड न होने के चलते कॉल सेंटर नाइट क्लबों और डिस्को की तरह का आभास देते हैं।

कॉल सेंटरों ने ड्रग की बीमारी भी पैदा की है। आसपास के ढाबों में माल भरी सिगरेट आसानी से मिल जाती है। बस इसके लिए ड्रग बेचने वाले से कनेक्शन की दरकार होती है। एक्सटेसी नाम की टेबलेट भी काफी प्रचलन में है।

इसको खाने के बाद एक काल्पनिक दुनिया के दर्शन होते हैं। डिस्को में भी यह आसानी से मिल जाती है। डिस्को में महीने में एक-दो पार्टी कॉल सेंटर के युवाओं की होना आम बात है। विदेश से आने वाले इंसेन्टिव को कंपनी वाले इन्हीं डिस्को में खर्च करते हैं। कभी दिल्ली में डिस्को इसलिए बंद हो गये थे कि उनमें जाने वाले नहीं मिलते थे। पाँच सितारा होटलों में नाम के लिए ही एक-दो डिस्को बचे थे। पर बड़ी संख्या में कॉल सेंटरों के उदय के बाद राजधानी दिल्ली और उसके आसपास डिस्को कुकुरमुत्ते की तरह उग आये थे। इनमें लास्ट चांस, मोजोस, दि डेक, ओडीसी, नशा, तन्त्रा, एलीवेट काफी चलने वाले डिस्को माने जाते हैं। लन्दन और दिल्ली के इन डिस्को में अब कोई खास अन्तर नहीं रह गया था। सब कुछ वैसा ही था। इन्हीं डिस्को में किसी भी स्ट्रेंजर लड़के-लड़की से मुलाकात हो सकती है। नशे में दोनों एक साथ रात भी गुजार लेते हैं। ऐसे सहयात्रियों को कॉल सेंटर की दुनिया में 'वन नाइट स्टैंड' कहा जाता है। इसके बाद दोनों अपनी दुनिया में अपरिचितों की तरह चल देते हैं।

सेक्स कॉल सेंटरों में काम करने वाले लड़के-लड़कियों के लिए नैतिकता से जुड़ी चीज नहीं है। लिव इन रिलेशन आम हैं। यही नहीं कई-कई लड़के-लड़कियाँ एक ही फ्लैट लेकर साथ रहते हैं। आपस में लड़कियाँ भी बदलते रहते हैं। उनके बीच आमतौर पर कोई वायदा नहीं होता। मौज-मस्ती ही इन रिश्तों का आधार होता है। आजादी से जीने वाली कई ऐसी लड़कियाँ आनंद भारती को मिलीं जो ऐसे रिश्तों में शामिल हैं। लेकिन शादी माँ-बाप की मर्जी से ही करना चाहती हैं। ऐसी लड़कियों के साथ रहने वाले लड़के-लड़की की शादी के समय उसे शापिंग कराते हैं। शादी की तैयारियों में बढ़ चढ़-कर हिस्सा लेते हैं। लेकिन साथ गुजरे लमहों को लेकर उनमें कोई हीनभावना नहीं होती है। सब सामान्य।

आनंद भारती कई लड़के-लड़कियों से बात करते हैं। एक ममता है। कॉल सेंटर के सभी लोग ममता को ममता जी कहते हैं। उनका सम्मान करते हैं। कॉल सेंटर में वैसे जी लगाने का कोई चलन नहीं है। उनके पति दुबई में काम करते हैं। बारह साल के बेटे की माँ हैं। वफादार पत्नी और एक अच्छी माँ। उन्हें कॉल सेंटर की दुनिया से कोई लेना-देना नहीं है। किसी भी पार्टी में नहीं जाती हैं। अपने काम से काम। ज्यादा कमाई की लालच उन्हें काल सेंटर ले आई है। पहले वह एक स्कूल टीचर थीं। वैसे ऐसे लोगों की संख्या यहाँ काफी कम है।

इसी तरह कल्पना है। शादीशुदा है। उनके पति की उम्र उनसे दस साल ज्यादा है। उनकी नजरें चंचल हैं। हमेशा किसी न किसी नये लड़के के चक्कर में

रहती हैं। कल्पना ऐसे किसी नये लड़के से दोस्ती करती हैं और दो-चार हफ्ते उसके साथ वह सब कुछ करती हैं जो उन्हें अपने पति से उनकी सन्तुष्टि के लायक नहीं मिलता है। इसके बाद दूसरे लड़के की तलाश में जुट जाती हैं।

अनिल भी अपने तरह के खलीफा हैं। स्टाइल में रहते हैं। वाना-गाना भी गाते हैं। लड़कियाँ उन्हें घेरे रहती हैं। वह लड़कियाँ वैसे ही बदलते हैं जैसे कपड़े। विवेक पाँच साल से अधिक समय से कॉल सेंटर में काम कर चुके हैं। उन्हें पार्टी-वार्टी अब नहीं जचती है। शराब की लत जरूर उनको लग गई है। वह कॉलिंग को निरर्थक मानते हैं। कहते हैं कि यह भी कोई काम है। दार्शनिक होते हुए अपने दोस्तों को बताते हैं कि अंग्रेज हमारे देश से जो पैसा लेकर चले गये थे, बीपीओ का धंधा उसे देश में वापस ला रहा है। इसीलिए हम अभी तक इस काम में लगे हुए हैं। उन्हें जिन्दगी अब खोखली लगने लगी है।

ऐसी ही राधा की कहानी है। बिहार के छोटे शहर से आई थी। ट्रेनिंग के समय सलवार-कुर्ता पहनती थी। नजरें झुकी रहती थीं। लड़कों से बात करने में शर्म आती थी। पूरी कस्बाई मानसिकता थी। छः महीने बीतते-बीतते राधा पर कॉल सेंटर का माहौल सिर चढ़ कर बोलने लगा। छोटे कपड़े शरीर पर टक गये। सलवार सूट कहीं दूर छूट गया। हाथों में सिगरेट आ गई। डिस्को में आना-जाना शुरू हो गया। ब्वॉय फ्रेंड भी बन गए। एक साथ उसने दो-दो ब्वॉय फ्रेंड बनाये हुए थे। इसी के चलते राधा के लिए एक दिन कॉल सेंटर परिसर में ही उसके दोनों प्रेमियों में जबर्दस्त झगड़ा हुआ। मामला था कि राधा मेरी है। झगड़ा इतना बढ़ा कि एक लड़के ने दूसरे लड़के के सिर पर शीशे के गिलास से वार कर दिया। कॉल सेंटर के चमकते टाइलों पर खून की धारा बहने लगी। पुलिस आई और दोनों को पकड़ ले गई। आनंद भारती को पता लगा कि इस तरह के दृश्य कॉल सेंटरों में आम हो गये हैं। गोलियाँ भी चल चुकी हैं। लड़कियाँ भी कभी-कभी किसी लड़के के लिए आपस में भिड़ जाती हैं। ओरल सेक्स तो कॉल सेंटरों में आम है। एक जुमला और भी है—'टू मिनट प्लीज।' इसका मतलब है कि कॉल सेंटर के टैरेस या फायर प्लेसेस में सेक्स। दो मिनट में सारा काम तमाम।

कॉल सेंटरों में आने वाला हर नया युवा कॉल सेंटर की चमक से बच नहीं पाता है। एक तो उम्र कच्ची होती है और अनुभव में अनाड़ी होते हैं। उस उम्र में जेब भरी हो तो कुछ भी करने में फिर हिचक कैसी है। कॉल सेंटरों में काम करने के लिए बहुत बड़ा ज्ञानी होने की कोई जरूरत नहीं है। बारहवीं पास कर परसूइंग ग्रेजुएशन का बायोडाटा दे कर नौकरी मिल जाती है। योग्यता सिर्फ अंग्रेजी जानना

है। बाकी पन्द्रह दिन की ट्रेनिंग में सब सिखा दिया जाता है। कॉलिंग यानि अच्छा बातूनी होना। सामने वाला नाराज न हो, माल बिके या न बिके, उसकी क्वैरी शान्त हो या न हो, बस, अगले को सुनते रहो और जवाब देते रहो। कॉल सेंटरों के शुरुआती दिनों में अमेरिकी बहुत गालियाँ देते थे। अपने देश से नौकरियों के जाने से वे काफी दुखी रहते थे। वैसे भी अमेरिकी कस्टमर अपनी बात ही फकिंग-शकिंग के साथ शुरू करता है। बिग एफ का इस्तेमाल उनके लिए सामान्य है। विपरीत इसके ब्रिटिश कस्टमर व्यंग्य का सहारा लेते हैं। गाली गलौज नहीं करते हैं। बड़े प्यार से पूछते हैं कि आपने छः सौ पाउन्ड का मोबाइल बिल हमें भेजा है इसे कैसे जमा करना है। इस व्यंग्य को कॉल अटेंड करने वाले को समझना पड़ता है और उसका तोड़ निकालने की कोशिश करनी पड़ती है। यदि कस्टमर सन्तुष्ट हो जाता है तो कॉल सेंटर की भाषा में इसे अच्छी कालिंग कहा जाता है।

आनंद भारती को कॉल सेंटर में पूरी युवा पीढ़ी का भटकाव दिखा। असल में वह पुराने स्कूल के पत्रकार थे। उन्हें ऐसा लगना ही था। उन्हीं के संस्थान में अंग्रेजी सेक्सन में इतना खुला तो नहीं लेकिन इससे कम भी नये लड़के-लड़कियाँ नहीं करते हैं। मैट्रो सिटीज की यह एक कड़वी सचाई है। इसमें वे भी शामिल हैं जिनकी जेब में माल नहीं है। पढ़ाई करते हुए जेबों को मालामाल करने का आसान रास्ता है कॉल सेंटर। लेकिन जिन्दगी की बड़ी कीमत पर। अगर माल और मौज-मस्ती मिल रही है तो इसकी कीमत भी कॉल सेंटर वसूल रहे हैं। जिन्दगी के चक्र में बदलाव। हर कॉल सेंटर में काम की शुरुआत रात दस बजे के बाद होती है, जब अमेरिका और ब्रिटेन में सुबह होती है। इसीलिए इनमें काम करने वालों के लिए दिन में गुडनाइट होती है तो रात को गुड मार्निंग। सुबह का सूरज देखे भी इनको महीनों बीत जाते हैं। सुबह जब मुर्गा बांग दे रहा होता है। चिड़िया कलरव कर रही होती हैं। दुनिया जब दौड़ रही होती है, जिन्दगी चहचहा रही होती है, तब तो ये सो रहे होते हैं। जिन्दगी बंध सी जाती है। सोशल लाइफ का मतलब सिर्फ आफिस और डिस्को में धमाल। इनकी जिन्दगी का अर्थ यही रह जाता है।

दिन में सोने के चलते इनमें नई-नई बीमारियाँ भी आ रही हैं। स्पाइनल कार्ड में शिकायत और स्पान्टलाइटिस आम बीमारी है। सेक्स जिस तरह आम है, उसमें एड्स के मरीजों का होना भी स्वाभाविक है। लेकिन आनंद भारती को एड्स को लेकर कोई जानकारी नहीं मिलती है।

कॉल सेंटरों में चालीस प्रतिशत लड़के-लड़कियाँ आपस में ही शादी कर लेते हैं। पर सफल वैवाहिक जीवन का रिकॉर्ड काफी खराब है। लम्बे समय तक

शादी नहीं चलती है। ऐसे में कोर्ट-कचहरी और आपस में लात-जूता भी होता है। कुछ शादियाँ सफल भी होती हैं। आमतौर पर कॉल सेंटरों में काम करने वाले युवा शादी से भागते हैं। आजाद रहना चाहते हैं। वे आज में जीना चाहते हैं। भविष्य उनके लिए कोई मायने नहीं रखता है। अमेरिकी उधार की संस्कृति में जीना चाहते हैं। सबके पास कई-कई क्रेडिट कार्ड हैं। महंगे-से-महंगे मोबाइल, लम्बी कार, फ्लैट सब उधार में खरीद लिए हैं। लड़कियों पर पैसा भी खुल कर लुटाते हैं। कर्ज चुकाते वक्त इसकी टोपी उसके सिर उसकी टोपी दूसरे सिर पर रखते हैं। एक कार्ड से लोन लेकर दूसरे बैंक का कर्ज उतार देते हैं। दूसरे की बारी आती है तो तीसरे से उसकी इएमआई जाती है। बड़ी संख्या में कर्ज के मकड़जाल में कॉल सेंटर में काम करने वाले युवा फंसे हैं। अब जब आर्थिक मंदी की मार चली है तो हर कॉल सेंटर में हफ्ते में एक आध बार उनके विदेशी मालिक छंटनी का फरमान भेज रहे हैं।- बड़ी संम्ख्या में कॉल सेंटर में काम करने वाले सड़कों पर आ गये हैं। बैंक के गुंडे घर पर दस्तक दे रहे हैं कर्ज वसूली के लिए और वे भागते फिर रहे हैं।

...तीन माह की मियाद पूरी हो चुकी है। अस्मिता को दूसरी नौकरी नहीं मिली। नतीजतन उसकी गाड़ी बैंक ने जब्त कर ली। ईएमआई का जुगाड़ नहीं हुआ। उधर-उधर मंदी के बाद भी मुन्नी टॉप गियर में अपनी जिन्दगी की गाड़ी दौड़ा रही थी। कामवालियों की महारानी वह पहले ही बन चुकी थी। वसुन्धरा में बिना उसके हिलाये कुछ नहीं हिलता था। काम वाली चाहिए तो मुन्नी मोबाइल से सम्पर्क करना ही होगा। नौकरानी की गारंटी भी देती है। नौकरानियों की उसकी छोटी-मोटी यूनियन भी है। काम पर रखवाने से पहले साफ कर देती है कि हटाने से पहले एक महीने का नोटिस देना पड़ेगा नहीं तो तनख्वाह। यही छोड़ने के लिए भी शर्त होती। लेकिन अब उसे खुद काम करना पसन्द नहीं आ रहा था। वह एक-एक कर अपने काम छोड़ रही थी। कमीशन से अच्छी कमाई हो रही थी। आनंद भारती का काम अभी तक उसने इसलिए नहीं छोड़ा था कि उसके अन्दर उनको लेकर शर्म थी। जीवन की तमीज जो सीखी थी उसने उनके घर में। खाना बनाने से लेकर उठना-बैठना सब यहीं सीखा था उसने। वैसे दोनों को लेकर मोहल्ले की औरतें तरह-तरह की बातें बनाती थीं। कोई कहता कि मुन्नी ने आनंद भारती को सेट कर लिया है तो कोई कहता कि दोनों के बीच शारीरिक सम्बन्ध हैं। लेकिन आनंद भारती ने मुन्नी के साथ अपने रिश्तों का कभी खुलासा नहीं किया। मुन्नी से

उनका रिश्ता देखने में मालिक और नौकरानी का ही था। वह काम खराब होने पर उसे भयानक रूप से डांटते भी थे। अकेले रहने के कारण वह मोहल्ले की औरतों के बीच चर्चा का विषय रहते। आनंद भारती के लिए यह कोई हैरानी की बात नहीं थी।

मुन्नी अब कामवालियों के बीच रह कर ऊब सी गई थी। रोज-रोज की उनकी किच-किच से वह आजिज आ गई थी। कभी मालिकों की शिकायत तो कभी नौकरानियों की शिकायत। किसी बड़े काम-धंधे की तलाश में वह जुटी थी। उसकी नजर अपने गाँव में खड़ी चौधरी देवेन्द्र सिंह की बस पर थी। वे उसे बेचने के लिए कस्टमर तलाश रहे थे। उस का परमिट गाजियाबाद-दिल्ली का था। लेकिन ठेकेदारों की बदमाशी के चलते वे बस नहीं चला पा रहे थे। ठेकेदारी में देने पर भी उन्हें घाटा ही हो रहा था। मुन्नी ने चौधरी से बस खरीदने की अपनी इच्छा एक दिन जाहिर की, 'चौधरी इस खटारे को यहाँ क्यों खड़ा किये हो। मुझे दे दो।'

'तू ही ले ले छोरी।' चौधरी ने हुक्का गुड़गुड़ाते हुए जवाब दिया।

'शुरुआत में थोड़े पैसे ही दूंगी।' मुन्नी ने ठसक भरे लहजे में कहा।

'कोई बात नहीं। बाकी बाद में दे देना।' चौधरी ने हँसते हुए जवाब दिया।

चौधरी को अन्दर से लगता था कि मुन्नी यदि बस ले लेगी तो वह उसे चलाने में भी कामयाब हो जायेगी। उन्होंने उसकी झुग्गी से लेकर पक्के मकान और साधारण औरत से दबंग औरत तक की यात्रा को नजदीक से देखा था।

चौधरी ने मुन्नी की ओर पासा फेंका, 'बाकी पैसे भी मैं ही तुम्हें उधार दे दूंगा। लेकिन ब्याज दो प्रतिशत लगेगा।'

चौधरी के मन में लालच आ चुका था। उसने सोचा नकद भी मिलेगा और बचे पैसे पर ब्याज भी।

मुन्नी को भी सौदा ठीक लगा। उसने सोचा कि 'हर्र लगे न फिटकरी रंग चोखा।' गाड़ी चल गई तो फिर बल्ले-बल्ले हो जायेगी। वैसे उसे अपने ऊपर पूरा विश्वास था कि वह बस को रूट पर चला ले जायेगी।

चौधरी और मुन्नी के बीच बस को लेकर करार हो गया। गाँव के दो लोगों की गवाही भी हो गई। मुन्नी ने एक लाख रुपये नकद चौधरी को दे दिये। बाकी दो प्रतिशत ब्याज पर देने का कागज साइन हो गया। मुन्नी ने अँगूठे की जगह दस्तखत किये।

गाँव में यह खबर आग की तरह फैल गई। मुन्नी मोबाइल ने चौधरी देवेन्द्र सिंह की बस खरीद ली। बस रखने वाले सभी चौधरी हतप्रभ थे। उनमें आपस में

चर्चा गरम थी कि हम लोग लठैत होने के बाद भी ठेकेदारों की गुण्डई से निपट नहीं पा रहे हैं, मुन्नी कैसे उनसे जूझेगी। सभी हँस रहे थे कि चौधरी ने मुन्नी को फंसा लिया। थोड़े दिन के बाद वह हाथ-पैर जोड़कर बस वापस कर देगी। उसके एक लाख भी डूब जायेंगे।

दिल्ली और एनसीआर में कोई भी बस मालिक अपने दम पर बस नहीं चलाता है। हर टरमिनल पर वहाँ के स्थानीय गुंडों का कब्जा है। उनकी मर्जी के बिना उस रूट की बस नहीं चलती है। आमतौर पर बस परमिट लेने के बाद बस मालिक इन्हीं गुण्डों के हवाले बस कर देते हैं और एक बंधी बंधाई रकम में ही उन्हें सन्तोष करना पड़ता है।

मुन्नी ने बस तो खरीद ली थी लेकिन वह चलेगी कैसे, इस बात से वह अंजान थी। कुछ नया कर गुजरने की चाहत ने उसे बस खरीदने के लिए मजबूर किया था। अब वह ब्लू लाइन बस की मालिक थी। मुन्नी से पहले भी जस्सी नाम की एक पढ़ी-लिखी दबंग महिला ने बस चलाने की गलती की थी। वह इस धंधे में अपना सब लुटा चुकी है। अब वह पागल सी हालत में है।

जस्सी के बस ऑपरेटर बनने की दास्तां भी बड़ी दिलचस्प है। उसके पिता फौज में कर्नल थे। घर से ठीकठाक थी। वह नोएडा से 323 नम्बर की ब्लू लाइन बस से धौला कुआँ अपने आफिस जाती थी। वह एक एक्सपोर्ट हाउस में काम करती थी। लम्बी-तड़ंगी और देखने में सुन्दर थी। सुबह की नौ बजे की बस पकड़ती थी। सुबह के समय बस में काफी भीड़ होती है। सीट मिलना आसान नहीं होता है। ब्लू लाइन बस तो सवारी भरने की होड़ में एक के ऊपर एक सवारी को बैठा सकती है। कहीं भी रुक सकती है सवारी के लिए। रूट भी बदल सकती है। सवारी के आपत्ति करने पर उसकी ठुकाई भी की जा सकती है। बस से उतारा भी जा सकता है। बस पर तो गुण्डों का कब्जा होता है। भीड़ में पिसते-पिसाते सवारियाँ अपने गन्तव्य तक पहुँच ही जाती हैं। पर कुछ नसीब वाली सवारियाँ भी होती हैं जिन्हें भीड़ के बावजूद ड्राइवर या कंडक्टर के पास वाली सीट मिलना पक्का होता है। ये नसीब वाली सवारियां आमतौर पर जवान लड़कियाँ होती हैं। ऐसी ही भाग्यशाली सवारी जस्सी थी। 323 बस का ड्राइवर सतिन्दर शुरुआत में जस्सी को जानता नहीं था। लेकिन धीरे-धीरे दोनों में हलकी मुस्कान के जरिये परिचय हो गया था। इसके बाद से जस्सी की सीट ड्राइवर की सीट के पीछे पक्की हो गई थी।

सतिन्दर लम्बा तड़ंगा गबरू जवान था। देखने में भी ठीक-ठाक था। जस्सी

से परिचय के बाद वह स्टाइल में रहने लगा था। कपड़े-वपड़े भी अच्छे पहनता था। डेनिम की नीली जींस और टी शर्ट उसके पसन्दीदा कपड़े थे। धीरे-धीरे दोनों में अच्छी जान पहचान हो गई थी। जस्सी कभी-कभी उसके लिए चाकलेट भी लाती। अब तो उसके देर होने पर बस भी वह लेट करने लग गया था। उसके बिना बस चलती नहीं थी। जस्सी का मोबाइल नम्बर सतिन्दर के पास आ चुका था। लेट होने पर वह उससे जल्दी आने के लिए कहता। धीरे-धीरे दोनों नजदीक आने लगे थे। एक छुट्टी के दिन सतिन्दर ने उसे लंच करने का निमन्त्रण दिया। जस्सी मान गई। रविवार के दिन 'पंजाबी बाई नेचर' रेस्त्रां में मिलना तय हुआ। दोनों ने वहाँ लंच किया। एक-दूसरे को गहरी नजरों से देखा। प्रेम की आधारशिला रखी जा चुकी थी। धीरे-धीरे उनका मिलना-जुलना बढ़ता गया।

...और वह दिन भी आ गया। दोनों ने शादी करने का फैसला कर लिया। जस्सी के पिता कर्नल और उसके भाई लोगों ने विरोध किया। लेकिन जस्सी न मानी। वह अपना हिसाब-किताब फाइनल कर अपने पिता का घर छोड़ आई। दोनों की शादी हो चुकी थी। अच्छे दिन कट रहे थे। एक दिन जस्सी ने सतिन्दर से कहा, 'मैं नहीं चाहती कि तुम दूसरे की गाड़ी चलाओ।'

'तो मैं क्या करूँ। और कोई दूसरा काम तो मुझे आता नहीं है।'

'मैं तुम्हें बस लेकर देती हूँ।'

इसके बाद जस्सी ने बंटवारे में अपने पिता से मिले और अपनी नौकरी से बचाये पैसे से बस की एक चेसिज का आर्डर कर दिया। चेसिज आने पर अच्छे से उसको जस्सी ने तैयार कराया। बस के पीछे वाले हिस्से में 'जस्सी एक्सप्रेस' लिख दिया गया। पॉवर आफ अटर्नी के जरिये जस्सी ने 323 रूट का परमिट ले लिया। नये परमिट तो मिलते नहीं हैं। पन्द्रह साल पहले दिल्ली परिवहन निगम ने प्राइवेट बसों के लिए परमिट स्कीम निकाली थी। उसके बाद दोबारा फिर परमिट के लिये निगम ने आवेदन ही नहीं माँगे। इतने लम्बे समय में ओरिजनल परमिटधारी न जाने किस बिल में घुस चुके हैं। एक-एक परमिट कई-कई बार बिक चुका है।

जस्सी की बस रूट पर छलांगा मारती चल पड़ी थी। अब बारी थी टर्मिनल के गुण्डों से भिड़ने की। जस्सी गाड़ी को ठेके पर नहीं चलाना चाहती थी। ठेके पर चलाने में घाटा होता है। सारी मलाई तो ठेकेदार उड़ा ले जाते हैं। बिना कुछ निवेश किये। उस पर बस के रखरखाव का खर्चा अलग। नोएडा टर्मिनल के ठेकेदार गुण्डों ने जस्सी को संदेशा भिजवाया कि बस पर लगने वाला रंगदारी टैक्स वह पहुँचा दे या फिर बस हमारे हवाले कर दे। बंधी-बंधाई रकम ले ले। जस्सी थोड़ी

दबंग थी। उसने उनकी बात नहीं सुनी। एक दिन टर्मिनल के ठेकेदारों के गुण्डों इसलाम, शाहिद और चीनी ने अपने लफंगों की फौज को लेकर बस पर पथराव कर दिया। सवारियों में अफरा-तफरी मच गई। कोई जान बचाने के लिए इधर भागा तो कोई उधर। काफी देर तमाशा चलता रहा।

पुलिस को इस तरह के मामले में आने में काफी देर लगती है। वैसे भी ठेकेदारों की पुलिस से सेटिंग है। हर महीने पुलिस महकमे के ऊपर से नीचे तक के अधिकारी को नजराना जाता है। मामले की जस्सी ने पुलिस में रिपोर्ट दर्ज कराने की कोशिश की। पुलिसवालों की कोशिश थी कि ठेकेदार और जस्सी के बीच समझौता हो जाये। पर जस्सी न मानी। पुलिस ने औपचारिकता पूरी करते हुए शिकायत दर्ज कर ली। जस्सी नहीं जानती थी कि पुलिस इस मसले पर कुछ करने वाली नहीं है। उसे लग रहा था कि ठेकेदारों के खिलाफ शिकायत कर उसने किला फतह कर लिया है।

इस हमले के बाद भी जस्सी ने हिम्मत नहीं हारी। उसने बस के टूटे शीशे ठीक-ठाक करा फिर रूट पर दौड़ाने की कोशिश की। एक बार वैसा ही हमला फिर हुआ। इस बार बस का भारी नुकसान हुआ। सतिन्दर ने जस्सी को समझाया कि उसे यदि बस चलानी है तो ठेकेदारों से समझौता करना ही होगा। उसने अपने पुराने अनुभवों का वास्ता देते हुए जस्सी को खूब समझाया। अन्ततः जस्सी मान गई और इसलाम के जरिये वह ठेकेदार सुरेन्द्र कसाना से मिली।

दोनों के बीच सौदा तय हो गया। जस्सी एक्सप्रेस को अब कोई रोकने वाला नहीं था। हर रोज उसे दो हजार मिल जाते थे। इसके बाद जस्सी ने दो बसें और खरीदीं। उन पर भी जस्सी एक्सप्रेस लिखा गया।

जस्सी की किस्मत अच्छी नहीं थी। दिल्ली कश्मीरी गेट टर्मिनल के ठेकेदार अशोक लोहिया और सुरेन्द्र कसाना के बीच एक-दूसरे के इलाके में बस घुसेड़ने को लेकर तनातनी हो गई। दोनों बाहुबली थे। कोई पीछे हटने के लिए राजी नहीं हुआ। आमतौर पर ठेकेदार एक दूसरे से उलझते नहीं हैं। सब ईमानदारी से अपने-अपने रूट पर ही बसें चलाते हैं। इनमें आपस में एक तरह का भाईचारा भी रहता है। पुलिस और परिवहन अधिकारियों से मिलकर अपने मसले सुलझाते हैं। लेकिन कसाना और लोहिया में ठन गई। दिल्ली में मयूर विहार में कसाना की तीन बसें लोहिया के लोगों ने रोक लीं। ये तीनों बसें जस्सी की थीं। कसाना को जब यह पता लगा तो वह भी अपनी फौज के साथ मौके पर पहुँच गया। दोनों गुटों में जमकर झगड़ा हुआ। पूरे फिल्मी अन्दाज में दोनों गुट एक दूसरे से तलवारों के साथ

जूझते रहे। कसाना के खास आदमी इसलाम के पेट में तलवार घुस गई। इस बीच पुलिस भी आ गई। दिल्ली पुलिस ऐसे मामलों में नोएडा (उत्तरप्रदेश) की पुलिस से काफी स्मार्ट है। उसने दोनों गुटों के लोगों को पकड़ लिया और जस्सी की तीनों बसों को अपने कब्जे में कर लिया।

कई दिनों तक जस्सी की बसें पुलिस स्टेशन में खड़ी रहीं। पुलिस स्टेशन में बसों का कोई टायर खोल ले गया तो कोई स्टेरिंग। पुलिस वालों के कब्जे में आने वाली गाड़ियों से स्टीरियो से लेकर इंजन तक चोरी हो जाना कोई नई बात नहीं है। कबाड़ी और मैकेनिक पुलिस को पैसा देकर सामान निकाल ले जाते हैं। लम्बे समय तक पुलिस स्टेशन पर रहने वाली गाड़ी का खोखा और उसकी नम्बर प्लेट ही बचती है। जस्सी ने जद्दोजहद कर किसी तरह अपनी बसें छुड़वाईं।

कोर्ट कचहरी करते हुए जस्सी को अहसास हुआ कि वह बस लेकर किस चक्कर में फंस गई। जस्सी के नाम बसें होने के कारण पुलिस से लेकर कोर्ट की पेशी में उसे ही जाना पड़ता है। यह देख कर सतिन्दर ने उससे कहा कि तुम बसें मेरे नाम करवा दो और कानून का सारा चक्कर मैं सँभाला करूंगा। जस्सी को सतिन्दर की बात जंची। उसने अपनी तीनों बसें सतिन्दर के नाम ट्रांसफर करा दीं।

'कसाना एण्ड कंपनी' के लोग जेल से बाहर आ गये। जस्सी की बसें फिर चलने लगीं। सतिन्दर दिलफेंकू लड़का था। इधर-उधर मुँह मारना उसकी आदत का हिस्सा था। बस में जस्सी की सीट पर अब दूसरी लड़की प्रीति बैठने लगी थी। वही सब फिर शुरू हुआ। जस्सी की तरह उसने प्रीति को भी लंच पर निमंत्रित किया। बात आगे बढ़ गई। सतिन्दर के जाल में जस्सी की तरह प्रीति भी फंस चुकी थी। सतिन्दर तो अब तीन बसों का मालिक भी बन चुका था। जस्सी सब से पूरी तरह अंजान थी। वह सतिन्दर का घर सँभाल रही थी। कई दिन सतिन्दर जब घर नहीं आया तो जस्सी को लगा कि वह अपने गाँव किसी जरूरी काम से चला गया होगा। सतिन्दर का मोबाइल बंद था। गाँव में नेटवर्क नहीं पकड़ता है।

पन्द्रह दिन बीतने के बाद जस्सी की बस के कंडक्टर ने सतिन्दर की प्रीति से शादी की बात बताई तो जस्सी फट पड़ी। उसे विश्वास ही नहीं हो पा रहा था कि वह जिसके लिए अपना घर-बार छोड़ आई वह ऐसा धोखेबाज निकलेगा। वह सतिन्दर के नये घर पहुँची। जस्सी और सतिन्दर दोनों में खूब तू-तू मैं-मैं हुई।

'तुझे शर्म न आई दूसरी शादी करते हुए।' जस्सी रोते हुए बोली, 'मैंने तुम्हारे लिए क्या नहीं किया। अपना घर छोड़ा। परिवार छोड़ा।' जस्सी सच्ची थी वह एकालाप करती रही। सतिन्दर चुपचाप खड़ा रहा। प्रीति भी यह तमाशा देख रही

थी।

'मेरे अन्दर क्या कमी थी कि तू दूसरी ले आया।' जस्सी बिलख रही थी, 'मेरी गलती यही है न कि मैंने तेरे जैसे सड़क के आदमी से प्यार करने की गुस्ताखी की।'

जस्सी दहाड़े जा रही थी। आसपास के लोग भी तमाशबीन की तरह सारा तमाशा देख रहे थे। सतिन्दर का जुलूस निकल रहा था।

'मैं तुझे छोड़ूंगी नहीं। 'जस्सी चीखती हुई बोली, 'तूने मुझे बर्बाद किया है। मेरी बसें वापस कर।'

सतिन्दर कोई भला इंसान तो था नहीं। पहले तो उसने तमाशा देख रहे लोगों को हड़काया, 'यहाँ क्या देख रहे हो। तुम्हारी माँ की शादी हो रही है क्या।'

उसकी आवाज में बदमाशी की बू आ रही थी। उसने दो एक को हाथ से धकियाते हुए फिर कहा, 'अपना रास्ता देखो वरना अभी इलाज करता हूँ।'

इसके बाद वहाँ खड़े लोग चलते बने। जस्सी चीखे-चिल्लाये जा रही थी। लेकिन सतिन्दर को तरस नहीं आ रहा था। उसका सब छिन चुका था। सतिन्दर ने अपनी हैवानियत का परिचय देते हुए उसे धकिया कर अपने घर से बाहर कर दिया। थोड़ी देर जस्सी बाहर खड़ी-खड़ी रोती-चिल्लाती रही। सतिन्दर ने घर का दरवाजा बंद कर लिया और प्रीति से बोला-'थोड़ी देर रो-गा कर चली जायेगी। तुम परेशान मत हो। कल मैं इसका इलाज कर दूंगा।'

इस तरह जस्सी अपनी बसों और अपने पति दोनों से हाथ धो चुकी थी। कई दिनों तक वह परेशान घूमती रही। सतिन्दर की जुदाई में वह डिप्रेशन में आ गई। उसको पागलपन के दौरे पड़ने लगे। उसके पड़ोसी ने उसे एक साधु से मिलने की सलाह दी। साधु भी अधेड़ उम्र के थे। साधु जस्सी को मेडिटेशन कराने लगे। साधु ने जस्सी पर ऐसा जादू चलाया कि वह साधु पर पूरी तरह समर्पित हो गई। साधु ने बहला-फुसला कर जस्सी का फ्लैट अपने नाम करा लिया। इसके बाद साधु ने भी जस्सी को छोड़ दिया। अब जस्सी नोएडा की सड़कों पर पागलों की तरह घूमती रहती है। उसके पास न तो अपना घर है और न ही ठिकाना। स्टैंड पर खड़ी बसों में ही वह रात गुजार देती है। ड्राइवर-कंडक्टर उस पर तरस खा कर उसे चाय-पानी-नाश्ता करा देते हैं।

नोएडा के लगभग हर बस ड्राइवर और कंडक्टर ने बस में ही चलने वाली सवारियों से शादी की हुई है। दिलचस्प यह भी है कि अधिकांश ड्राइवरों ने दो और कइयों ने तो तीन शादियाँ भी की हैं। कुछ दिलफेंक बस मालिक भी बसों में

लड़कियों को पटाने के लिए चलते हैं। कई-कई बार तो लड़कियों को लेकर बस कंडक्टर और ड्राइवर में ठन जाती है। एक-आध बार तो कंडक्टर और ड्राइवर में लड़की के सवाल पर चाकूबाजी भी हो चुकी है। वैसे भी चाकूबाजी और डंडेबाजी ब्लू लाइन बसों में होना साधारण बात है। सवारी के लिए कुछ भी कर बैठते हैं। प्राइवेट गाड़ियों द्वारा सवारियों को बैठा लेने पर भी उनसे फाइट करते हैं। कॉल सेंटरों की कैब से ब्लू लाइन वालों के बीच हमेशा दो-दो हाथ होते रहते हैं। कॉल सेंटर की कैब वाले ड्राइवर ऊपरी कमाई के लिए सवारियों को छोड़ने के बाद वापसी में सवारियाँ उठा लेते हैं। ब्लू लाइन बस वाले जब इन्हें पकड़ते हैं तो उनकी ठुकाई करने के साथ उनके कैब की चाभी भी जब्त कर लेते हैं। सवारियों को लेकर ब्लू लाइन बस वालों और कॉल सेंटर की कैब वालों में हमेशा लुका-छिपी का खेल चलता रहता है।

...मुन्नी की बस सर्विस सेंटर में तेल-पानी चेक हो कर आ चुकी थी। उसने बिहार का ही एक ड्राइवर सुरजन ठीक कर लिया था। उसका किरायेदार छोटू कंडक्टर बन चुका था। गाजियाबाद-पहाड़गंज रूट पर दौड़ाने से पहले बस को सजाया संवारा गया। मुन्नी ने बस के अगले टायर पर नारियल तोड़कर बस की पूजा की। ईश्वर से प्रार्थना की कि उसकी बस के रास्ते में कोई बाधा न आये।

बस गाजियाबाद पहुँची तो गाजियाबाद टर्मिनल वाले ठेकेदारों को मुन्नी के बस खरीदने की बात साहिबाबाद में रहने वाले बस मालिकों से पहले ही पता थी। बस अपने सही समय पर निकल पड़ी। बस ने अपने चक्कर पूरे किये। ठीकठाक कमाई हुई। कई दिन बस यूं ही चलती रही। रोज नोट आते रहे। हर दिन का हिसाब रेखा रखने लगी। उसने अपने कंप्यूटर में एक फोल्डर बस का बना दिया। उसी में रोज के तेल-पानी के खर्चे, ड्राइवर-कंडक्टर की खुराकी और आमदनी का हिसाब रखने लगी।

ठेकेदारों से रहा नहीं जा रहा था कि उनकी मर्जी के बिना कोई बस उनके टर्मिनल से कैसे चल सकती है! दस दिन बाद मुन्नी के ड्राइवर सुरजन को उन्होंने फतवा सुना दिया, 'भइया, इस रूट, पर बस चलानी है तो हमें रंगदारी देनी होगी। रंगदारी नहीं देनी है तो रोज का लमसम तय कर लो। बस हम चला लेंगे।'

सुरजन जानता था कि एक-न-एक दिन ये होना ही है। लेकिन मुन्नी इस बात से वाकिफ नहीं थी। हालांकि उसने बस खरीदने के बाद इस तरह की बात

उड़ते-उड़ते सुनी जरूर थी। सुरजन ने मुन्नी को ठेकेदारों की बात बताई।

मुन्नी आदत के अनुसार आग-बबूला हो गई। बोली, 'देखती हूँ कौन ठेकेदार मेरी बस को रोकता है?'

मुन्नी गाँव के जाट और गुर्जरों से लोहा लेती रही है। थाना-पुलिस भी कर चुकी है। आनंद भारती के फोन के बाद हर बार पुलिस ने मुन्नी का ही साथ दिया था। उसी ठसक को लिए अगली सुबह बस स्टैंड में बस के साथ मुन्नी मौजूद थी। उनके ठिये में सीधे घुसते हुए उसने कहा-'मेरा नाम मुन्नी मोबाइल है और बिहार की रहने वाली हूँ। मैं किसी से डरती नहीं हूँ। आप अपना काम करो और मुझे अपनी बस चलाने दो।'

उनमें से एक ठेकेदार ललित गुर्जर ने मुन्नी को समझाने की कोशिश की, 'बहिन जी, आप बस चलाओ हमें कोई ऐतराज नहीं है। लेकिन सिस्टम से चलाओ। यहाँ का जो नियम है उसे अपनाओ और बस चलाओ। नहीं तो, हम बस चलने नहीं देंगे।'

'कैसे नहीं चलने दोगे। तुम्हारे बाप की सड़क है क्या!' मुन्नी ताव में बोली। उसने सुरजन से इशारा किया कि गाड़ी बढ़ाओ मैं इनसे निपट लूंगी।

यह बात किसी और ने कही होती तो अब तक उस पर लाठी-डंडे बरस चुके होते। बात एक महिला ने कही थी, इसलिए ललित गुर्जर शान्त रहा। इससे पहले किसी महिला बस मालिक से उनका पाला नहीं पड़ा था। वे मुन्नी को सबक सिखाने के लिए दूसरा रास्ता निकालने की सोचने लगे। उन्होंने तय किया कि मुन्नी की बस टाइमिंग से पाँच मिनट पहले और पाँच मिनट बाद एक-एक बस छोड़ी जाये ताकि मुन्नी की बस को सवारी न मिले। खाली बस कब तक दौड़ाएगी। इसी के साथ उसकी बस को बदनाम करने के लिए जेबकतरों की टीम भी लगा दी। जेबकतरे जब उसकी बस में जेबें काट कर आतंक फैलाएंगे तो नियमित सवारियाँ नहीं चढ़ेंगी।

ठेकेदारों ने अपनी बनाई रणनीति के तहत मुन्नी की बस के आगे एक बस लगा दी और एक पीछे। जेबकतरे भी रोज सवार होने लगे। जेबकतरे जेब भी काटते और बस में पकड़े जाने पर सवारियों को भी धुनते। सवारियों का टोटा होने लगा मुन्नी की बस को। आठ-दस दिन के बाद मुन्नी को अहसास हुआ कि तेल का खर्चा भी नहीं निकल रहा है। वह परेशान हो उठी। वह ठेकेदारों का तोड़ निकालने में जुट गई। उसने फैसला किया कि छोटू के साथ वह भी बस में चलेगी। उसने कंडक्टर की सीट पर मोर्चा सँभाल लिया। टिकट काटती। लोगों से तमीज से बात

करती। दो-चार दिन में उसकी बस में लेडी कंडक्टर को देखने वालों की भीड़ होने लगी। जेबकतरों का आतंक जारी था।

मुन्नी ने एक दिन ड्राइवर सुरजन के साथ रणनीति बनाई। उसने सुरजन से कहा कि बस में जेब कटे तो बस रोकने के बजाय थाने में घुसेड़ देना। हुआ भी यही। उस दिन किसी सवारी की जेब काटते हुए दिल्ली युनिवर्सिटी के लड़कों ने जेबकतरे को पकड़ लिया। उन्होंने जेबकतरे और उसे बचाने आए उसके साथियों की खूब धुनाई की। सौ नम्बर पर फोन कर पुलिस बुलाकर उन्हें पकड़ा भी दिया। बस को पुलिस स्टेशन ले जाने की नौबत नहीं आई। हालांकि पुलिस से अट्टी-सट्टी होने के चलते सभी जेबकतरे छूट गये। लेकिन मुन्नी की बस में चढ़ने की उनमें दोबारा हिम्मत नहीं पड़ी। पर बस के आगे-पीछे ठेकेदारों की बस चलने के कारण सवारियाँ नहीं मिल पा रही थीं।

ललित गुर्जर से लोहा लेने वाली मुन्नी मोबाइल की कहानी टर्मिनलों में मशहूर होने लगी। कोई उसे फूलन देवी कहता तो कोई झांसी की रानी। बावजूद इसके उसकी बस घाटे में ही चलती रही। लेकिन मुन्नी ने भी हौसला नहीं छोड़ा।

पहाड़गंज टर्मिनल के ठेकेदारों को जब मुन्नी की चर्चा का पता चला तो सालों से ललित गुर्जर से छत्तीस का आंकड़ा रखने वाले रमेश जाट ने मुन्नी के कंधे पर रख कर बंदूक चलाने की सोची। रमेश जाट की भी कई बसें गाजियाबाद और पहाड़गंज रूट पर चलती हैं। गाजियाबाद में अक्सर ललित गुर्जर के लोग उसकी बसों को रोक लेते हैं। ड्राइवर-कंडक्टर की धुनाई भी कर देते हैं। रमेश जाट ने एक दिन मुन्नी से मुलाकात की। उसने उससे कहा-'चौधरानी, ललित गुर्जर ठीक आदमी नहीं है। हमारा भी उससे झगड़ा है। आप हमारा साथ दो तो हम उसको सबक सिखा देंगे।'

चौधरानी का संबोधन सुन अन्दर-ही-अन्दर मुन्नी खुश हुई। उसे लगा कि अब उसकी भी कोई औकात हो गई है। उसने रमेश जाट से हाथ मिला लिया। अब रमेश जाट की बसें ललित गुर्जर की बसों के आगे चलने लगीं। उनकी बसों में सवारियों का टोटा होने लगा। इस बीच मुन्नी ने आनंद भारती से भी मदद की गुहार की। एक दिन उसने उनसे कहा, 'साहब, आप पुलिस वालों को सिर्फ इतना बोल दें कि वह ललित गुर्जर का पक्ष न लें। बाकी हम समझ लेंगे।'

आनंद भारती उसके आत्मविश्वास को देख कर हैरान थे। वैसे वह उससे काफी नाराज थे। कंडक्टरी करने के चक्कर में वह कई दिनों से खाना बनाने नहीं

आ रही थी। वह दो-चार दिन की बात कह कर गई थी। आनंद भारती ने झिड़कते हुए उससे कहा, 'मैं तुम्हारी कोई मदद नहीं करुंगा। तुम्हें समझ नहीं आया कि मैं कैसे खाना बना रहा होऊंगा।'

'साहब, आया तो। लेकिन मैं मजबूर थी।' मुन्नी ने याचना भरे स्वर में कहा, 'इस बार मदद कर दीजिए। मैं किसी और को खाने पर लगा देती हूँ।'

आनंद भारती अन्दर से उसकी तरक्की से खुश थे। वह सोच रहे थे कि कोई यदि किसी काम के बारे में ठान ले तो वह पूरा कर लेगा। मुन्नी उसका जीवन्त उदाहरण थी। न-नुकुर करने के बाद आनंद भारती ने पुलिस को फोन करने की हामी भर ली। उन्होंने गाजियाबाद के एसएसपी विजय शंकर चतुर्वेदी को फोन कर मुन्नी की सारी कहानी बताई और उसकी मदद के लिए उनसे हामी भरवा ली। चतुर्वेदी भी इत्तेफाक से इलाहाबाद युनिवर्सिटी के पढ़े थे। आनंद भारती से जूनियर भी थे। उन्होंने बस स्टैंड के थानेदार को मुन्नी के साथ बदमाशी करने वाले ठेकेदारों को टाइट करने का फतवा जारी कर दिया।

थानेदार ने ललित गुर्जर को बुलाने का फरमान जारी कर दिया।

दोनों आमने-सामने थे।

'हुजूर कैसे बुलाया।' ललित गुर्जर ने थानेदार से कुछ इतराते हुए पूछा।

'सुना है आजकल तेरी दादागिरी कुछ ज्यादा बढ़ गई है।' थानेदार ने उसकी थोड़ी हवा निकाली। 'आजकल औरतों से भी तू पंगा लेता रहता है।'

'हुजूर कुछ बात समझ नहीं आई। ललित गुर्जर अंजान बनते हुए बोला, 'हफ्ता तो समय पर भेज देता हूँ हुजूर!'

'मैं हफ्ते की बात नहीं कर रहा हूँ। मैं मुन्नी बस वाली की बात कर रहा हूँ। सुना तुम उसे परेशान कर रहे हो।'

'हुजूर, दादागिरी से बस चला रही है। रमेश जाट भी उसका साथ दे रहा है। कल सब ऐसे ही करने लगेंगे तो हमारा क्या होगा। आपको हफ्ता कहाँ से देंगे। हमारे पेट पर तो लात पड़ जाएगी।'

'तू चाहे जो कर। मुन्नी की ओर नजर नहीं उठाना। कप्तान साहब का ऑर्डर है। यदि बात नहीं समझ आएगी तो सारी ठेकेदारी गड़बड़ा जाएगी।'

'ठीक है हुजूर।' कह कर ललित गुर्जर थाने से चला गया।

मुन्नी की बस चलने लगी। इसके बाद जेबकतरों से लेकर दूसरे ठेकेदार मुन्नी को सलाम ठोकने लगे। ललित गुर्जर के होश भी ठंडे हो गये। रमेश जाट की बसें भी बेरोकटोक मुन्नी के दम पर चलने लगीं। साहिबाबाद गाँव के अन्य बस

मालिकों को मुन्नी की दादागिरी का पता चला तो सब सकते में आ गये। धीरे-धीरे मुन्नी चौधरी का कर्ज उतारने लगी। गाँव के कुछ और बस मालिकों ने मुन्नी को अपनी परमिट वाली बस ठेके में देने की पेशकश की। मुन्नी दिहाड़ी तय करती और बस रूट पर दौड़वा देती। इस तरह वह गाजियाबाद टर्मिनल की एक ठेकेदार बन चुकी थी। ललित गुर्जर से भी ज्यादा बसें उसकी चलने लगीं।

इस सबके बीच नौकरानियों की सप्लाई का काम उसका छूट गया। आनंद भारती को भी उसने टाटा कह दिया। यह बात दीगर है कि उसने आनंद भारती के घर अपनी ही तरह की एक अच्छी काम वाली लगवा दी थी। उसने यह भी कह दिया था कि साहब, कभी पार्टी-वार्टी में जरूरत पड़े तो मुन्नी आपके लिए हमेशा हाजिर रहेगी। असल में आनंद भारती से वह रिश्ता तोड़ना नहीं चाहती थी। वह उनके हमेशा काम आते रहे हैं। वह कई बार अपने मन में यह भी सोचती थी कि यदि साहब नहीं होते तो उसके अन्दर आगे बढ़ने और बच्चों को पढ़ाने-लिखाने की बात कभी न आई होती।

...इधर यूरोप से लौटकर आनंद भारती ने अपने ई-मेल का इनबॉक्स चेक किया तो बॉक्स भरा पड़ा था। अमेरिका से सुधा पाण्डेय का ईमेल। साथ में एक वीडियो क्लिप का अटैचमेन्ट भी था। आनंद भारती ने मेल को क्लिक कर खोला। मेल में एक संदेश भी था : 'रवि ने शिकागो में एक बहुत बड़ा बंगला खरीदा है। शहर के आलीशान बंगलों में से एक। उसी की वीडियो क्लिप भेज रही हूँ।'

रवि सुधा पाण्डेय का बड़ा बेटा है। एक नामी सॉफ्टवेयर कंपनी में मैनेजर आपरेशन है। बुरी लतों से दूर। अच्छे खाने का शौकीन। पढ़ना-लिखना उसके लिए खाने से भी ज्यादा जरूरी है। अपनी माँ की तरह ही सुरुचिपूर्ण है। वीडियो क्लिप पर क्लिक करते ही वैदिक ऋचाओं की पाठ शैली में गायत्री मंत्र गूँजता है। तस्वीर में सड़क के किनारे लगा एक बोर्ड चमकता है-ब्रुक स्टोन। इसी के किनारे वाला मकान रवि का है। फोर साइड ओपन। बंगले के बाहर बड़ा सा लॉन है। लॉन में तीन बड़े मैपल ट्री पहरेदार की तरह खड़े हैं। लान के चारों तरफ क्यारियों में ग्लैडिया और गुलाब के पौधे लगे हैं। इन्हीं के साथ रंगबिरंगी सोलर लाइटें भी हैं। थोड़ी दूर पर ही गैराज है। बाहर के दर्शन के बाद मुख्यद्वार की बारी है। किले के द्वार से कुछ छोटा ही प्रवेश द्वार है। दरवाजों पर स्टेन ग्लास लगा है और उसमें भित्त शैली का काम है। अन्दर घुसते ही बहुत बड़ा ड्राइंग रूम। किसी चैप्पल के

बहुत बड़े दरवाजे के ऊपर विशाल शीशा रख कर बनाई गई डाइनिंग टेबिल ड्राइंग रूम के एक किनारे में रखी है। उसी से सटा स्टडी। फेमिली रूम और उससे जुड़ी किचन। फेमिली रूम में बहुत बड़ा प्लाजमा टीवी लगा है। पूरा थियेटर लगता है फेमिली रूम। ग्राउन्ड फलोर पर दो बड़े बेडरूम हैं। ड्राइंग रूम से ही गोल सीढ़ी पहली मंजिल की ओर ले जाती है। ऊपर आठ कमरे हैं। मास्टर बेडरूम का बाथरूम किसी भी फ्लैट के बड़े रूम से भी बड़ा है।

इन्हीं कमरों में एक कमरा सुधा पाण्डेय का भी है। देखते ही लगता है कि यही कमरा सुधा पाण्डेय का हो सकता है। टेबिल पर करीने से ड्राइंग-ब्रश स्टैंड पर लगे हैं। एक खुली प्लेट में तरह-तरह के रंग रखे हैं। कुछ ड्राइंग सीट भी रखी हैं। बुक सेल्फ पर कला से जुड़ी ढेर सारी किताबें हैं। पूरा मकान एयरपैक्ड है। खिड़कियों में हवा को रोकने के लिए कई-कई शीशे एक-के-बाद एक लगे हैं। शिकागो में ठंड बहुत पड़ती है। माइनस जीरो का टेंपरेचर आम बात है। बर्फ गिरने पर झोपड़ीनुमा मकान सफेद चादर में लिपटे हुए बहुत सुंदर दिखते हैं।

उस किलेनुमा घर के बाहर और इनडोर दोनों तरफ स्विमिंग पूल है। स्वच्छ पारदर्शी नीला जल (नीचे का तल नीला होने के कारण) आँखों को मोहाविष्ट कर लेता है। इतना साफ कि एक सुई भी गिर जाए तो दिखाई दे। आनंद भारती इस पूरे क्लिप को दो-तीन बार देखते हैं।

आर्थिक मंदी में पूरा अमेरिका बिलख रहा है। आनंद भारती के पास रोज आने वाले फोन में दो-चार फोन ऐसे जरूर होते हैं जिसमें यह बताया जाता है कि नौकरी चली गई। ऐसे में रवि ने बंगला कैसे खरीदा! यह सवाल आनंद भारती के मन में कौंधता है। रवि की तरक्की को देख कर वह मन-ही-मन बहुत ख़ुश होते हैं। कभी वह अपने देश को छोड़ना नहीं चाहता था। लेकिन अब वह कई सालों से अमेरिका में रह रहा है। वैसे वह वापसी की तैयारी के लिए भी बेताब है। दिल्ली में भी वह एक बहुत बड़ी कोठी बनवा रहा है। लगभग तैयार है। वापसी पर उसी में रहने का इरादा है।

फिलहाल सुधा पाण्डेय दिल्ली के पॉश इलाके साउथ एक्स में रहती हैं। पिता की अंतिम नौकरी स्टील अथारटी आफ इण्डिया में थी। थोड़े दिन पहले ही उनकी हार्ट अटैक से मौत हो चुकी है। रवि आनंद भारती को बहुत पसन्द करता है। कभी-कभी वह उन्हें फोन भी करता है। उसने बड़े करीने से तैयार कर तोशीबा का एक लैपटाप आनंद भारती को दिया है।

अमेरिका का समय भारत से ग्यारह घंटे पीछे चलता है। ठंड के दिन थे। रवि

बेडरूम में जाने की तैयारी कर रहा था और आनंद भारती बालकनी में गुनगुनी धूप का आनंद ले रहे थे। वे टाइम मैगजीन में अमेरिका के सबप्राइम संकट के बारे में छपे आर्टिकल को पढ़ रहे थे। इसी संकट के चलते लीमैन ब्रदर्स जैसे बड़े-बड़े बैंक एक के बाद एक दिवालिया हो चुके थे। अमेरिका में प्रॉपर्टी कौड़ियों के भाव बिक रही थी। मैगजीन में आनंद भारती उलझे थे कि अचानक मोबाइल की घंटी बजी। शिकागो का नम्बर था। रवि ने आज बहुत दिनों बाद फोन किया था। गृह-प्रवेश के बाद शायद पहली बार। हालचाल पूछ-पुछव्वल के बाद उन्होंने सुधा पाण्डेय के बारे में पूछा।

'मम्मी ठीक हैं।' रवि ने बताया,'अगले सप्ताह इण्डिया जा रही हैं। डायरेक्ट फ्लाइट नहीं मिली। इसलिए म्युनिख होकर वह जायेंगी।'

आनंद ने इतने बड़े बंगले को खरीदने के औचित्य के बारे में पूछा, 'अरे! तुम तुम्हारी पति-पत्नी के अलावा तुम्हारा बेटा है, तो इतना बड़ा बंगला क्यों खरीदा!'

'आपके लिए।' रवि ने हँसते हुए जवाब दिया, 'आप जब आएंगे तो आराम से रहें, इसलिए यह बंगला लिया है।'

'मुझे तो पैसों की बर्बादी लगती है।' आनंद भारती ने अपनी बात आगे बढ़ाते हुए कहा, 'पैसे हैं तो बर्बाद तो नहीं करने चाहिए। पहले वाला मकान भी तुम्हारा बुरा नहीं था।'

'अंकल, मैंने कोई बर्बादी नहीं की है। आर्थिक मंदी में यहाँ मकान इण्डिया से भी सस्ते मिल रहे हैं। और आप तो जानते हैं कि यहाँ रहने वाले भारतीय अमेरिकियों की तरह उधार लेकर मौज-मस्ती नहीं करते। हम यहाँ बसने नहीं, कमाने आए हैं।' रवि ने बात का खुलासा किया। 'अमेरिकी लोगों के जीवन को आर्थिक मंदी ने क्या बुरी तरह से प्रभावित किया है। अमेरिकी तो इस मंदी से हिल गये हैं। क्रिसमस के दिन हैं। बावजूद इसके बाजार खाली पड़े हैं। वीकेन्ड में बाहर जाने वाले अमेरिकी अपने घरों में कैद हैं। उनके पास अपनी बचत का कुछ नहीं है। क्रेडिट कार्ड्स पर भी बैंकों ने कर्ज देने में सख्ती बरत रखी है। एक बात है अंकल, यहाँ कुछ बिके न बिके, महंगी-से-महंगी डेनिम की ब्लू जीन्सों की बिक्री में कोई कमी नहीं आई है। न्यूयॉर्क टाइम्स ने एक सर्वे में यह बात बताई है।'

'तुम लोग कैसे बचत करते हो।' आनंद भारती ने जिज्ञासु भाव से पूछा।

'अंकल, हमारे कोई फालतू खर्चे ही नहीं हैं। मैंने तो अपने बेटे वैभव को भी पैसे बचाने के लिए गुल्लक दे रखा है, ताकि वह बचपन से ही बचत के महत्व को समझ सके। वीकेन्ड में हम साई मन्दिर, बालाजी या फिर राम मन्दिर में जाते हैं।

वहाँ अपने देश के बहुत सारे लोग मिलते हैं। हम एक-दूसरे से जुड़ते हैं। देश वहाँ जीवन्त हो उठता है। गोरे वहाँ नहीं होते हैं। हम सब अपना-अपना सा महसूस करते हैं। दक्षिण भारतीय से लेकर बंगाली और हिन्दी भाषी सभी होते हैं। सभी अपने लगते हैं। आपस की बोलचाल की भाषा हिन्दी होती है। कभी लंगर का भोजन करते हैं, तो कभी मन्दिर परिसर भारतीय दुकानों से कुछ खा-पी लेते हैं।'

बातचीत लम्बी हो रही थी। आनंद के आफिस जाने का वक्त हो चला था और रवि के सोने का। उन्होंने यह कहते हुए कि फिर बात करेंगे फोन काट दिया।

सुधा पाण्डेय और आनंद भारती की जान-पहचान करीब बीस-बाइस साल पुरानी है। उन दिनों वह साप्ताहिक पत्रिका में काम करते थे। सुधा पाण्डेय अपनी सहेली कुमुद के साथ ऑफिस आती थीं। कुमुद टीवी सीरियलों के आर्टिस्ट्स के इंटरव्यू करती थी। कुमुद फ्रीलांसर थी। कुमुद ने ही सुधा पाण्डेय से आनंद भारती का परिचय कराया था। यह जान-पहचान इसलिए भी गहरी होती गई कि सुधा पाण्डेय कानपुर की थीं। हालांकि उनका जन्म कलकत्ता में हुआ था। वहीं पढ़ी-लिखी थीं। शान्ति निकेतन में कला की शिक्षा ली थी। पंडित जसराज से गायन सीखा था। कत्थक भी वह जानती थीं। कविताएँ लिखना उनके शौक में शामिल था। कलकत्ता उनके जीवन में इस तरह समाया था कि उससे इतर वह कुछ सोच ही नहीं पाती थीं।

सुधा पाण्डेय बहुत सुलझी हुई महिला थीं। अपने मायके से पैसे वाली थीं। लेकिन ससुराल में गाँव की जमीन-जायदाद के अलावा और कुछ नहीं था। उस पर डिमान्डिंग सास-ससुर थे। उन्होंने संघर्ष से दिल्ली में मकान बनाया था। अपने बच्चों को भी बड़े जतन से पढ़ाया-लिखाया था। उन्हें अच्छी शिक्षा देने के लिए उन्होंने कौन से जतन नहीं किये! स्कूल में पढ़ाया। एक्सपोर्ट हाउस में डिजाइनर का काम किया। पेंटिग क्लासेस चलाईं। कत्थक भी कुछ बच्चों को सिखाती थीं, लेकिन बच्चों को कभी किसी कमी का अहसास नहीं होने दिया।

सुधा पाण्डेय से जिन दिनों आनंद भारती की मुलाकात हुई थी, उन दिनों उनका अपनी पत्नी शिवानी से झगड़ा चल रहा था। वह हमेशा उदास और परेशान दिखते थे। कनपुरिया होने के नाते दोनों में अच्छे सम्बन्ध हो गये थे। उन्होंने एक दिन अपनी सारी परेशानी सुधा पाण्डेय को बताई। इसके बाद वह समय-समय पर आनंद भारती का हौसला बढ़ाती रहीं थीं। उन्होंने आनंद भारती को कई-कई बार समझाया कि घर तोड़ना आसान है लेकिन उसे बनाये रखना मुश्किल है। वह उन्हें शिवानी के आगे झुकने की भी सलाह देतीं। आनंद भारती उसे मानते भी। कई बार

समझौते की उन्होंने कोशिश भी की, लेकिन शिवानी तो मानो घर तोड़ने का फैसला कर ही चुकी थी।

आनंद भारती का शिवानी से तलाक हो जाने के बाद वह काफी अकेले हो गये थे। ऐसे में सुधा पाण्डेय हमेशा उनका हौसला बढ़ाती रहती थीं। दूसरी शादी के लिए भी उन्हें प्रेरित करती थीं। कई बार तो वह शादी के प्रस्ताव भी ले आती थीं। पर इस सबके बीच दोनों में साहित्य, कला और थियेटर की ही ज्यादा बात होती थी। और इस चर्चा में कलकत्ता आ ही जाता था। वह आनंद भारती को कलकत्ता में फोटो प्रदर्शनी करने के लिए प्रेरित करतीं। आनंद भारती यह कह कर टाल जाते कि कलकत्ता में कला के प्रशंसक तो हैं, लेकिन खरीदार नहीं हैं। आनंद भारती शौकिया फोटोग्राफर थे। आनंद भारती देश के कई शहरों में अपनी फोटो प्रदर्शनी लगा चुके थे। बड़ी वाहवाही मिली। उनका काफी काम भी बिका था। अखबारों में भी उनके काम की कला समीक्षकों ने तारीफ की थी। टाइम्स आफ इंडिया के कला समीक्षक ने उनकी तस्वीरों के बारे में लिखा था : 'आनंद भारती की तस्वीरों को देख कर ऐसा लगता है जैसे मणिरत्नम की फिल्म हो और जिसकी खासतौर से सिनेमेटोग्राफी सन्तोष सिवान ने की हो।'

सुधा पाण्डेय के कलकत्ता और बंगालियों को लेकर कुछ बुरे अनुभव भी थे। पर कलकत्ता उनकी आत्मा में वास करता था। एक बार उन्होंने ऐसे ही अपने एक बुरे अनुभव के बारे में सुनाया था, 'शादी के बाद मेरा कलकत्ता छूट गया था। मैं दुर्गापुर में शादी होकर आ गई थी। मेरे पति दुर्गापुर स्टील प्लांट में काम करते थे। इससे पहले मैं कलकत्ता से कभी बाहर नहीं गई थी। कानपुर रिश्तेदारों की शादी-ब्याह में कभी-कभार जाना होता था, लेकिन अब लगता है कि दुनिया मे कलकता से बढ़िया कोई जगह नहीं है। पिता को हम भाई-बहन कक्कू कहते थे। उनकी हर बृहस्पतिवार चिट्ठी आती थी। मैं भी जवाब देती थी। एक ही बात लिखती थी कि कक्कू, मुझे कलकत्ता बुलाओ। दुर्गापुर भी बंगाल का हिस्सा है, लेकिन उन दिनों वहाँ बंगाली और गैर बंगाली की बात होने लगी थी। कलकत्ता में तो ऐसा कुछ नहीं होता था। वहाँ तो पूरा राजस्थान है। केर-सांगरी, पंचकूटा, बुंदिया-भुजिया, दाल-बाटी चूरमा सब मिलता। बिहार भी है। लिट्टी-चोखा-सत्तू सब है। चम्पा के साथ गंगा घाट में हम छठ भी मनाते थे। गुरुद्वारों में सबद कीर्तन होता और गुरु परब भी मनाया जाता। फिर दुर्गापुर में ऐसी बातें क्यों हो रही हैं। कलकत्ता में तो ऐसा कभी नहीं होता था।' उन्होंने थोड़ा रुककर फिर कहा था, 'बांग्लादेश में मुजीबुर्रहमान का मुक्ति आंदोलन चल रहा था और कलकत्ता में भी नक्सलवादी

आन्दोलन अपने चढ़ाव पर था। मैं सोचती कि शायद इन्हीं कारणों से दुर्गापुर में बंगाली और गैर बंगाली की बातें हो रही हैं। लेकिन कलकत्ता में ऐसा नहीं होगा। दुर्गापुर में मेरा छोटा भाई धीरू आया हुआ था। अचानक मेरे छोटे बेटे की तबियत खराब हो गई। बाइस दिन अस्पताल में बीत चुके थे, फिर भी उसकी हालत ठीक नहीं हो रही थी। धीरू ने कलकत्ता में इलाज कराने की बात कही। डाक्टर चाचा को दिखा देंगे। हम दोनों हलका-फुलका सामान लेकर स्टेशन की ओर रवाना हो गये। शाम चार बजे की ब्लैक डायमण्ड ट्रेन थी। तीन घंटे गुजर गये। ट्रेन थी कि आने का नाम ही न ले। इस बीच मूरी एक्सप्रेस आई और हम उसी में सवार हो कर चल पड़े। पूरे डिब्बे में हम चार ही थे। मैं, धीरू और मेरे दोनों बच्चे। इतना सन्नाटा मैंने ट्रेन में कभी नहीं देखा था। मूरी एक्सप्रेस हो और लोग एक के ऊपर एक चढ़े न हों ऐसा हो नहीं सकता। न कोई मुड़ी वाला, न कोई चायवाला, न कोई खाने—पीने का सामान वाला। हम अजीब दहशत में थे। ट्रेन अचानक झटका खाकर चल पड़ी। ट्रेन हर स्टेशन पर रुक रही थी। समझ नहीं आ रहा था कि कितनी रात को कलकत्ता पहुँचेंगे।

'इस बीच धीरू ने बताया कि श्यामपुकुर में तेल व्यापारी ढिंढौरिया जी के दोनों हाथ नक्सलियों ने काट दिये। घर से निकल कर गाड़ी में बैठते हुए देवड़ा जी को गोली मार दी। घर में घुस कर तिजौरियाँ तोड़ी जा रही हैं। औरतों को घसीट कर बाहर सड़कों पर फेंका जा रहा है। अब शाम को सन्नाटा रहता है। सब अपने घरों में दुबके रहते हैं। लोग काफी डरे हुए हैं। व्यापारी समाज बुरी तरह सकते में है। कक्कू भी काम समेट कर कानपुर जाने की सोच रहे हैं। धीरू की बात सुनने के बाद मैं सोचने लगी थी कि कलकत्ता को किसी की नजर लग गई है। लोग बहक गये हैं। पर थोड़े दिन में सब पहले जैसा हो जायेगा।' सुधा पांडेय हर बार अतीत के दृश्यों को जैसे जीती थीं।

'...ट्रेन हावड़ा स्टेशन पहुँच चुकी थी। रात के दो बजे थे। आमतौर पर कतारबद्ध खड़ी रहने वाली काली-पीली टैक्सियाँ नदारद थीं। हमारी तरह ही कक्कू के जानने वाले एक व्यापारी भी टैक्सी का इंतजार कर रहे थे। हम उनके साथ हो लिए। धीरू एक टैक्सी वाले को मना कर लाये। हम सब एक साथ उसी टैक्सी में बैठ गये। व्यापारी अंकल ने हमें पहले हमारे घर बी. के. पाल एवेन्यू में छोड़ा, फिर वह अपने घर गये। नीचे का फाटक बंद था। हमने दरवाजा खटखटाना शुरू किया। दोनों भाई-बहन मिलकर चिल्लाये। बहुत देर बाद ऊपर से झांक कर दरवान ने तसल्ली करने के बाद दरवाजा खोला। पूरा कलकत्ता नक्सलियों के

आतंक से भयभीत था। धीरू ने बताया था कि अपने घर में भी थ्रेटनिंग कॉल आ रहे हैं। चक्का जाम, हड़ताल। इस सबमें कलकत्ता की उत्सवधर्मिता और रोबीन्द्र संगीत कहीं हाशिये में चले गये थे। कलकत्ता का नाम जुलूसों का शहर पड़ गया। लम्बी कतारें, हाथों में झण्डे, आमादेर दॉबी मानते हॅबे, मानते हॅबे, मानते हॅबे। चोलबे ना चालबे ना। इंकलाब जिन्दाबाद... मुर्दाबाद... चारू मजूमदार, कानू सन्याल, जंगल संथाल मार्च आन-मार्च आन...और भी न जाने क्या क्या।' सुधा पाण्डेय बोलेते-बोलते थक जाती थीं। आनंद भारती जानते थे कि इन स्मृतियों का सुधा पाण्डेय पर काफी बुरा असर पड़ा था। इसलिए वह हमेशा कलकत्ता के उन बुरे दिनों को अपनी बातचीत में किसी-न-किसी तरह जरूर ले आतीं। इतनी बार कि आनंद भारती को उनके संवाद रट गए थे।

आनंद भारती से वह इसलिए भी इन बातों को करतीं कि वह जानती थीं कि आनन्द अपने विद्यार्थी जीवन में नक्सलवादी संगठन से जुड़े रहे हैं।। शायद वह उनसे यह जानना चाहती थीं कि आखिर उनके कक्कू का क्या दोष था जो नक्सलियों ने उन्हें कलकत्ता छोड़ने के लिए विवश कर दिया था। उनका सवाल अपनी जगह वाजिब भी था। पर आनंद भारती उनसे इन वैचारिक बातों के तहत कुछ नहीं कहते थे। वह यह कभी नहीं बताते कि संसदीय राजनीति से देश का भला नहीं होगा। जेपी आन्दोलन के बाद बनी सरकार और उसके बिखराव के उनके अनुभव बहुत खराब थे। इससे पहले 1967 में बंगाल में संयुक्त मोर्चा सरकार के इतिहास से भी वे वाकिफ थे। उस सरकार में कामरेड ज्योति बसु गृह मन्त्री थे। मार्क्सवादी कम्युनिस्ट पार्टी की दार्जिलिंग इकाई किसान-संघर्ष की अगुवाई कर रही थी। संघर्ष इतना तीव्र था कि ज्योति बसु ने उसे कुचलने के लिए सशस्त्र बल का प्रयोग किया। इस पर चारू मजूमदार भड़क उठे थे। उन्होंने ज्योति बसु को खत लिखा था कि आप क्रांति के रास्ते में बाधा बन रहे हैं। संसदीय राजनीति के दलदल में फंस कर क्रांतिकारी राजनीति को छोड़ रहे हैं। आप नव संशोधनवादी हैं।

वास्तव में संशोधनवादी राजनीति अन्तर्राष्ट्रीय कम्युनिस्ट आन्दोलन में सोवियत संघ की कम्युनिस्ट पार्टी की बीसवीं कांग्रेस के समय तीसवें दशक के बाद एक बार फिर उभर कर सामने आ गई थी। उस कांग्रेस में ख्रुशचेव ने पैंतरा बदलते हुए कहा था कि पूंजीवाद से समाजवाद में शान्तिपूर्ण संक्रमण सम्भव है। यह संसदीय रास्ते से भी हो सकता है। वह अच्छी तरह जानते थे कि इस पर पूरी दुनिया के कम्युनिस्टों के बीच बहस छिड़ गई थी। चीन के क्रांतिकारी नेता चेयरमैन माओत्सेतुंग

ने खुशचेव का जोरदार खण्डन करते हुए कहा था कि वर्ग समाज में वर्ग संघर्ष अवश्यंभावी है। खुशचेव की थीसिस वर्ग-सहयोग की ओर ले जा रही है और वर्ग-संघर्ष से दूर कर रही है। यह एक प्रकार का संशोधनवाद है।

खुशचेव की लाइन से अपने को अलग करते हुए चारू मजूमदार ने 22 अप्रैल 1968 को कलकत्ता में एक बड़ी रैली कर सीपीआई (एमएल) का गठन किया। मार्क्सवादी कम्युनिस्ट पार्टी में दूसरी बार विभाजन हो चुका था। इसके बाद नक्सलबाड़ी से शुरू हुई सशस्त्र क्रांति देश भर में फैल गई। चालीस सालों में नक्सलवाद ने बड़े उतार-चढ़ाव देखे। छोटी-बड़ी बातों को लेकर कई गुट बने। एक दूसरे को मारा। चार दशक पार करने के बाद भी क्रांति का विस्तार नहीं हो पाया। आनंद भारती का नक्सलवाद से भी मोहभंग हो चुका था। शायद यही कारण था कि सुधा पाण्डेय उनसे नक्सलवाद पर जब भी चर्चा करतीं तो वह उसे टाल जाते और चुपचाप उनकी पीड़ा को सुनते रहते।

ऐसा नहीं था कि सुधा पाण्डेय कलकत्ता के अपने बुरे दिनों को ही आनंद भारती से साझा करता। वह अपने सपनों के कलकत्ता के बारे में भी बतातीं।

अमेरिका से लम्बे समय के बाद लौटने पर वह दिल्ली एक-दो दिन ही रुकीं। उन्हें कलकत्ता की हुड़क लगी हुई थी। कलकत्ता उन्हें बुला रहा था। अब उनके छोटे भाई धीरू ही वहाँ रहते हैं। बाकी परिवार के लोग कानपुर में ही बस चुके हैं। उन्होंने आनंद भारती से कलकत्ता चलने के लिए कहा। पहले तो आनंद भारती ने ना-नुकुर की। उन्होंने सोचा कि आखिर कलकत्ता में ऐसा क्या है, जिससे सुधा पाण्डेय का पेट नहीं भरता। फिर यही सोच कर वह सुधा पाण्डेय की आँखों से कलकत्ता देखने के लिए राजी हो गये।

राजधानी एक्सप्रेस से टिकट हो गई। दोनों ट्रेन में सवार हो गये। अलीगढ़, कानपुर, फतेहपुर, इलाहाबाद, मुगलसराय एक के बाद एक छूटते जा रहे थे। इस बीच सुधा पाण्डेय ने मुन्नी के बारे में आनंद भारती से पूछा। वह मुन्नी को जानती थीं। मुन्नी उन्हें दीदी कहती थी। वह कभी-कभी अपनी बहुओं के कपड़े भी मुन्नी को देती थीं। दोनों में अच्छी-खासी छनती थी। वैसे भी आनंद भारती के घर आने वाले सभी लोगों से मुन्नी की अच्छी पटती थी। उनके माता-पिता हों या फिर ऑल इण्डिया मेडिकल साइंसेस में हर तीसरे महीने इलाज कराने आने वाले उनके चाचा हों। सबका वह खयाल रखती और सेवा करती।

आनंद भारती ने सुधा पाण्डेय को बताया, 'वह काम छोड़ चुकी है। बस की मालिक हो गई है। कई बसें ठेके पर चलवाती है।'

‘अच्छा।’ सुधा पाण्डेय ने आश्चर्य भरे स्वर में पूछा, ‘इतनी जल्दी इतनी तरक्की।’

‘हाँ।’ आनंद भारती ने उनकी जिज्ञासा शांत करते हुए बताया, ‘वह बहुत हिम्मती है। जिस काम को ठान लेती है, उसे पूरा कर लेती है। शायद उसके साथ भगवान भी रहता है।’

अभी दोनों के बीच बात चल ही रही थी कि आनंद भारती ने मुन्नी को अपने मोबाइल से फोन मिलाते हुए कहा, ‘आइए आपकी बात कराते हैं।’

उधर से मुन्नी की आवाज आई, ‘राम-राम साहब।’

‘तुम्हारी दीदी बात करेंगी।’ यह कहते हुए आनंद भारती ने सुधा पाण्डेय को फोन थमा दिया। दोनों के बीच बातचीत होने लगी।

‘बहुत दिनों बाद आईं। अपने देश की याद नहीं आती थी आपको।’ मुन्नी ने सुधा पाण्डेय से सवाल किया।

‘यह बात नहीं है। तुम्हारे बारे में मैं तुम्हारे साहब से पूछती रहती थी।’

‘कई होली-दीवाली हो गईं, आपने मुन्नी को याद तक नहीं किया। इस बार अमेरिका की साड़ी लूंगी।’

‘दिल्ली लौटकर तुमसे मिलूंगी तो साड़ी दूंगी। और तुम्हारी बसें कैसी चल रहीं हैं।’ सुधा पाण्डेय मुन्नी की इस नई तरक्की के विषय में जानने को उत्सुक थीं।

‘ठीक ही काम है दीदी। लेकिन कबाड़ियों की तरह उसमें ही उलझे रहना पड़ता है। कभी ये टूट तो कभी वो फूट। सर्विस स्टेशन और स्टैंड के बीच ही जिन्दगी गुजर रही है। पैसे जरूर हैं लेकिन मेहनत भी कमर तोड़ है।’

‘किसी और आदमी को रख लो। काम का बोझ हलका हो जायेगा।’

‘किसको रख लूं। इस लाइन में हर आदमी टांका मारने वाला मिलता है। अपने दम पर काम न करूं तो दीवाला ही पिट जाये।’

‘और तुम्हारे बच्चे कैसे हैं? सब पढ़ लिख रहे हैं न!’

‘बड़ी बेटी नंदिनी की अगले माह शादी है। दूसरी बेटी रेखा बारहवीं में है। साहब ने प्रीति के बारे में आपको बताया ही होगा। तीनों बेटे भी पढ़ रहे हैं।’

‘बहुत अच्छी बात है। लगन से पढ़ाओ।’

‘दीदी एक बड़ी समस्या आ गई है।’

‘क्या?’

‘रेखा के चेहरे पर सफेद दाग हो गये हैं। मोहल्ले में लोग चितकबरी कह कर चिढ़ाते हैं। कोई डाक्टर हो तो बताइए। आपकी तो इतनी जान-पहचान है।’

'घबराने की कोई बात नहीं है। उसका हौसला बना कर रखो। बहुत सारे लोगों को दाग होते हैं। लेकिन वे सामान्य जिन्दगी जीते हैं।'

'मैं भी उसे यही समझाती हूँ। मैं तो उसे आधी फिरंगी कहती हूँ। यह भी कहती हूँ कि थोड़े दिन बाद पूरी फिरंगी हो जाएगी। तब अंग्रेजी में गडमड-गडमड किया करना। सब तुम्हें अंग्रेजन कहेंगे। लेकिन लड़की जात है। समस्या तो है ही।'

दोनों के पास अब और ज्यादा बात करने के लिए कुछ नहीं था तो सुधा पाण्डेय ने फोन काट दिया।

...हावड़ा स्टेशन आ चुका था। सुधा पाण्डेय के चेहरे में एक खास तरह की खुशी दिख रही थी। टैक्सी में दोनों बैठ चुके थे। ऐसा लग रहा था कि वह अपनी दुनिया में आ गई हैं।

दुनिया के लोगों का सपना अमेरिका में रहने-बसने का होता है, लेकिन उन्हें अमेरिका रास नहीं आता। वहाँ अगर वह बच्चों की हॉबी क्लास न चलायें तो उनका समय पास करना ही मुश्किल हो। वैसे वहाँ उनकी एक छोटी-सी दुनिया थी। उसमें रवि के बेटे वैभव की नैनी अन्ना मारिया और जैमी हावर्ड थीं। अन्ना मारिया पेरू की रहने वाली थी। शिकागो में पढ़ने आई थी। खाली समय में अपनी पढ़ाई का खर्चा निकालने के लिए वह वैभव की देखभाल करती थी। एक घंटे के दस डॉलर लेती थी। उसे स्पैनिश और अंग्रेजी के अलावा हिन्दी का नमस्ते आता था। उच्चारण अलग होने की वजह से सुधा पाण्डेय को उसकी अंग्रेजी थोड़ी देर में समझ आती थी। लेकिन सुधा पाण्डेय में वह अपनी माँ को तलाशती थी। अपने घर रिजवुड से वह अपनी कार में आधे घंटे में स्टोन ब्रुक पहुँचती थी। सुधा पाण्डेय रोज उससे सुबह गपियातीं। गप्पों के बाद वह वैभव को ब्रेक फास्ट कराती। पार्क ले जाती। साइकलिंग कराती। पोएम्स याद कराती। बीच-बीच में मौका मिलने पर वह सुधा पाण्डेय को अपनी बातें सुनाती और उनकी तन्हाई दूर करती।

इसी तरह हॉबी क्लास के कई बच्चों में एक एलेक्सा की माँ जैमी हावर्ड से भी सुधा पाण्डेय की अच्छी दोस्ती हो गई थी। जैमी हावर्ड को इण्डिया बहुत पसन्द था। करीब दस साल पहले वह इण्डिया आई थी। उस समय उसके एक भी बच्चा नहीं था। बंगाल के मिदनापुर के एक गरीब बंगाली परिवार से उसने दो महीने की एक बच्ची गोद ली थी। अब उसके दो बच्चे और हैं। लेकिन अपने गोरे लड़कों से भी ज्यादा वह अपनी काली बच्ची एलेक्सा को प्यार करती है। अपनी उसी बेटी एलेक्सा को वह सुधा पाण्डेय के घर पेंटिंग सिखाने आती थी। जैमी हावर्ड के साथ

उसका तीन साल का छोटा बेटा रसेल भी होता। एलेक्सा जब तक पेंटिंग सीखती तब तक रसेल वैभव की साइकिल चलाता या फिर उसके खिलौने से खेलता। पेंटिंग के बाद सुधा पाण्डेय जैमी हावर्ड और उसके बच्चों को खाना खिलाती। जैमी हावर्ड उनसे इण्डिया की बातें पूछती। वह मिदनापुर के अपने अनुभव को भी सुधा पाण्डेय को सुनाती। वह अभी एक और गरीब बच्चे को गोद लेना चाहती है। वह चाहती है कि उसके आंगन में खूब बच्चे हों। वह गरीब बच्चों को काबिल इंसान बना सके।

इन दो के अलावा सुधा पाण्डेय की दुनिया का तीसरा सदस्य था उनका अपना पोता वैभव। नटखट। शरारती। दिमाग का तेज। हर बात पर सवाल करना उसकी आदत थी। अपनी छोटी उम्र में ही वह सब कुछ जान लेना चाहता था। किसी भी चीज को जानने के लिए उसमें गजब की बेचैनी थी। सुधा पाण्डेय की हर चीज उसे पसन्द थी। वैभव उन्हें 'अम्मा' पुकारता था। हर सुबह जब वह लड्डू गोपाल की पूजा करतीं तो वह उनके पास आकर ढेरों सवाल करता, 'अम्मा यह कौन हैं।'

'लड्डू गोपाल।' सुधा जवाब देती।

ये लड्डू गोपाल कौन होते हैं?' वैभव का दूसरा सवाल होता।

'बेटू, ये भगवान जी हैं।'

'इनका नाम लड्डू गोपाल क्यों है?'

'इन्हें लड्डू पसन्द हैं, इसलिए इनका नाम लड्डू गोपाल है।' सुधा पाण्डेय आराम से समझातीं।

'ये लड्डू खाते क्यों नहीं हैं? हमेशा हाथ में ही क्यों लिए रहते हैं?', वैभव की प्रश्न चर्चा बनी रहती।

ऐसे तमाम मासूम सवालों के बीच सुधा पाण्डेय की सुबह से शाम और शाम से रात हो जाती। वरना इतनी सक्रिय रहने वाली सुधा पाण्डेय के लिए अमेरिका में रहना रोज मरने के समान हो जाता।

...हुगली नदी पर बना हावड़ा ब्रिज देखकर सुधा पाण्डेय दमक उठीं। उन्हें ऐसा लगा कि यह उनका कोई पुराना दोस्त है जिससे सदियों पुराना उनका रिश्ता है। नदी पर कहीं-कहीं पर स्टीमर दिख रहे थे। लोगों को इधर से उधर ले जाने वाली फेरियाँ। सड़क किनारे लगे बम्बों में नहाते बच्चे। काली-पीली टैक्सियाँ। फुटपाथ पर लगी दुकानें। एक डण्डे पर सजी पूरी दुकान...रूमाल, बेल्ट, काले धागे, चाभी के गुच्छे, सेफ्टी पिन, ताले-चाभी, गमछे और भी न जाने क्या-क्या।

चीनिया बादाम बेचता फेरीवाला, तरह-तरह के डिब्बे सजाये झालमड़ी वाला। कुछ चलते कुछ भागते लोग। दोनों तरफ भीड़ का रेलमपेला।

टैक्सी कैनिंग स्ट्रीट से घूम कर पोर्तगीच चर्च के सामने पहुँच चुकी थी। सुधा पाण्डेय एकदम चटकीं, 'यह मेरे दादा का पहला स्कूल है-जैन श्वेताम्बर तेरापंथी विद्यालय।' उनका बचपन जाग गया था।

...हातिम हाउस के सामने यहूदी चर्च में लगी बड़ी घड़ी की ओर इशारा करते हुए कहती हैं, 'यह वही घड़ी है जहाँ मेरे बड़े दादा ने मुझे घड़ी देखना सिखाया था।' इसी के साथ वह बोलती हैं-'यही है मेरा कलकत्ता। मेरे जीवन की आधारशिला। जीवन की पहली याद...पढ़ाई का ककहरा...होली का रंग...दीवाली की रोशनी...सब कुछ तो कलकत्ता से ही जुड़ा है...'

यह सब देखते-सुनते आनंद भारती सुधा पाण्डेय के घर पहुँच चुके थे। घर के अन्दर बने छोटे से मन्दिर के सामने चबूतरे को देखते हुए सुधा पाण्डेय याद करने लगती हैं-' इसी चबूतरे पर गणेश जी के सामने चाची ने पाटी पूजन करवाया था। हाथ पकड़ कर पाटी में लिखवाया था-विद्या दो बुद्धि दो भगवान जी...' सुधा पाण्डेय थोड़ा और आगे बढ़ीं।

दरवाजे पर खड़ी पुरानी कार-बेबी हिन्दुस्तान। उस पर हाथ फेरते हुए सुधा पाण्डेय भावुक हो जाती हैं, 'इसी कार में सारे भाई-बहन गुत्थम-गुत्था करते हुए स्कूल को रवाना होते। ड्राइवर शिवालिक चाचा डाँटते, धमकाते और चपतियाते बारी-बारी से हमें उतारते जाते। इन्हीं सड़कों से पहले भी गुजरते थे, लेकिन लगता है जैसे अब ये बदल गई हैं। शायद अपने लोग अब कलकत्ता में नहीं रहे। इसलिए जानी-पहचानी ये सड़कें अजनबी-सी लगने लगी हैं। वहीं बसें हैं वही ट्राम है। हम लोगों को ट्राम पर चलना बहुत पसन्द था। अपने बड़ों का हाथ पकड़े लप्प से फर्स्ट क्लास डिब्बे में चढ़ जाते थे। पीछे का डिब्बा सेकेंड क्लास कहा जाता था। खरामा-खरामा ट्राम चल पड़ती थी। बीच-बीच में वह अपना सुरीला हॉर्न भी बजाती थी। चितपुर रोड पर बहुत अच्छा लगता था। बड़ी सी मस्जिद। दोनों तरफ़ फुटपाथों पर सजी दुकानें, जिनमें बुर्के, लखनवी चिकन के कुर्ते-पायजामे, लुंगियाँ, इतर, सुरमा मुरादाबादी, पानदान, पीकदान, हुक्के, उर्दू की किताबें, कुरान रखने के तरह-तरह के स्टैंड बिकते थे। हम सोचते कि बुर्का पहनकर कैसा लगता होगा। मन करता कि कभी हम भी बुर्का पहन कर देखें।

बाजारों के बीच से गुजरती ट्राम एक्सप्लेनेड ट्राम डिपो पर रुकती। हम फिर दूसरी ट्राम में सवार होते और पहुँच जाते विक्टोरिया मेमोरियल। हमारी ज्वाय

राइड यहाँ खत्म होती। लौटते वक्त कक्कू रेली सिंह का शर्बत पिलाते। धर्मतल्ला में कुछ खरीदवा देते। किसी को धूप का चश्मा, किसी को माउथऑर्गन तो किसी को बिगुल। अगर चाची साथ होतीं तो एक चक्कर न्यू मार्केट का भी लगता। माँ और चाची की दुकान शीला आज भी बरकरार है न्यू मार्केट में।'

सुधा पाण्डेय अपने सपने से बाहर आते-आते घर में प्रवेश करती हैं।

दिन भर की चर्चा के बीच बातचीत का सिलसिला जारी रहता है। वह आनंद भारती से कहती हैं कि आप तो साहित्य और कला के आदमी हैं। आपको कलकत्ता में बस कर लिखना-पढ़ना चाहिए। साहित्य और कला कलकत्ता की थाती है। कलकत्ता के जीवन में साहित्य रचा-बसा है। चाहे वह किसी भाषा का साहित्य हो। उनका साहित्य-प्रेम मुखर हो उठा, 'बहुत छोटी थी, तभी से साहित्य चर्चा सुनती आई हूँ। मेरी मौसी की प्रेस से ही 'ज्ञानोदय' और आदर्श पत्रिकाएँ छपती थीं। 'लोकमान्य' अखबार राम शंकर त्रिपाठी निकालते थे। कृष्ण चंद्र अग्रवाल का 'विश्वामित्र'...'सन्मार्ग'—ये सारे हिन्दी अखबार कलकत्ता से प्रकाशित होते थे। अब भी ये निकल रहे हैं। बड़ा बाजार कुमार सभा पुस्तकालय और सूरजमल जालान पुस्तकालय हिन्दी की बड़ी लाइब्रेरी थीं। उनमें हिन्दी और बांग्ला सभी भाषाओं की नई-पुरानी किताबें हैं। इन्हीं पुस्तकालयों में मैंने ताराशंकर वंद्योपाध्याय के लगभग सभी उपन्यास पढ़े। गणदेवता, आरोग्य निकेतन, ससपदी कुछ ऐसे उपन्यास थे, जिन्हें मैंने कई-कई बार पढ़ा। प्रबोध संन्याल की हुस्नबानो, विमल मित्र की कौड़ी दिये किनलाम, सुभाष मुखर्जी की कविताएँ, आशापूर्णा देवी, महाश्वेता देवी की कहानियाँ, न जाने क्या-क्या मैंने यहाँ पढ़ा। कलकत्ता में साधारण सी पढ़ी-लिखी महिला जब दोपहर में अपने काम से निपट कर 'भातघूम' लेती है तो उसके हाथ में एक किताब और एक ताड़ का पंखा जरूर होता है, क्योंकि बिजली यहाँ हमेशा आँख-मिचौली करती रहती है। साहित्य ही नहीं, कला, गान, रविन्द्र संगीत, अतुलप्रसादेर गान, नजरूल गीति, श्यामा संगीत, भटियाली, बाउल संगीत, नाटक जात्रा से कलकत्ता हमेशा सराबोर रहता है। पूजा के समय बार-बार देखे जा चुके नाटक सिराजुद्दौला, नटी विनोदनी, चण्डालिका आदि बार-बार देखे जाते हैं। स्टार थियेटर और विश्वरूपा थियेटर आज भी चल रहे हैं।'

कलकत्ता के बारे में सुधा पाण्डेय लगातार आनंद भारती को बताना चाहती हैं। वह एक दिन में ही उन्हें कलकत्ता पर पीएचडी कराना चाहती हैं, 'कलकत्ता की उत्सवधर्मिता त्यौहारों में देखने लायक होती है। कंधे पर ढोल लटकाये ढाकी, ढाक ढोल की ढम ढमा ढम, घरों के बाहर सधे हाथों से बनीं अल्पनाएँ, कटे फलों

के थाल, दियों से सजे कलश, नये कपड़ों की सरसराहट और नेपथ्य में बजते सुरीले गान-दादा पाये पोड़ि रे, मेला थेके बऊ एने दे...या साधेर लाऊ बनाओ...त्यौहारों के दस्तक की सूचना देते हैं। दुर्गा पूजा, काली पूजा, सरस्वती पूजा, विश्वकर्मा पूजा और भी बहुत सी पूजाएँ यहाँ होती हैं। किसी भी जाति धर्म का त्यौहार हो, लोग सड़कों पर उतर आते हैं। उन्हें तो नाच-गाने का बहाना चाहिये। गणगौर की पूजा, गवरजा की सवारी, गणेश चौथ, होली का फाग, दिवाली की चकाचौंध, क्रिसमस पर पार्क स्ट्रीट की जगमगाहट, रामनवमी का जुलूस, हर उत्सव सब मिल जुलकर मनाते हैं।' सुधा पाण्डेय हर समय कलकत्ता के विषय में आनंद भारती का ज्ञानवर्धन करती रहीं।

चार-पाँच दिन कलकत्ता की कला दीर्घाओं, संग्रहालयों, ट्राम-मेट्रो और बाजारों में घूमते-घूमते कब बीत गये, आनंद भारती को पता ही नहीं लगा। इस घुमक्कड़ी के दौरान सुधा पाण्डेय का कलकत्ता महिमागान यथावत रहा।

आनंद भारती ने कलकत्ता को लेकर सुधा पाण्डेय से खुल कर तो कोई प्रतिक्रिया नहीं व्यक्त की, लेकिन कलकत्ता उन्हें भीड़ के समुद्र से ज्यादा कुछ नहीं लगा। लगभग तीन दशक की वामपंथी सरकार के बावजूद गरीबी कलकत्ता के चप्पे-चप्पे में दिखी। कर्तव्य से ज्यादा अधिकार की बात करते लोग दिखे। काम के अलावा उन्हें वह सब कुछ चाहिए था जिसके वे हकदार नहीं थे। हर बात पर झण्डा-जुलूस। विकास बंगाल से रूठा हुआ था। शायद वहाँ के लोगों की वैसे ही रहने की आदत सी हो गई थी।

आनंद भारती को इलाहाबाद से बढ़िया देश-दुनिया में कोई शहर नहीं लगता था। कलकत्ता भी नहीं लगा। साहित्य और कला से लेकर राजनीति के शिखर-पुरुष तक इलाहाबाद में ही हुए हैं। महादेवी वर्मा से लेकर सूर्यकान्त त्रिपाठी निराला तक, जवाहर लाल नेहरू से लेकर लालबहादुर शास्त्री तक। गंगा-जमुना-सरस्वती का संगम इलाहाबाद को तीर्थराज बनाता है। साहिय-कला और राजनीति की त्रिवेणी यहीं समाहित है। वर्ष में हर बार माघ का मेला पुण्य-पर्व बनकर आता है और हर बारह वर्ष बाद कुंभ, मोक्ष-पर्व के रूप में अन्तर्राष्ट्रीय खबर बन जाता है। यह वह शहर है, जहाँ की थाती अक्षुण्ण है। यहाँ की रेत पर यन्त्र के नहीं, मानव चरित्र-निर्माण के कारखाने लगे हैं। कलकत्ता सुधा पांडेय के दिल में बसता था तो इलाहाबाद आनंद भारती की धड़कन में रचा-बसा था। दोनों अपनी-अपनी यादों में अपने शहर को जीते थे। बस, अन्तर सिर्फ इतना था कि सुधा पाण्डेय का कलकत्ता प्रेम मुखर रहता और आनंद भारती अपने स्वभाव के अनुरूप

उसे अन्दर-ही-अन्दर जीते। मौन भाव से। इस विषय पर न किसी की जीत थी, न पराजय।

हर शहर की अपनी तहजीब है, अपना रंग, अपनी संस्कृति। 'घर' की तरह ही अपना शहर, अपना बचपन हर एक के दिल में बसा होता है। शायद इसीलिए सुधा पाण्डेय के कलकत्ता-प्रेम पुराण को आनंद भारती हमेशा सुनते और कोई बहस नहीं करते। इसीलिए सुधा पाण्डेय भी यह कभी जान नहीं पाईं कि आनंद भारती की धड़कनों में इलाहाबाद चिर स्थायी रहा है और उसकी जगह कोई दूसरा शहर नहीं ले सकता। कलकत्ता भी नहीं।

दिलचस्प बात यह भी थी कि दोनों के आपसी सम्बन्धों की घनिष्ठता का कारण न कलकत्ता शहर था, न इलाहाबाद, बल्कि इसके मूल में दोनों का शहर कानपुर था और इसी कानपुर-प्रेम ने दोनों के परिचय को घनी मित्रता में तब्दील किया था।

...दो साल बाद।

रेखा कॉलेज जाने लगी थी। मुन्नी ने अपनी कमाई से एक बड़ा घर ले लिया था। एक कार भी उसके दरवाजे पर खड़ी हो गई थी। रेखा ने जिद्द कर मुन्नी से लैपटाप खरीदवा लिया था। वायरलेस इंटरनेट कनेक्शन उसमें लगा हुआ था। कभी धूप में तो कभी कार में बैठ कर नेट के जरिये वह दुनिया की सैर कर रही थी। कभी-कभी थ्री एक्स साइट भी वह खंगालती। उसके चेहरे के सफेद दाग बढ़ते जा रहे थे। मोहल्ले से बाहर अब कालेज में भी उसे सब रेखा चितकबरी पुकारते। अंदर-ही-अन्दर वह किलसती। दुखी होती। इंटरनेट पर उसका इलाज खोजती। बीमारी के चलते कालेज में वह अलग-थलग रहती थी। लेकिन उसकी कुछ सहेलियाँ भी थीं।

मुन्नी की तरह ही वह दबंग थी। अपनी माँ की तरह ही किसी से भी पंगा ले लेती। मुन्नी उसे समझाती। कई बार वह मान जाती तो कई बार अड़ जाती। इस सबके साथ वह मुन्नी के पूरे धंधे को सँभालने लगी थी। हर चीज का हिसाब उसके लैपटाप में रहता। धंधे की दूसरी जानकारी भी उसमें रहती। किसको दिया, किससे लिया। कब कौन सी बस की सर्विस हुई, कब होनी है। किस ड्राइवर-कंडक्टर ने कब छुट्टी ली...और भी तमाम जानकारी उसके लैपटाप का हिस्सा होतीं। उसे बेवकूफ बनाना किसी के बस में नहीं था।

मुन्नी पैसे कमाकर थोड़ी घमण्डी हो चुकी थी। उसे लगता था कि दुनिया

उसके पैरों के नीचे है। वह जो चाहेगी, कर गुजरेगी। पैसा उसका भगवान हो चुका था। पैसे के लिए वह कुछ भी कर गुजरती। संघर्ष की ताप भी उसमें कम हो रही थी। छोटे-मोटे फायदे के लिए वह अब समझौते भी करने लग गई थी। बड़े-छोटे का लिहाज भी उसमें खत्म हो रहा था।

आनंद भारती भी मन-ही-मन उसके व्यवहार से दुखी थे। अंतिम मुलाकात में वह उनसे भी ऊँचा-नीचा बोल गई थी। उन्होंने उसे सलाह दी थी कि तुम अपने गाँव में रात को चलने वाली क्लास में थोड़ा पढ़ना-लिखना और सीख लो। इस पर वह नाराज हो गई थी। उसने आनंद भारती को ऐसी बातें कहीं थी कि वे उसे चाह कर भी नहीं भूल पा रहे थे। वैसे बात तो उसने सही ही कही थी। पर उनके दिल को अन्दर तक झकझोर कर गई थी, 'आपने पढ़ कर क्या कर लिया। आप तो वहाँ पढ़े, जहाँ नेहरू जी पढ़े थे। न अपना घर चलाया...न बच्चे पाले...न अपनी लुगाई रख पाये...न अपने माँ-बाप की इज्जत कर पाये। तुम्हारे जैसा बेटा पैदा कर उनकी जिन्दगी दुखी है। अकेले खाते हो, कमाते हो। मैं निपढ़ हूँ। पढ़ी-लिखी नहीं हूँ। आपकी सेवा में रहती हूँ। पूरा कुनबा पाल रही हूँ।' और भी न जाने क्या-क्या उसके मुँह से निकलता रहा। वह बहुत कुछ सच-सच बोली थी। उसके बाद से आनंद भारती उसके सामने आने की हिम्मत नहीं कर कर पा रहे थे। उन्हें शायद डर लगता था कि वह और न जाने कितने सच उनके सामने रख दे और वे मन ही मन नंगे हो जायें। कभी-कभी वह उसे फोन कर हालचाल लेते थे, वह भी उन्होंने बंद कर दिया था। लेकिन मुन्नी के संघर्ष के वह कायल थे। उसकी साफगोई को भी वह पसन्द करते थे।

...उस दिन आनंद भारती परेशान थे। उनकी खाना बनाने वाली ने फरलो मार दिया था। कुछ दोस्तों को उन्होंने अपने घर खाने पर बुलाया था। जन्मदिन था उनका। पार्टी कैसे होगी, ये वह समझ नहीं पा रहे थे। पहले तो उन्होंने सोचा कि पैक्ड फूड मंगा लिया जाये। लेकिन उनके दोस्त तो आनंद भारती के अपने हाथ से बनाये खाने के लिए उनके घर आते हैं। दोस्तों की पत्नियाँ भी गाहे-बगाहे फोन कर अपनी फरमाइश करती रहती हैं। किसी को उनकी कढ़ी पसन्द आती है तो किसी को मटर के परांठे। फरमाइश के बाद छुट्टी के दिन बेधड़क उनके घर में धमक जाती हैं अपने पतियों के साथ। बिना सहयोगी के अकेले किचन में जूझना आसान नहीं था। अचानक उनके मन में आया कि चलो मुन्नी को बुला लेते हैं। उन्होंने मुन्नी को मोबाइल पर फोन किया। उधर से किसी लड़की की आवाज आई, 'यस।'।

आनंद भारती को लगा कि गलत नम्बर लग गया है। उन्होंने फोन काट दिया

और दोबारा नम्बर मिलाया। फिर वही आवाज गूँजी। आखिर उन्होंने पूछ ही लिया, 'यह मुन्नी का नम्बर है।'

'यस।' उधर से आवाज आई, 'मुन्नी से बात हो पायेगी।'

'मम्मी का तो मर्डर हो गया है।' उस लड़की ने भर्राई आवज में बताया।

'आप कौन बोल रही हो।' आनंद भारती ने पूछा।

'मैं उनकी बेटी रेखा बोल रही हूँ।' उसने जवाब दिया।

'मैं साहब बोल रहा हूँ।' आनंद भारती ने अपना परिचय दिया।

वह उनको जानती थी। जब वह छोटी थी तो एक दो-बार वह उनके घर आ चुकी थी। उसे समझने में देर नहीं लगी।

'साहब, मम्मी को उन्होंने मार डाला।' रेखा ने मासूमियत भरे अन्दाज के साथ कहा।

आनंद भारती को ऐसे उत्तर की कतई उम्मीद नहीं थी। उन्हें लगा कि वह ठीक से अपनी बात समझा नहीं पा रहे हैं। उन्होंने गला खखारते हुए दोबारा कहा, 'मैं मुन्नी मोबाइल की बात कर रहा हूँ, जो बसों की मालकिन...।' उनका प्रश्न अभी पूरा भी नहीं हुआ था कि उधर से आवाज आई... 'जी साहब, आप मेरी मम्मी की बात कर रहे हैं ना, जो कुछ महीने पहले आपके यहाँ काम करती थीं। मैं रेखा ही बोल रही हूँ, उनकी बिटिया। मम्मी की सचमुच हत्या को गई है...जाने कैसे। पुलिस वाले भी कुछ नहीं बताते...।' रेखा की आवाज भर्रा उठी थी।

आनंद भारती यकबयक खामोश हो गए। वह और कुछ जानने से पहले अपने आप से सवाल करना चाहते थे, इसलिए फोन काट दिया।

मुन्नी मोबाइल का मर्डर! कब, कैसे! उन्हें खबर तक नहीं। वह मन-ही-मन अपने से सवाल करने लगे। उन्हें लगा कि ऐसी कोई बात क्या रही होगी कि कोई मुन्नी का मर्डर कर दे। वह तो बेहद ताकतवर औरत थी। फिर हमेशा उनकी मदद लेने वाली मुन्नी इन दिनों ऐसा कौन सा काम कर रही थी, जो उसने संकट से घिरने पर भी उन्हें फोन तक नहीं किया।

आनंद भारती ने रेखा को दोबारा फोन मिलाया और विस्तार से सब कुछ जानने की बहुत कोशिश की, पर रेखा ने कुछ नहीं बताया, सिर्फ यही कहती रही कि पुलिस ने भी हमारी मदद नहीं की। वे भी दूसरी पार्टी के साथ मिले हुए हैं।

पर मुन्नी ने उन्हें कुछ क्यों नहीं बताया और मर्डर के बाद तुमने भी मुझे सूचना नहीं दी?, आनंद भारती बार-बार यह सवाल दोहरा रहे थे।

रेखा ने सिर्फ यही कहा, 'साहब, मम्मी किसी परेशानी में होती तो हमें

जरूरी बतातीं। अब पता नहीं, आपको क्यों नहीं बताया। हाँ, हमने मर्डर की खबर इसलिए नहीं दी कि हम तो सोच रहे थे कि आप तो खुद अखबार के बड़े अफसर हो, आपको तो पता चल ही गया होगा...।' बस, फिर वह चुप हो गई। ऐसा लगा कि वह खुद भी या तो ज्यादा जानती नहीं है, या सचमुच बताना नहीं चाहती है। आनंद भारती को दूसरा कारण अधिक तार्किक लगा।

आनंद भारती ने बेमन से दोस्तों की उस शाम की पार्टी निबटाई। उनके भीतर सवालों का सैलाब उमड़ रहा था। उनके हाथ रसोई में काम कर रहे थे पर उनका दिमाग मुन्नी मोबाइल में उलझ गया था।

वह सोच रहे थे कि रेखा ने यह बात तो ठीक कही कि मर्डर की इस खबर से वह अछूते कैसे रह गए!

आनंद भारती सोचने लगे कि गाजियाबाद से निकलने वाले सभी अखबार क्राइम की खबरों से भरे रहते हैं। फिर मुन्नी के मर्डर की खबर क्यों नहीं छपी। वैसे भी मुन्नी बस ऑपरेटर थी। वह भी महिला ऑपरेटर। नाम में भी ड्रामा था-मुन्नी मोबाइल। ऐसे में तो तड़का मार कर खबर छपनी ही चाहिए थी। और अगर छपी तो उनकी नजरों से कैसे छूट गई। उन्होंने अपने अखबार के गाजियाबाद ऑफिस में फोन कर वहाँ के इंचार्ज से पता किया,' बस ऑपरेटर मुन्नी मोबाइल मर्डर की खबर अपने अखबार में छपी थी।'

'जी सर।'

इस बीच उन्हें याद आया कि मुन्नी मर्डर की खबर दिल्ली में हुए आतंकी धमाकों की खबर के बीच दब गई होगी। मुन्नी का मर्डर 13 सितम्बर 2008 के दिल्ली धमाकों के अगले दिन हुआ था। पूरा मीडिया दिल्ली धमाकों की कवरेज में लगा था। आनंद भारती भी उसी में व्यस्त थे। उन दिनों अखबार पढ़ने का वक्त भी नहीं मिल रहा था उन्हें।

दिल्ली के आतंकी धमाकों ने दिल्ली को एक बार फिर थर्रा दिया था। विस्फोट इतने भयंकर थे कि जगह-जगह लाशें बिखर गईं थीं। दिल्ली दहशत में थी। हर आदमी अपने को असुरक्षित महसूस कर रहा था। आतंकी अपना काम कर चुके थे। दिल्ली पटरी से उतर चुकी थी। पटरी पर वापस आने में उसे वक्त लगा। लेकिन दिल्ली ने अपना जज्बा दिखाया और जल्द ही अपने ढर्रे पर उतर आई। ऐसे माहौल में किसी को मुन्नी मोबाइल के मर्डर के बारे में जानने की ज्यादा रुचि नहीं थी। इसीलिए रुटीन में क्राइम डायरी में खबर छाप दी गई थी।

आनंद भारती के दिमाग से यह बात निकल ही नहीं रही थी। मुन्नी को वह

एक रोल मॉडल के तौर पर देखते थे। हर बड़ी-छोटी जगह पर वह उसके संघर्ष की कहानी लोगों को सुनाते थे। वह मानते थे कि मौजूदा सामाजिक-आर्थिक परिस्थितियों में तरक्की के मायने लम्बी कार, बड़ा बंगला है। पैसा ही माई-बाप है। और पैसे को कोई साधारण आदमी सही-गलत काम किये बगैर हासिल नहीं कर सकता है। मुन्नी ने इस मिथ को तोड़कर अपनी हिम्मत से वह हासिल किया था, जो लोग गलत रास्तों के जरिये हासिल करते हैं। उनका मानना था कि वर्तमान व्यवस्था इंसान को बुरा करने के लिए प्रेरित करती है। नैतिकता की उसमें कोई जगह नहीं है। मूल्य शब्द बेमानी हो गया है। पैसा हासिल करने का हर गलत रास्ता एक सच्चा रास्ता है।

वह मुन्नी को निर्दोष समझते हुए उसकी सचाई सामने लाना चाहते थे। यही सोचकर सबसे पहले उन्होंने साहिबाबाद पुलिस चौकी में दस्तक दी। मुन्नी मर्डर की फाइल धूल से भरी हुई थी। फाइल की दशा से लग रहा था कि उसके ऊपर नोटों की थैली रख दी गई है। एफआईआर कुछ यूं लिखी थी, 'किसी नामालूम व्यक्ति से पता लगा कि मोहन नगर चौराहे के पास किसी औरत की लाश पड़ी है।...तफतीश से पता चला कि उस औरत के सीने पर दो गोली लगी हैं और उसने मौके पर ही दम तोड़ दिया है।...लाश को पोस्टमार्टम के लिए भेज कर मर्डर की तफतीश शुरू कर दी गई है।...शिनाख्त के बाद जानकारी मिली कि लाश मुन्नी मोबाइल की है, जो पहले बस आपरेटर थी। बस आपरेटरी छोड़ कर वह कॉल गर्ल का रैकेट चलाती थी।...धंधे में आपसी प्रतिद्वंद्विता के चलते रितिका ठाकुर और सोनू पंजाबन गुट के लोगों ने किसी विदेशी लड़की के मामले को लेकर उस पर गोलियाँ...और वह मौके पर मारी गई...।'

पुलिस के इस रिकॉर्ड को पढ़ते हुए आनंद भारती की उंगलियाँ एकबारगी उस पर ठहर गईं। 'कॉलगर्ल का रैकेट!' ये शब्द उन्हें चौंका गए... तो क्या मुन्नी इस तरह का धंधा करने लग गई थी? उस वाक्य को पढ़ने के बाद उसे स्वीकारने में उन्हें वक्त लगा। मुन्नी के 'रोल मॉडल' की छवि उनके भीतर से 'छन्न' करती हुई टूट गई। वह माथे पर बार-बार हाथ रख पुलिस चौकी से बाहर आ गए।

आनंद भारती भीतर से काफी परेशान हो उठे थे। उनके सामने मुन्नी मोबाइल का हर पहलू आने लगा...निडर, बेखौफ मुन्नी मोबाइल ने पैसे की ताकत के लिए खुद को दांव पर लगा दिया।

उन्हें अब अपने सवालों के जवाब मिलने लगे थे कि मुन्नी ने इसलिए उनसे सम्पर्क समाप्त कर लिए थे। संकट की स्थिति में भी वह उनका सामना भला कैसे करती।

मामले की तह तक जाने के लिए उन्होंने ठान ली।

उन्होंने खोज कर मुन्नी के पहले ड्राइवर सुरजन को निकाल लिया। अब वह किसी दूसरे की गाड़ी चलाता था।

एक दिन वह उसके घर जा पहुँचे। उन्होंने अपना परिचय दिया और मुन्नी मर्डर के बारे में उससे जानने की कोशिश की। सुरजन ने पहले तो आनाकानी की। वह इधर-उधर की बात करता रहा। असली मुद्दे पर आने में उसे काफी वक्त लगा।

पर जब आया तो उसने पूरी रामकथा सुना दी, 'मुन्नी बस चलाने से खुश नहीं थी। रोज-रोज की किच-किच से वह परेशान रहती थी। कभी गाड़ी की खराबी, कभी आरटीओ का चक्कर तो कभी पुलिस की वसूली। वह बस में ही कुछ ऐसी लड़कियों के चक्कर में आई जो वेश्यावृत्ति के धंधे में थीं। साहिबाबाद गाँव से ये लड़कियाँ चढ़ती थीं और कनाट प्लेस में उतर जाती थीं। रोज की सवारियों से यूं ही ड्राइवर-कंडक्टर की जान-पहचान हो जाती है। मुन्नी की भी कंडक्टरी के दौरान इन लड़कियों से बात होने लगी। इन लड़कियों ने बताया कि एक रात में वे पाँच से दस हजार तक कमा लेती हैं। दलाल के जरिये गईं तो पैसा कुछ ज्यादा भी हो जाता है और कुछ कम भी। तीनों लड़कियाँ मुन्नी के गाँव साहिबाबाद में रहती थीं। इन्हीं की संगत में आकर एक दिन मुन्नी को लगा कि रोज इतने धक्के खाते हैं और एक बस से दो हजार रुपये कमाना मुश्किल हो जाता है। यह तो आराम का धंधा है। इसी को शुरू करते हैं। मुन्नी धीरे-धीरे उन लड़कियों से धंधे के गुर सीखने लगी। वह तेज तो थी ही। उसे धंधे को सीखने में देर नहीं लगी। उन्हीं तीन लड़कियों के मार्फत कॉल गर्ल रैकेट में घुसी। फिर इसके बाद वह अपनी एक के बाद एक बस बेचती गई और धंधे की बड़ी सरगना बन गई।' सुरजन की बात से आनंद भारती के सामने कई सच खुल गए थे।

सुरजन से मिलने के बाद आनंद भारती ने उन तीनों लड़कियों की खोज शुरू कर दी जिनके दम पर मुन्नी इस धंधे में घुसी थी। विधायक स्वरूप चौधरी के माध्यम से वह इन तीनों लड़कियों के साहिबाबाद गाँव वाले मकान में पहुँच गये। दोपहर का वक्त था। रात की थकान अभी शायद इन लड़कियों की उतरी नहीं थी। मकान का दरवाजा खुला हुआ था। अन्दर लड़कियाँ आपस में बातें कर रही थीं। आनंद भारती उनकी बातें सुनने के लिए दरवाजे पर ही ठिठक गये। उनमें से एक लड़की कह रही थी, कल रात तो बहुत खराब गुजरी। सेठ कुछ कर तो पाया नहीं लेकिन रातभर जगाता रहा। खाना तो अच्छा खिलाया। बड़े होटल में जाने पर खाने का टोटा नहीं रहता है। घर में जाने पर तो कई बार खाना नहीं मिलता है।' उसकी

ब से ऐसा लग रहा था कि उस रात वह सिर्फ खाने का स्वाद ही याद रख पाई।

'साला अपना कस्टमर तो इमोशनल हो गया।' दूसरी लड़की बोली, 'उसने अ नी बीवी की बेवफाई से लेकर धंधे की बर्बादी के बारे में सब बताया। मैं तो थकी थी। मेरा मन काम करने का नहीं था। मैं चाहती थी कि रात ऐसे ही कट जाये। लेकिन उसने पैसे दिये थे। भला वह मुझे कोरा क्यों छोड़ देता...।'

'अपुन की तो कोई कमाई ही नहीं हुई।' पता नहीं किसका मुँह देख कर उठी थी। कस्टमर टाइम दे कर आया ही नहीं। मैं सेंट्रल पार्क के पास देर रात तक खड़ी रही।' रात खाली जाने की निराशा तीसरी लड़की के चेहरे पर साफ झलक रही थी।

इस बीच आनंद भारती ने दरवाजे पर दस्तक दी। उनमें से एक लड़की बाहर आई, 'कहिये क्या बात है।'

अभी वह इतना ही बोली थी कि उसने आनंद भारती के पीछे खड़े अपने मकान मालिक को देखा, 'बोलिए चौधरी साहब। किराया तो हमने आंटी को दे दिया है।'

'ये मेरे जानने वाले हैं। पत्रकार हैं। मुन्नी के बारे में जानना चाहते हैं।' चौधरी ने उस लड़की से कहा।

'चौधरी साहब, हम लोग किसी लफड़े में नहीं पड़ना चाहते हैं। हम अपना काम करते हैं और चुपचाप अपने घर में रहते हैं। और अब तो हम लोग पन्द्रह दिन बाद मुंबई जा रहे हैं।' लड़की दरवाजा बंद करने के अन्दाज में बोली।

'बेटा, ये भले आदमी हैं। तुम्हें कोई तकलीफ नहीं होगी। ये मेरी गारंटी है। इतने दिन से तुम लोग यहाँ रह रहे हो कोई तकलीफ हुई?', चौधरी साहब के बहुत कहने पर अन्ततः लड़कियाँ मान गईं।

आनंद भारती घर के अन्दर थे। उनमें से एक लड़की नेपाल की थी, एक बांग्लादेश की और एक गुजरात की। गुजरात वाली लड़की ने ही मोर्चा सँभाला। उसका नाम था फिजा। बातचीत में उसने बताया कि वह इस धंधे में खुशी से नहीं आई है। गुजरात में गोधरा काण्ड के बाद हुए दंगों में उसका सब उजड़ गया। रोटी के लाले पड़ गये। तभी लड़कियों के एक दलाल के चक्कर में आई और फिर अब तो पूरे हिन्दुस्तान में घूम-घूम कर जिस्म बेचती हैं। पैसे कमाती हैं। ऐश करती हैं।

मुन्नी के बारे में आनंद भारती पूछना शुरू करते कि उन्होंने फिजा से पूछा, दिल्ली कैसे आ गईं।'

'दिल्ली, कलकत्ता, मुंबई, अहमदाबाद हम कहीं भी चले जाते हैं। पुलिस

की नजरों में आने से पहले हम किसी भी शहर से अपना बोरिया-बिस्तर पैक कर लेते हैं। हम जिस शहर में जाते हैं, वहाँ के दलालों के हमारे पास नम्बर होते हैं। हम वहाँ पहुँच कर अपना नम्बर दे देते हैं। वो हमारे लिए कस्टमर खोजते हैं और हम उन्हें कमीशन देते हैं।' फिजा के लिए यह सब कुछ एक बंधे-बंधाए रुटीन की तरह था।

'मुन्नी से कैसे मुलाकात हुई।' आनंद भारती यह जानने को बेचैन थे।

'उसी की बस से हम आते-जाते थे। उसने एक दिन हमसे पूछा था कि वह कस्टमर दे तो क्या हम उनके यहाँ जायेंगी? हमें क्या! हमें तो कोई भी ढंग का कस्टमर दे और लफड़ा न हो तो हमें जाने में क्या ऐतराज था। हमने उसे 'हाँ' कह दी थी। धीरे-धीरे वह बस मालिकों और कुछ प्रापर्टी डीलरों के यहाँ हमारी बुकिंग करने लगी थी। इसके बाद तो उसके गैंग में न जाने कहाँ से बहुत सारी लड़कियाँ आ गईं थीं। उनमें से अधिकांश बिहारी थीं।' फिजा ने भरपूर अंगड़ाई लेते हुए अपनी उंगलियाँ चटकाईं।

'बिहारी लड़कियाँ मुन्नी के पास कहाँ से आईं थीं।' आनंद भारती सिर्फ मुन्नी-प्रसंग पर टिके थे।

'वह अपने गाँव से गरीब लड़कियों को नौकरी दिलाने के नाम पर यहाँ लाती थी और धंधे में उन्हें झोंक देती। बाद में तो उसके गैंग में पढ़ी-लिखी लड़कियाँ भी आ गई थी। धंधे में उसकी इमेज बन गई थी कि उसके कस्टमर अच्छे पैसे देते हैं और लफड़ा भी नहीं करते हैं।' उसकी बात से लगा कि मुन्नी अपने इस धंधे में इन लड़कियों को सन्तुष्ट रखती थी।

'उसकी धंधे में इमेज अच्छी थी तो उसका मर्डर कैसे हो गया?' आनंद भारती सीधे मर्डर का कारण जानने के लिए आतुर हो उठे।

'इसके बारे में हमें ज्यादा जानकारी तो नहीं है। कॉल गर्ल रैकेट चलाना भी एक तरह का गैंगवार है। इसमें मर्डर कोई बड़ी चीज नहीं है। कॉल गर्ल वर्ल्ड में यह चर्चा है कि मुन्नी की हत्या सोनू पंजाबन, अंकित धीर, रितिका ठाकुर, मोनू अग्रवाल, ऊषा ठाकुर और बाबा गोसाईं ने मिलकर कराई है। इन्हीं ने उसकी सुपारी निकाली थी...'। फिजा के अन्दाज से लगा कि कॉल गर्ल रैकेट में यह बेहद आम बात है।

'सुपारी क्यों निकाली थी।' आनंद ने फिजा की बात काटते हुए सवाल दागा। उन्हें सब कुछ जल्दी-जल्दी जानने की हूक उठ रही थी।

'शायद मुन्नी का धंधा अच्छा चल गया था। इनके बहुत सारे कस्टमर मुन्नी के कस्टमर हो गये थे। इससे ज्यादा हमें कुछ नहीं पता। एक खबर और है हमारे

वर्ड में कि नैनसी आंटी की सुपारी भी निकली हुई है।'

'यह कौन है।' आनंद भारती इस नए नाम से चौंके।

'विदेशी लड़कियाँ सप्लाई करती है।' फिजा ने आराम से जवाब दिया।

आनंद भारती को लगा कि अब फिजा से इससे ज्यादा जानकारी और नहीं मिलेगी। वह उसे धन्यवाद कहते हुए उठ गये। स्वरूप चौधरी के साथ आगे बढ़ रहे थे कि उन्हें धीरज कंपाउडर मिला। वह मुन्नी के साथ उनके घर एक बार आ चुका था। नौकरी के सिलसिले में। नौकरी तो वे उसकी नहीं करा पाये थे लेकिन ब्लड सेंपल के काम में उन्होंने उसे कमीशन बेसिस पर लगवाया था। धीरज आनंद भारती को पहचान गया। उसने उनसे पूछा, 'साहब आज साहिबाबाद में कैसे?'

'ऐसे ही कुछ काम था तो आया था।' उन्होंने उससे पीछा छुड़ाने के लहजे में बेरुखी भरा जवाब दिया और आगे बढ़ गये। थोड़ा आगे बढ़ने पर उन्होंने सोचा कि धीरज मुन्नी के बारे में जरूर कुछ जानता होगा। उन्होंने उसे आवाज दी, 'धीरज।'

'जी साहब।' धीरज पलट कर बोला।

'मुन्नी के बारे में कुछ जानते हो?' आनंद भारती ने यहाँ भी मुन्नी-प्रकरण शुरू कर दिया।

'हाँ साहब, उसका तो मर्डर हो गया है। उसके घर में अब कोई आता-जाता नहीं है। कोई विदेशी लड़की का लफड़ा था। कहते हैं कि मुन्नी लौंडिया सप्लाई का काम करती थी।'

आनंद भारती लौटते हुए सोचते रहे कि मुन्नी इस रैकेट का एक बड़ा नाम बन गई थी और फिजा की बातों के अनुसार ऐसे कामों में आपसी ईर्ष्या, हत्या का कारण बने, यह कोई बड़ी बात नहीं होती।

वह मुन्नी मर्डर से जुड़े कॉल गर्ल वर्ल्ड के एक-एक गैंग की कुंडली खोलने लगे। हर कुंडली का इतिहास उनकी खोजी पत्रकारिता का हिस्सा बन गया।

पहला नाम...सोनू पंजाबन। कॉल गर्ल वर्ल्ड का बड़ा नाम। बड़े पुलिस अधिकारियों से लेकर नेता और बड़े अपराधी तक सब उसके क्लाइन्ट थे। पुलिस को तो वह अपनी जेब में लेकर चलती थी। चलती भी क्यों न! उसका रिश्ता दिल्ली पुलिस के एक बड़े कमिश्नर से जो था। पुलिस उस पर हाथ डालने से डरती थी। वैसे सोनू पंजाबन इस धंधे में आने से पहले एक भोली-भाली लड़की थी। पंजाब के संगरूर जिले से अपने प्रेमी के साथ भाग कर दिल्ली आई थी। साधारण घर की थी। उसका प्रेमी लड़कियों की दलाली के धंधे में था। वह

लड़कियों को पटाता और बाद में इस धंधे में डाल देता था। सोनू पंजाबन को भी उसने धंधे के लिए इस्तेमाल करना शुरू कर दिया था। सोनू पंजाबन को अपने प्रेमी की यह बात अच्छी नहीं लगी। उसने उसे अपनी गरीबी का वास्ता देकर इस धंधे में डाला था। थोड़े दिन बाद जब सोनू पंजाबन को असलियत पता लगी तो वह उसकी दुश्मन हो गई। धंधे के दौरान उसके कुछ अपराधियों से सीधे सम्बन्ध हो गये थे। उसने बदला लेने के लिए उसकी हत्या करा दी। हत्या के आरोप में वह जेल भी गई। जेल में रहते हुए उसकी हार्ड कोर क्रिमनल्स के साथ दोस्ती हुई। वापसी का कोई जरिया नहीं था तो वह इसी धंधे में लग गई। जेल के अपराधियों के साथ दोस्ती के चलते उसकी पुलिस के आला अफसरों से जान-पहचान हो गई। पुलिस से उसका इस बात के लिए भी करार हो गया कि उसके पास यदि कोई मोस्ट वांटेड क्रिमिनल आता है तो वह उसकी उन्हें जानकारी देगी। इस तरह वह पुलिस की मुखबिर भी बन गई। उत्तरप्रदेश के मेरठ का रहने वाला राजू त्यागी उसी की मुखबिरी के चलते एनकाउन्टर में मारा गया। सोनू पंजाबन का धंधा फल-फूल रहा था। उसके पास देशी-विदेशी हर लड़की उपलब्ध थी। वह अपना धंधा ब्यूटी पार्लर के जरिये चलाती थी। बंगले-कोठी में भी लड़की भेजती थी। लेकिन भारी कीमत पर अपने खास विश्वासी कस्टमरों को।

...अंकित धीर। कॉल गर्ल रैकेट का दिल्ली का बेताज बादशाह। उससे पहले इस धंधे में दिल्ली में कमल की बादशाहत चलती थी। अंकित धीर उसका राइट हैंड था। उसकी मौत के बाद पूरे धंधे की कमान उसके हाथ में आ गई थी। उसके पास बालीवुड से लेकर टालीवुड तक हर तरह की लड़कियाँ होती हैं। नेपाली और भोजपुरी फिल्मों की हीरोईनों की तस्वीरों से तो उसके एलबम भरे थे। उसके कस्टमरों में कोई छोटी आसामी नहीं था। एक रात के कम-से-कम पच्चीस हजार रुपये लगते थे। खास माँग हुई तो कीमत कुछ भी हो सकती थी। इस धंधे के चलते दर्जनों बार वह जेल भी जा चुका था। स्कूल-कालेज की लड़कियाँ भी उसके पास थीं। ये वे लड़कियाँ थीं, जो अपनी मौज-मस्ती का सामान जुटाने के लिए कभी-कभार धंधा कर लेती थीं। अंकित धीर नई लड़कियों को फंसाने के लिए अखबारों में विज्ञापन देता था—कॉल सेंटर के लिए एक हजार लड़कियाँ चाहिए। ऐसे ही विज्ञापनों के जरिए वह मजबूर और बेसहारा लड़कियों को अपने जाल में फंसा कर धंधे में डाल देता था।

आनंद भारती ने तीसरे बड़े नाम की कुंडली भी ढूंढ निकाली थी। ...रितिका ठाकुर। अंकित धीर अगर इस धंधे का किंग था तो रितिका ठाकुर क्वीन। उसे

खानदानी पेशेवर कहा जा सकता है। उसकी माँ भी इसी धंधे में थी। उसी ने उसको इस धंधे में डाला था। बचपन से ही वह इस धंधे के एक-एक गुर सीख गई थी। उसने अपने कथित पति विजय गुप्ता की प्रापर्टी के लिए हत्या करवाई थी। विजय भी इसी धंधे में था। वह पति के तौर पर रितिका के साथ रहने लगा था। बाद में वह चाहता था कि रितिका इस धंधे को छोड़ उसकी गृहस्थी बसाये। लेकिन रितिका को धंधे की आदत थी।

'तुम धंधा छोड़ क्यों नहीं देती हो ?' विजय गुप्ता ने एक दिन बड़े आन्तरिक क्षणों में उससे पूछा था।

'धंधा छोड़ने पर तू मुझे क्या दे सकता है। तेरे पास तो कुछ है नहीं।' रितिका ने चालाकी भरे स्वर में कहा।

'तेरे लिए तो जान दे सकता हूँ। तू बोल तो! तुझे क्या चाहिए।' विजय गुप्ता ने भावुक हो हथियार डाल दिए थे।

'ऐसी बात है तो नोएडा का अपना फ्लैट मेरे नाम कर दे।' रितिका ने तुरंत पासा फेंका।

'इतनी छोटी सी बात।' विजय गुप्ता ने उसे बांहों में भरते हुए कहा।

उस भावुक बातचीत के बाद विजय गुप्ता ने अपना फ्लैट रितिका के नाम कर दिया। इसके बाद भी रितिका धंधे में जाती रही। विजय ने जब बार-बार उसके साथ टोका-टोकी की तो उसने एक दिन अपने दूसरे चाहने वाले के साथ उसकी हत्या कर लाश कहीं ठिकाने लगवा दी। विजय गुप्ता की लाश आज भी पुलिस को नहीं मिली है। उसका बाप पी. पी. गुप्ता थाने के चक्कर लगा-लगा कर थक चुका है। इसी के साथ पी. पी. गुप्ता हर कॉल गर्ल का दुश्मन भी बन चुका है। जब भी मौका लगता है तो वह पुलिस को अजनबी बन सूचना दे कर कॉल गर्लों और उनके दलालों को पकड़ाता रहता है। बेटे के गम में अब यही एक मकसद उसके जीने का आधार है। हालांकि कभी वह खुद यह काम करता था।

फेहरिश्त में एक और नाम। ...मोनू अग्रवाल। धंधे का शरीफ खिलाड़ी। ड्राइविंग स्कूल चलाता है। अखबारों में मसाज पार्लर का विज्ञापन दे कर कस्टमरों को फंसाता है। सौदा तय होने पर मसाज पार्लर की जगह पाश कालोनियों में बने आफिसों में कस्टमर बुलाता है और वहीं लड़की पेश की जाती है। सुरक्षा की दृष्टि से वह आफिस बदलता रहता है। ड्राइविंग सीखने आने वाली लड़कियों को भी वह अपने जाल में फंसाता है। दस पर डोरे डालता है तो दो तो उसके झांसे में आ ही जाती हैं। ऐसी ही एक लड़की सपना से उसने शादी भी कर रखी है जिसे उसने

ड्राइविंग सिखाई थी। अब उसने सपना की बेटी को भी धंधे में लगा दिया है।

...बाबा गोसाईं। कहने को तो बाबा जी हैं। दक्षिण दिल्ली के एक मन्दिर में सुबह-शाम लोगों का कष्ट निवारण करते हैं। बाबा जी की उन औरतों पर विशेष नजर रहती है जो अपने पतियों से दुखी हैं। गरीब हैं। पति बीमार है। घर का खर्चा चलाने में मुसीबतें आ रही हैं। बाबा ऐसी औरतों को अलग से निवारण मंत्र के लिए बुलाते हैं। जो फंस जाती है उसका पहले वह स्वयं भोग करते हैं और बाद में उनके चेले-चाटे। इसके बाद उन्हें धंधे में लगा दिया जाता है। बाबा के भी कॉल गर्ल वर्ड में बहुत एजेन्ट हैं। एक बार किसी औरत के बवाल कर देने के बाद बाबा को जेल की हवा भी खानी पड़ी थी। पर जेल से लौटने के बाद वह और ढिठाई के साथ इस धंधे में जुट गये।

...ऊषा ठाकुर। इनका नाम कॉल गर्ल वर्ल्ड में कांटा गर्ल के नाम से जाना जाता है। कांटा लगा वीडियो में रूपाली जरीवाला के पीछे वाली पंक्ति में यही थी। इसीलिए एक समय में बहुत माँग थी। मोटी रकम वसूलती थी। अकेले भी सौदे तय करती थी और एजेन्टों के थ्रू भी। पी. पी. गुप्ता की मुखबिरी के चलते एक बार जेल की हवा भी खा चुकी हैं। एक वकील ने इसकी जमानत कराई थी। फीस के बदले एक रात गुजारने का सौदा दोनों के बीच हुआ था। बाद में थोड़े दिन तक वह वकील की रखैल बन कर रही और अपना धंधा भी करती रही। पकड़े जाने पर वकील साहब उसकी जमानत करवा देते। थोड़े समय बाद शार्प शूटर बग्गड़ लूला से उसकी सेटिंग हो गई। इसके बाद उसने खुद धंधा छोड़ दिया और दूसरी लड़कियों की कमाई पर पलने लगी। एक बार ऊषा ठाकुर से किसी बात पर एक व्यापारी उलझ गया। उसने उस पर गुंडे छुड़वा दिये। समझौता करने के लिए गाजियाबाद के एक मॉल में उसने उस व्यापारी को बुलाया। वहाँ पहले से ही लूला मौजूद था। उसने मॉल की ऊपरी मंजिल से उस व्यापारी को नीचे फेंक दिया। उसकी वहीं मौके पर मौत हो गई। वैसे ऊषा के पास अपने गैंग में ज्यादा लड़कियाँ नहीं हैं। लड़कियों की कमी पड़ने पर अंकित धीर से लड़कियाँ ले कर आगे सप्लाई कर देती है।

...अब बारी थी नैनसी आंटी की। मुन्नी की हत्या के तार कहीं न कहीं नैनसी से जरूर जुड़े थे। अब तक की खोज के बाद आनंद भारती को ऐसा लग रहा था कि नैनसी को पकड़े बिना काम नहीं चलेगा। नैनसी से सम्पर्क करना उनके लिए टेढ़ी खीर साबित हो रहा था। बाकी गैंग के लोगों की जानकारी तो पुलिस रिकार्ड से उन्होंने हासिल कर ली थी। आमतौर पर वेश्यावृत्ति करने वाली विदेशी लड़कियाँ टूरिस्ट वीजा

पूरी रात कई बार बिना नींद के गुजर जाती। उनके सामने मुन्नी का हर रूप कोलाज बनकर उभरता। मोबाइल की माँग से लेकर हस्ताक्षर करने तक का सफर, बच्चों की पढ़ाई से लेकर बेटी रेखा के लिए कंप्यूटर ले जाने की उसकी हसरत...फिर नौकरानियों की सप्लाई से लेकर कॉल गर्ल की सप्लाई का काम...मुन्नी के संघर्ष से लेकर सफल होने तक की इंद्रधनुषी यात्रा बदरंग हो गई थी।

आनंद भारती सोच रहे थे कि उन्होंने जिस मिट्टी से मुन्नी की एक संघर्षशील मूर्ति गढ़ने की कोशिश की थी, वह मिट्टी चाक में आकार लेने से पहले ही बिखर गई। उनके संघर्ष की मूर्ति टूट गई थी।

अच्छा-खासा कमाने वाली इस औरत के लिए पैसे की हवस इतनी बढ़ गई कि...आनंद भारती इस सवाल को स्वयं से करने के बाद इसका उत्तर भी खुद ढूंढ चुके थे।

वह सोचने लगे कि आसानी से पैसा कमाने की हवस ने ही मुन्नी को इस अंजाम तक पहुँचाया। वह सोचते रहे कि इस व्यवस्था में राम-कृष्ण, गांधी-तिलक, भगत सिंह-आजाद तो कभी पैदा नहीं हो सकते। ये रास्ते किसी आदर्श को जन्म नहीं दे सकते। इससे तो सिर्फ मुन्नी जैसे लोग ही जन्म ले सकते हैं।

उस शाम को वह खुद को भार-मुक्त महसूस कर रहे थे, उन्हें ऐसा लग रहा था कि उन्होंने मुन्नी-मर्डर के सही कारण को जानकर उसके प्रति अपना आखिरी धर्म भी निबाह दिया। कभी मुन्नी ने उनके घर की व्यवस्था को सँभाला था पर आज स्वयं उसका 'घर' और उसके बच्चे कहाँ होंगे? यह जिज्ञासा उनमें बनी हुई थी। वह मुन्नी के प्रति अपने आखिरी फर्ज को भी निभा लेना चाहते थे।

उस दिन रसोई में अकेले खाना बनाना उन्हें कुछ अच्छा नहीं लग रहा था। वह बाहर कुछ खा लेने की गरज से बाजार घूमने चले गए। शायद उनका मकसद सिर्फ इतना नहीं था। वह मुन्नी के परिवार के बारे में जानने की इच्छा भी रखते थे। हालांकि उस शाम वह कुछ नहीं जान सके थे। उन्होंने जानने की कोशिश भी नहीं की थी। पर अन्दर-ही-अन्दर एक दबाव था, इस बात का, जिससे वह मुक्त होना भी नहीं चाहते थे।

मुन्नी के सफर की आखिरी कड़ियों को जानने के लिए उन्हें ज्यादा कोशिश नहीं करनी पड़ी। जानकारी करने पर पता चला कि नंदिनी तो पहले ही शादीशुदा थी। मुन्नी का पति नंदलाल अपने तीनों बेटों को लेकर बक्सर चला गया था।

मुन्नी के सपनों की बेटी रेखा क्या करती है? सिर्फ यह बात आनंद भारती के जानने को शेष थी। आनंद भारती जानते थे कि मुन्नी, रेखा में अपना अक्स देखती

थी। रेखा पढ़ाई में जहीन थी। कभी आदर्शों का आईना समझने वाले अपने साहब आनंद भारती की तरह वह उसे बड़ा अफसर बनाना चाहती थी। पढ़ाया-लिखाया भी उसे इसीलिए था उसने। हालांकि अपने इसी साहब को उसने उनके यहाँ से जाते वक्त चिन्दी-चिन्दी बिखेर दिया था।

जानकारी करने पर पता चला की मुन्नी की लड़कियों को रेखा ने सँभाल लिया है। वह मुन्नी के आशिक पलटू के साथ उसके घर में बैठ गई है। धंधे के दौरान मुन्नी के गाजियाबाद के गैंगस्टर पलटू से रिश्ते हो गये थे। उसकी और उसकी लड़कियों की वह ही रक्षा करता था। रेखा पर उसकी पहले से ही नजर थी। कॉर्ल गर्ल वर्ल्ड में मुन्नी मोबाइल की जगह रेखा चितकबरी ने ले ली थी। आनंद भारती को इस बार कोई हैरानी नहीं हुई थी बल्कि मन-ही-मन वह रेखा की यही तस्वीर अपने मन में बना चुके थे। इसके अलावा रेखा के रास्ते किसी और दिशा में भला जाते भी कैसे? मुन्नी ने जो रास्ता चुना था, रेखा के लिए वही उसकी विरासत थी। रैकेट के कस्टमरों और लड़कियों का लेखाजोखा भी अपने लैपटाप पर रखती थी। उसने अपना नया नम्बर अपनी मम्मी के पक्के कस्टमरों को एसएमएस कर दिया था। मोबाइल पर वह पक्के कस्टमरों से ही डील करती थी। इंटरनेट के जरिये वह नये कस्टमर बनाती। लड़कियों की तस्वीरें उसने अपने ब्लाग में डाल दी थीं। हाईफाई तरीके से वह धंधा करने लगी थी। पुलिस को नियमित हफ्ता देती। गुण्डों-लफंगों को भी पालती। अपनी मम्मी के हत्यारों को सजा देने की जुगत में रहती। उसने कॉल गर्ल वर्ल्ड के सभी बड़े गुर्गों को किनारे कर दिया था। कॉल गर्ल वर्ल्ड की नई अवतार बन चुकी थी रेखा चितकबरी।

❑❑❑